백프로 합격 보장

NCS
자소서 & 면접

★ 반드시 합격하는 공기업 취업 ★

백주아 지음

한국전력공사 · 한국철도공사 · KOTRA · 한국자산관리공사 · IBK기업은행 · aT한국농수산식품유통공사
LH한국토지주택공사 · SH서울주택도시공사 · 서울대학교 · 한전KPS · 도로교통공단 · 서울시설공단
공기업 · 공공기관 취업을 위한 면접 기출문제 및 합격 비법 공개

Booksgo

저/자/의/말
AI 시대에도 '사람'은 채용된다

2026년의 채용 환경은 기술의 발전만큼이나 빠르게 변화하고 있습니다. AI가 채용의 많은 단계에 관여하면서, 공기업과 공공기관의 NCS 채용도 **정확성과 효율성을 중심으로 한 시스템**으로 진화하고 있습니다.

이제 지원서 작성에서부터 면접까지, AI가 자기소개서를 분석하고 키워드 기반으로 직무적합도를 평가하며, 면접에서는 지원자의 말투와 시선, 감정 흐름까지 읽어 내는 시대가 되었습니다.

그러나 변하지 않는 진실이 하나 있습니다. **결국 사람을 뽑는 것은 사람이며, 함께 일하고 싶은 사람의 가치는 더욱 높아진다는** 것입니다. 기술은 채용의 '도구'일 뿐 **진짜 합격을 만드는 것은 준비된 마음과 성실한 태도**입니다.

● **2026년 공기업과 공공기관 NCS 채용의 새로운 흐름**

공기업과 공공기관의 채용은 여전히 '국가직무능력표준(NCS)'을 중심으로 이루어지고 있습니다. 이제 기업들은 단순한 지식이 아니라 **직무를 실제로 수행할 수 있는 사람**을 찾습니다. 즉 암기형 문제 풀이보다 더 중요한

것은 '상황을 이해하고 판단하는 힘' 그리고 '함께 일할 수 있는 소통력과 책임감'입니다.

   2026년 현재 다수의 공기업과 공공기관은 지원자의 문제해결능력, 협업능력, 데이터 이해력 등 실제 업무 수행에 필요한 역량을 중심으로 평가하고 있습니다. '사례 기반 사고형 문항(Situation-based NCS)'이 늘어나고, 면접에서는 AI 모의면접 결과와 실무진 직무면접을 함께 참고하는 다면평가 구조가 자리 잡았습니다.

   또한 기관별로 ESG, 지역 상생, 디지털 전환(DX) 등 **공공의 가치를 이해하는 능력**을 중요하게 다루고 있습니다. 이처럼 평가의 폭은 넓어졌지만 본질은 같습니다.

   - 자신의 경험을 '직무의 언어'로 설명할 수 있는 사람
   - 그리고 그 일을 통해 사회에 기여할 수 있는 사람

● **이 책이 전하고자 하는 것**

많은 취업준비생이 스펙이 부족해서 혹은 전공이 다르다는 이유로 공기업과 공공기관 취업을 포기하려 합니다. 하지만 NCS 채용의 핵심은 학력이나 나이가 아니라 '직무역량 중심'입니다. 즉 지금부터라도 자신이 해 온 경험 속에서 **직무와 연결될 수 있는 이야기를 찾아내고, 그 경험을 자신만의 언어로 설명할 수 있다면 누구에게나 기회는 열려 있습니다.**

이 책은 바로 그 과정을 돕기 위해 쓰였습니다. 자기소개서의 한 문장을 다듬는 방법부터, 면접에서 자신의 이야기를 구조화하는 법까지 **현장에서 검증된 실질적인 노하우**를 담았습니다. 단순한 문제풀이집이 아니라 '나의 경험을 NCS의 언어로 번역해 내는 방법'을 알려 주는 가이드북입니다.

요즘 청년들은 "AI가 더 빠르고 세상은 너무 경쟁적이다"라고 말합니다. 그 불안은 너무도 자연스러운 감정입니다. 그러나 기억했으면 합니다. **"세상은 여전히 진심 있는 사람, 함께 일하고 싶은 사람을 원하고 있습니다."**

공기업과 공공기관 취업은 안정된 일자리를 얻는 것이 전부가 아닙니다. 사회에 기여하고, 더 나은 세상을 만드는 일에 참여하는 과정이기도 합니다. 그 과정에서 여러분이 배우는 인내, 책임, 협력의 경험은 결국 여러분을 더 단단한 사람으로 성장시킬 것입니다.

여러분이 오늘도 자기소개서 한 줄을 고치고 면접 질문 하나를 연습하며 쌓아가는 그 시간은 결코 헛되지 않습니다. 그 시간은 여러분을 '합격자'로 만들 뿐 아니라 어디서든 스스로를 믿고 나아갈 수 있는 사람으로 만들어 줄 것입니다.

이 책이 여러분의 그 길을 함께 걸어 주는 동반자가 되길 바랍니다.
2026년이라는 변화의 파도 속에서도, 여전히 준비된 사람은 기회를 만들고 있습니다. 그리고 그 기회는 지금 바로 여러분께 열려 있습니다.

백주아

저자의 말

AI 시대에도 '사람'은 채용된다 ___ *004*

취업 합격을 만드는 맞춤형 서류 작성

01 NCS 취업과 블라인드 채용 이해하기 ___ *014*
02 서류 합격을 위한 교육사항, 자격증 점검사항 ___ *016*
03 블라인드 채용 제대로 파악하기 ___ *033*
04 NCS 채용의 핵심, 직무적합도와 조직이해도 ___ *038*
05 취업 합격, 직무 경험이 없어 고민이라면
    꼭 알아야 하는 것 ___ *044*
06 직무 분석법과 기업 분석법 ___ *052*

 취업전략 세우기 ___ *059*

CHAPTER 02

합격 자소서가 되는
필수 7단계

01   자소서는 글 잘 쓰는 사람을
       가려내는 채용 과정이 아니다 ___ *066*

02   STEP 1 NCS 기본능력 담기 ___ *068*

03   STEP 2 경험 경력기술서 작성하기 ___ *087*

04   STEP 3 나의 경험 정리하기 ___ *091*

05   STEP 4 문항 분석하기 ___ *106*

06   STEP 5 내용 구성하기 ___ *121*

07   STEP 6 제목 구성하기 ___ *135*

08   STEP 7 글자 수 조절하기 ___ *143*

🔍 교육사항과 자격증 기재 ___ *145*

CHAPTER 03

면접에서
고득점 받는 비법 10

01   면접은 시험, 시험은 준비가 필수다 ___ *148*

02   면접 준비 과정 ___ *151*

03   면접을 좌우하는 1분 자기소개 & 지원동기 ___ *157*

04   압박면접/꼬리/후속질문 대처법 ___ *188*

05   직무면접 ___ *203*

06   상황면접 ___ *213*

07   발표/PT면접 ___ *226*

08   집단면접 - 토론/토의면접 ___ *261*

09   AI면접과 비대면면접의 필수 전략 ___ *273*

🔍   모르는 질문이 나왔을 때 대처하기 ___ *279*

CHAPTER 04

합격이 보이는
최종면접

01   공기업에서 선호하는 세 가지 유형 ___ *284*

02   임원/인성면접 준비법 - 직무면접과의 합집합이다 ___ *300*

03   최종면접 기출문제와 예시답안 ___ *308*

CHAPTER 05

공기업 면접
: 기업별 비법 노트

01 한국전력공사(KEPCO) ___ 316
02 한국철도공사(KORAIL) ___ 320
03 대한무역투자진흥공사(KOTRA) ___ 323
04 한국자산관리공사(KAMCO) ___ 327
05 IBK기업은행 ___ 330
06 aT한국농수산식품유통공사 ___ 334
07 LH한국토지주택공사 ___ 337
08 SH서울주택도시공사 ___ 340
09 서울대학교 ___ 342
10 한전KPS ___ 345
11 도로교통공단 ___ 347
12 서울시설공단 ___ 350

01 CHAPTER

취업 합격을 만드는 맞춤형 서류 작성

공기업이나 공사에 취업을 하겠다는 결심을 했다면 NCS(National Competency Standards)라는 관문을 피할 수 없다. 이것이 필기시험에만 해당된다고 생각하고 자기소개서와 면접에서 NCS를 간과한다면 합격으로 가는 시간이 매우 길어질 수 있다. 각 기관마다 채용 전형은 다르지만 서류전형부터 필기시험과 면접까지 NCS의 기준이 모두 적용되기 때문이다.

그런 의미에서 자신의 경험을 적용해야 하는 자기소개서와 면접의 경우는 특히 취업준비생에게 더욱 어렵게 느껴질 수밖에 없다. 개인적인 경험을 얼마만큼 드러내야 하는지, 어떻게 연결고리를 만들어내야 하는지에 대한 고민이 결국 '자소설'이라는 자조적인 용어를 탄생시키고 취업에 대한 두려움을 더욱 증폭시키게 되는 원인이 된 것이라 볼 수 있다.

취업은 특별하게 준비한 사람에게만 돌아가는 영예도 아니고 대단히 큰돈을 들이거나 위대한 업적을 이룬 경험이 필요한 것도 아니다. 자신이 공부했던 것, 관련하여 활동한 동아리나 학회, 봉사활동, 공모전, 알바 등을 어떻게 NCS에 맞추어 정리하고 배치할 것인지에 대한 방향성을 갖는다면 공사나 공기업 취업은 결코 어렵지 않을 것이다.

01 NCS 취업과 블라인드 채용 이해하기

NCS는 국가기관, 공기업 및 사기업을 모두 포함하여 대한민국의 산업현장에서 필요한 직무 기술 등을 체계화한 표준을 말한다. 즉, 채용에만 해당되는 것이 아닌 직무와 직급의 변화와 국가 경제를 견인하는 산업에 필요한 인력을 지속적으로 공급하기 위해 조성한 하나의 시스템이라고 생각하면 된다. 단, NCS가 공사와 공기업의 채용에 적용된 것은 얼마 되지 않았다. 2015년 몇 개의 공사에서 시범 운영을 한 이후 2017년부터 본격적으로 도입이 되었다.

> **국가직무능력표준(NCS, National Competency Standards)**
> 산업 현장에서 직무를 수행하기 위해 요구되는 지식·기술·태도 등의 내용을 국가가 체계화한 것
>
> 출처: https://ncs.go.kr/th01/TH-102-001-01.scdo

2015년 초 정부는 NCS 기반 채용의 공공기관 도입을 발표하였다. 2015년에 130개 공공기관에서 NCS를 기반으로 채용을 실시하고, 2017년까지 모든 공공기관으로 확대하는 한편, 민간으로 확산한다는 방침이었다.

그동안 우리나라 기업들은 직무 기반이 아닌 사람 중심의 인사관리

로, 채용에 있어서도 직무에 따라 필요한 인력을 선발하는 방식이 아니라 학력이나 공인된 성적 등을 기준으로 대규모로 채용한 다음 직무에 배치하는 경우가 많았다. 이는 학벌주의 채용, 불필요한 스펙 쌓기로 인한 사회적 비용 증가로 이어졌다. 청년 취업난은 심각해지는데 기업에서는 쓸 만한 인재가 없다는 평가가 늘어났고 이를 해소하기 위한 국가적 차원의 조치가 바로 NCS 채용의 도입이다.

02 서류 합격을 위한 교육사항, 자격증 점검사항

　블라인드 채용은 지원자의 '직무역량'을 바탕으로 채용을 하겠다는 채용 방식의 변화이다. 토익 점수가 높다고 글로벌 사업을 잘하는 것은 아니며 소위 말하는 좋은 대학을 나왔다고 해서 반드시 일을 잘하는 것을 증명할 수 없기 때문이다. 이를 위해 NCS를 도입하고 편견을 만들 수 있는 지원자의 인적사항을 최대한 배제하고 인재를 선발하겠다는 것이 바로 블라인드 채용의 도입 이유이자 목적이다.

> **블라인드 채용의 정의**
>
> 채용 과정(서류·필기·면접)에서 편견이 개입되어 불합리한 차별을 야기할 수 있는 출신지, 가족관계, 학력, 외모 등의 항목을 걷어 내고 지원자의 실력(직무능력)을 평가하여 인재를 채용
>
> ❶ '차별적인 평가 요소를 제거'하고
> ❷ '직무 능력을 중심으로 평가'하는 것
>
> 출처 : https://www.ncs.go.kr/blind/bl01/RH-102-001-01.scdo

　정부가 발표한 '공공기관 블라인드 채용 가이드라인'을 보면 입사지원서에 요구할 수 없는 인적사항은 출신지역, 가족관계, 신체적 조건(키, 체중, 용모), 학력 등이며, 지원자는 자기소개서를 작성할 때 출신학

교나 가족관계가 드러나지 않도록 해야 한다. 다만 직무를 수행하는데 반드시 필요하다고 인정될 경우 예외 적용이 가능한데, 특수 경비직의 경우 시력과 체력, 연구직의 경우 논문과 학위 등이다.

또 사회형평적 채용을 위해 국가유공자, 장애인, 지역 인재 등 필요한 정보를 입사지원서에 작성할 수 있도록 하며, 고졸인재 채용 등과 같은 사회형평적 채용을 위해서 별도 전형도 가능하다.

기존의 NCS 기반 채용에서 능력을 강조하던 것에서 더 나아가 채용에서의 공정성을 극대화한 것이 블라인드 채용의 특징이다.

다음의 표는 공사와 공기업의 서류전형 시 기재하게 되는 자신의 인적사항 및 교육사항 등이다. 이것은 정부 가이드로 대부분의 공공기관이 이를 바탕으로 서류 지원을 받고 있다. 이러한 인적사항은 향후 경력과 자격증 등이 본인의 것임을 증명해야 할 때에 대조할 수 있는 자료로 사용되며 자소서나 면접 등에서 심사위원들에게 이는 철저하게 가려진다고 알려져 있다.

1. 인적사항

지원구분	신입( ), 경력( )	지원직무		접수번호	
성명	(한글)				
현주소	*필요 시*				
연락처	(본인휴대폰)	전자우편			
	(비상연락처)				
추가항목(예시)	☐ 장애대상 ☐ 보훈대상 ☐ 지역인재				

2. 교육사항

* 지원직무 관련 과목 및 교육과정을 이수한 경우 그 내용을 기입해 주십시오.

교육구분	과목명 및 교육과정	교육시간
☐ 학교교육 ☐ 직업훈련 ☐ 기타		
직무관련 주요내용		

3. 자격사항

* 지원직무 관련 국가기술/전문자격, 국가공인민간자격증을 기입해 주십시오.

자격증명	발급기관	취득일자	자격증명	발급기관	취득일자

4. 경험 혹은 경력사항

* 지원직무 관련 경험 혹은 경력사항을 기입해 주십시오.

구분	소속조직	역할	활동기간	활동내용
☐ 경험 ☐ 경력				

*직무활동, 동아리/동호회, 팀 프로젝트, 연구회, 재능기부 등 직무와 관련된 주요 활동을 서술하여 주십시오.

위 사항은 사실과 다름이 없음을 확인합니다.

년   월   일

지원자 _____(인)

출처 : 관계부처 합동(2017b), 공공기간 블라인드 채용 가이드라인

● **교육사항 작성 방법**

교육사항은 학교교육과 직업훈련으로 나뉜다. 교육사항은 직무에 대한 이해를 보여 주는 중요한 서류 작성 요소 중에 하나이다. 그뿐만 아니라 교육사항에 기재한 과목이나 훈련사항이 이따금 면접에서 자소서 기반 질문으로 출제되는 경우가 있으므로 전략적으로 기재하는 것이 중요하다. 교육사항 기재를 위해 반드시 지켜야 하는 것을 두 가지로 정리해 보았다.

첫째, 지원 직무와 나의 전공이 동일한 경우 학교 교육을 중심으로 기재하면 된다. 토목 직렬에 지원하는 지원자의 전공이 토목공학이라면 학부에서 배운 과목을 기재하면 된다. 본 챕터 뒤에서 언급되는 '직무기술서'를 바탕으로 관련성이 높은 과목을 중심으로 나열하는 것이 중요하다. 여기서 가장 중요한 점은 '심화과목'을 윗줄에 적는 것이 유리하다는 것이다. 1, 2학년 때 필수로 배우는 '~원론', '~개론' 등의 과목을 첫 줄부터 적는 것보다는 3, 4학년 때 주로 배우는 전공 심화과목을 적으라는 것이다. 학교 이름이나 학교 이름을 유추할 수 있는 단어가 들어가지 않는 과목을 적는 것에 유의하면 된다.

이 외의 팁으로 문과와 이과를 막론하고 통계, 데이터 등의 과목을 수강한 것이 있다면 교육사항에 기재하기를 추천한다. 최근에는 어떠한 조직, 직무를 막론하고 데이터를 기반으로 의사결정을 하는 경우가 많기 때문에 기본적인 과목을 수강했더라도 이와 관련한 과목이 있다면 적기를 바란다.

둘째, 지원 직무와 나의 전공이 동일하지 않은 경우 직업훈련을 사전에 받는 것이 필요하다. 경영 직렬에 지원하는 지원자의 전공이 상경계열이 아니라면 수능을 다시 봐야 하는지 고민을 하지 말고 직업훈련을 받는 것을 제안한다. 내일배움카드(www.hrd.go.kr)를 발급받아 자신이 지원하고자 하는 직렬의 NCS 코드를 발급하는 교육을 확인하여 직업훈련을 받는 것이 좋다. 많은 지원자들이 자신이 지원하고자 하는 직무에 대한 직무 경험이 없다는 것이 고민이라는 경우가 많은데, 지원 직무과 전공이 같은 경우는 자신의 전공 수업과 과제를 경험으로 충분히 활용하면 되고 그렇지 않은 경우에는 방학이나 주말, 저녁 시간 등을 활용해 다양한 온라인 교육 등으로 충분히 직무 관련 직업훈련을 할 수 있다는 것을 명심하기 바란다.

단, 학교 교육과 직업훈련을 모두 충족시켜야 하는 회사도 있기 때문에 반드시 사전에 확인해 보기를 바란다. 직업훈련 특히 NCS 코드가 있는 교육사항을 요구하는 기관들도 있으므로 이는 기존 채용 공고 및 온/오프라인 채용 설명회 등에 참여하여 사전에 정확히 파악해두고 준비해야 한다.

● **자격사항과 자격증의 구분**

공기업 취업 서류를 준비할 시에 '자격사항'과 '우대 자격증'을 구분하여 이해해야 한다.

- 토익 점수

공기업은 일반 사기업처럼 점수가 높을수록 무조건 더 높은 점수를 받을 수 있는 것은 아니다. 영어 점수를 필수 자격사항으로 보는 회사들의 경우 기본적인 커트라인이 있기 때문에 이 부분을 정확히 확인하고 준비하는 것이 효율적이고 현명한 방법이다.

예를 들어 700점 이상이 되어야 지원할 수 있는 자격을 준다는 기관이 있으면 반드시 700점의 점수를 만들어야 한다. 이는 최소한의 지원 자격이기 때문이다. 반면에 700점이면 외국어 점수에 대해 만점을 주고 그 이하의 경우는 기준에 맞추어 백분율로 차등의 점수를 주는 경우가 있다. 이럴 경우 700점만 넘으면 외국어 점수의 경우 만점을 받겠지만 700점 이하라고 해서 지원 자체를 할 수 없는 것은 아니니 지원 자격에 대해 꼼꼼히 파악해 보기를 바란다. 더불어 최근에는 토익스피킹, 오픽 등의 점수로 대체하거나 이에 대한 등급도 기준을 제시하는 기업도 있으니 자신에게 유리한 것을 중심으로 준비해 두어야 한다.

- 자격사항

자격사항은 '지원을 위한 최소한의 자격'이라고 이해하는 것이 좋다. 회사의 해당 직무에 지원하기 위해서 반드시 갖추어야 할 조건값이다. 예를 들어 대졸 공채의 경우 4년제 대학을 졸업하거나 이와 동등한 학위에 대해 지원 자격이 주어지는 것 등을 말한다. 공기업의 경우 한국사, 컴퓨터활용능력 등이 지원 자격으로 제시되는 경우가 많은데 이 역시 모든 공공기관에 해당되는 것은 아니므로 반드시 사전에 체크해야 한다. 무턱대고 자격증을 준비하는 것이 능사는 아니다.

- 우대 자격증

자격사항과 우대 자격증은 같은 말이 아니다. 자격사항은 반드시 갖추어야 지원할 자격을 주겠다는 최소한의 커트라인이고, 우대 자격증의 경우에는 해당 자격증이 있으면 추가로 점수를 얻을 수 있다는 조건값이다. 우대 자격증이 있다면 가산점을 받아 합격에 유리할 수는 있지만 없다고 해서 지레 포기하지는 않기를 바란다. 교육사항, 자격증, 필기 점수 등을 완벽하게 만들고 난 후에 지원한다는 목표보다는 서류와 자소서를 작성하면서 채워 나가다 보면 합격의 길이 더 넓어지는 경우가 있기 때문이다.

● 전년도, 이전 채용 조건을 사전에 점검하여 준비하자

앞에서 언급한 영어 점수 및 다양한 자격증에 대한 기준은 모두 자신이 원하는 회사에 맞추어 목표를 세워야 한다. 이를 위해서는 공공기관 채용 포털인 잡알리오(http://job.alio.go.kr)를 잘 활용해야 한다. 잡알리오는 국내 공공기관의 모든 채용 정보가 있는 곳이므로 현재 채용 중인 공고뿐 아니라 기존에 공고되었던 정보를 찾아보기에도 유용하므로 전년도 및 이전의 채용 기준들을 바탕으로 자신의 상황을 체크하여 주어진 시간 동안 준비해야 하는 것을 순차적으로 계획해 보는 것이 좋다.

하지만 처음 공사를 준비하거나 서류 전형에서 탈락하는 지원자의 경우 블라인드 채용의 자소서와 면접에 대해 많은 오해가 있는 것을 볼 수 있다.

블라인드 채용은 아주 쉽게 말해 '학연·지연·혈연·나이'가 드러나지 않으면 된다. 어느 학교를 나왔는지, 어느 지역 출신인지, 누구의 자제인지 등 '직무역량'과 관련 없는 것은 철저히 배제하겠다는 것이다. 이러한 편견이 개입된 채용으로 인해 발생했던 공공기관의 채용비리나 문제점이 국가 행정에 대한 신뢰도를 매우 떨어뜨렸던 지난날의 과오에 대한 개선 의지라고 생각하면 될 것이다.

먼저 자소서와 면접에서 공통적으로 주의해야 할 사항인 '구체적으로 표현하기'에 대해 알아보도록 하자. 특히 자소서를 쓰는 단계에서 서류 탈락이 이어지거나 또는 처음 자소서를 쓸 때에 구체적으로 쓰지 못해 시작조차 두려워하고 있는 취업준비생들이 반드시 알아 둬야 할 이야기를 시작해 보겠다.

● 자소서는 '공식 문서'를 작성하는 것, 구체적인 '명동수'로 써라

채용과정의 자소서와 면접에서 구체적으로 표현한다는 것을 '자세하게 쓴다' 또는 '스토리텔링을 잘한다'라고 생각하여 큰 부담을 느끼는 사람들이 많다. 자세하게 쓰다 보면 글자 수 제한에 걸리고 스토리텔링을 하려다 보면 이렇다 할 경험이 없다는 생각이 들거나 임팩트 있는 구성을 못하고 있는 것 같아 이내 포기하고 만다.

> **구체적으로 표현하라는 것은**
> - 자세하게 쓰는 것이 아니다.
> - 스토리텔링을 잘하는 것이 아니다.
> - 거창하고 대단한 말들을 늘어놓는 것이 아니다.

그럼 도대체 어떻게 해야 할까?

취업의 첫 단계인 자소서를 기준으로 방법을 설명하고자 한다.

생각보다 많은 학생들이 처음 공공기관을 준비할 때에 혹은 여러 번 지원을 하더라도 서류 단계에서부터 자소서 항목을 보자마자 겁에 질려 이내 지원을 포기하거나 혹은 너무 많은 시간을 쏟게 된다. 모든 기업에 맞춰 정성스럽게 자소서 작성을 하는 것도 좋지만 매번 작성하는 것보다는 초반에 잘 써둔 자소서를 활용하여 자소서와 서류를 제출하는 시간을 최대한 줄이는 것이 훨씬 중요하다. 그 절약한 시간을 필기시험에 집중해야 하기 때문이다. 시간을 줄이는 방법에 대해서는 뒤에서 자세하게 언급하겠다.

자소서를 쓰거나 면접 답변을 할 때에 추상적인 표현 말고 구체적으로 표현해야 한다는 말을 정말 많이 들었을 것이다. 하지만 이것 자체가 이미 추상적인 설명이다. 그러니까 어떻게 구체적으로 자소서를 쓰고 면접에서 답변을 하라는 말인가?

이를 파악하기 위해 다음 두 선생님의 설명을 듣고 어떤 선생님에게 수업을 듣고 싶은지 선택해 보자.

> **1번 선생님**
>
> 여러분, 오늘 자소서에 대해 선생님이 아주 많은 여러 가지 방법을 열정적이고 굉장하고 다양한 부분으로 알려 드릴게요. 여러분이 최선을 다해 그런 방향으로 어떻게든 열심히 한다면 누구나 좋은 자소서를 쓰고 합격할 수 있습니다. 자세한 내용은~
>
> **2번 선생님**
>
> 여러분, 오늘 자소서에 대해 두 가지 방법을 소개드리겠습니다. 첫째, 지원동기와 포부는 회사 사업 관련 단어를 넣어야 한다는 것입니다. 둘째, 성장과정과 직무역량은 직무기술서의 필요지식과 필요기술의 단어를 반드시 넣으셔야 합니다. 자세한 내용은~

두 명의 선생님 모두 여러분의 합격을 위해 열심히 강의를 하고 있다. 앞의 말만 듣고 강의를 선택한다면 누구의 말이 좀 더 신뢰가 있을까?

물론 큰 포부와 그럴 듯한 말이 많은 `1번 선생님`도 여러분의 지지를 받을 수 있지만 대부분 `2번 선생님`의 강의에 좀 더 관심을 가질 확률이 높다. 그 이유는 `2번 선생님`의 말이 '신뢰도'를 주기 때문이다. 여기서 말하는 '신뢰도'는 마음과 진정성만 있으면 상대에게 전달이 될까? 거창한 말들이 많으면 상대가 나를 거창하게 봐줄까?

읽고 싶게 만드는 자소서와 일하고 싶게 만드는 면접, 신뢰와 열정이 전달되는 자소서와 면접은 어떻게 만들어지는 것일까? 명확한 차이를 알고 싶은 것이다.

	추상적	구체적
형용사	많은, 열정적, 다양한, 열심히, 좋은 등	명사
부사	아주, 매우, 너무, 꽤, 조금 등	동사
대명사	그런, 이런, 어떤, 어떻게든 등	수(數)사

두 선생님의 말의 차이는 바로 '명동수' 사용의 여부다.

형용사, 부사, 대명사가 많은 글은 그럴듯해 보일 수 있지만 읽고 난 후 무슨 내용을 말하는 것인지 핵심을 알 수가 없다. 과연 `1번 선생님`의 말만으로 여러분에게 무슨 과목을 가르쳐줄지, 어떤 분야의 전문가인지 가늠이 되는가 하는 것이다.

　자소서와 면접에서도 마찬가지다. 형용사, 부사, 대명사로 자신을 설명하면 여러분이 '직무'에 '적합'한 사람인지, 우리 조직을 이해했는지, 조직생활에 대한 기본 개념은 있는지 전혀 알 길이 없다. '직무에 적합한 사람'이라는 것을 이해하기 위해 다음의 면접에서 필요한 자기소개를 살펴보자.

> **만약 여러분이 면접관이라면**
> - **상황** : 국가대표 축구선수를 뽑아야 함
> - **후보자**
>   국가대표 축구선수가 되고 싶은 모든 국민 중 지원한 사람
> - **후보자에 대한 정보**
>   자소서를 읽거나 면접을 보는 담당자는 자소서 서류와 면접의 답변 외에는 학연, 지연, 혈연 등과 같은 사항을 알 수 없음

> **지원자 1번**
>
> 안녕하십니까! 국가대표 축구선수로 우리나라의 축구 발전의 미래를 책임지고 더 큰 목표로 이끌고 싶은 이순신 장군 같은 지원자 ○○○입니다.
> 저는 어릴 때부터 누구보다 축구를 좋아하고 축구를 할 때마다 행복했습니다. 축구 국가대표를 하는 것이 제 적성과 흥미에 잘 맞다고 생각하고 있습니다. 뽑아만 주신다면 어떤 포지션이든 정말 죽을힘을 다해 젖 먹던 힘까지 써서 잘하겠습니다.

지원자 1번의 열정은 느껴지겠지만 과연 국가대표 축구선수라는 직무에 적합한 사람이라고 확신할 수 있을까? 여러분이 자소서 검토 담당자, 면접관이라면 이 후보를 뽑겠는가? 우리나라 축구를 맡길 수 있을까? 쉽사리 신뢰를 갖기 어려울 것이다. 신뢰를 줄 수 없는 이유는 다음과 같다.

- **형용사** | 이순신 같은 지원자

  비유보다는 직관적인 표현이 좀 더 와 닿는다. 혹시 한 단어로 자신을 표현하고 싶다면 차라리 이순신 장군의 '무엇'을 닮겠다는 것인지 뚜렷이 언급하는 것이 낫다.

- **형용사** | 좋아하고 행복하다

  좋아하고 행복함을 느끼는 일을 하는 것은 매우 중요하다. 하지만 채용담당자 입장에서 지원자에게 점수를 주기 위해서는 이러한 느낌을 드러내는 형용사적인 표현보다는 '역량'이 드러나는 단어가 언급되어야 타 지원자에 비해 무엇을 잘하는지 판단할 수 있다.

- **대명사** | 어떤 포지션이든

  '어떤'이라는 것은 영어로 표현하면 'Some'이나 'Every' 또는 'Whatever' 등의 지시 대명사이다. 즉, 무슨 일을 하는지 정확히 모르지만 뭐 그냥 국가대표 타이틀만 달게 해 주면 좋겠다는 식의 막무가내 지원자로 보이거나 직무와 지원한 기관에 대한 이해가 전혀 들어 있지 않은 무책임한 말로 들릴 수 있다.

- **부사** | 정말 죽을힘을 다해

  정말 죽을힘을 다한다는 것이 어느 정도의 목표인지, 어느 정도의 체력을 가졌는지 알 수 있을까? 이러한 표현을 패기와 포부가 드러나 있다고 착각하면 안 된다. 채용담당자 입장에서는 이 지원자가 대체 뭘 할 수 있는 사람이라는 것인지 측정할 수 있는 기준과 내용이 전혀 없는 공허한 내용일 수밖에 없다.

그럼 어떻게 개선해야 할까?

답은 '명사, 동사, 수사'를 사용해야 한다.

> **지원자 2번**
>
> 안녕하십니까! 저는 저를 두 가지로 소개드리겠습니다.
> 첫째, 국가대표 축구선수가 되기 위한 기본기를 쌓았습니다. 최근 5년 동안 매일 4시간의 유산소, 근력 운동을 하며 기본 체력을 길렀고, 유소년 축구대회 A매치 약 20번 출전을 통해 경험을 쌓았습니다.
> 둘째, 미드필더로써의 볼 컨트롤 역량을 길렀습니다. 그라운드를 넓게 사용하고 빠르게 움직일 수 있는 볼 컨트롤 훈련을 하며 민첩성과 밸런스를 길렀습니다.

지원자 2번의 소개를 들으면 최소한 축구선수가 어떤 직무를 하는 사람인지, 무슨 준비가 필요한 역할인지를 잘 이해해 온 사람으로 신뢰를 줄 수 있다. 그 이유는 거창한 말이 아닌 채용담당자와 면접관이 듣고 싶은, 들어야 하는, 들으면 높은 점수를 줄 가능성이 높은 단어가 빈출되었기 때문이다.

- **명사** | 유산소, 근력 운동, 유소년 축구대회 A매치

    직무와 관련한 '명칭'이 나와야 한다. 운동이나 훈련의 명칭, 대회명 등의 '명사'는 상대로 하여금 처음 보는 사람(후보자=면접자)에 대한 이해를 하는 데에 큰 도움을 준다. 이러한 정확하고 뜻이 있는 명사가 드러나면 내용에 대해 신뢰를 줄 수 있다.

- **동사** | 기본기를 쌓다, 기본 체력을 기르다, 볼 컨트롤 훈련을 하다

    '동사=역할'을 말한다. 잘했다, 최선을 다했다, 뿌듯했다 등의 말보다 그 상황에서 후보자가 어떤 역할을 했는지 경험에 대해 말하면 앞으로도 어떠한 역할, 업무를 맡길 수 있겠는지에 대한 가늠을 할 수 있다.

- **수사** | 첫째, 둘째, 5년 동안, 4시간의

    숫자는 매우 직관적으로 자신의 역량을 드러낼 수 있는 좋은 무기 중 하나이다. 내용을 구분 지어 주는 서수인 첫째, 둘째의 사용은 인사담당자가 후보자를 빠르게 판단할 수 있는 배려가 있는 자소서와 면접 표현이다. 5년, 4시간 등의 단어는 자소서의 텍스트 중에서 좀 더 주목도를 높이는 역할을 하며 면접에서도 답변에 대한 신뢰를 높여 관심을 끌게 할 수 있다.

구체적으로 이야기한다는 것은 명사, 동사, 수사를 쓴다는 것임을 반드시 기억해야 한다. 특히 블라인드 채용을 기본으로 하는 공공기관에서 자신을 구체적으로 드러내는 것은 가장 중요한 것 중에 하나이다.

그럼 실제 공공기관을 준비하는 여러분이 어떻게 명동수를 활용할 수 있는지 다음의 표를 참고해 보자.

항목	내용	예시
명사	이름이나 명칭	과목명, 과제명, 도서명, 프로젝트/실험명, 국가명, 이론명, 인명 등
동사	역할	프로그래밍을 했다. 파워포인트로 기획서를 제작했다. 논문 등을 통해 자료조사를 했다. 공공기관 고객만족팀에서 인턴을 했다.
수사	서수와 기수	첫째 둘째, 매주 1회씩, 겨울방학 동안, 10일 간의 국토대장정에서 등

공공기관은 NCS 즉 일관적인 표준에 의거하여 채용을 하게 된다. 사기업의 경우도 표준이 있지만 기업마다 다르므로 취업준비생 입장에서는 더욱 어렵게 느껴질 수 있다. 하지만 공사나 공기업 등의 공공기관은 여러분이 이 기준점을 염두하고 이 방향으로 지원하고 면접을 본다면 상대적으로 유리한 입장에서 취업을 할 수 있을 것이라 생각한다.

자신의 자소서가 서류 합격을 할 수 있을지, 면접 답변 준비가 잘 되었는지를 체크할 때에는 '잘' 되었는지를 확인하는 것이 아니라 해당 기관과 직무에 맞는 기준의 단어들이 많이 들어갔는지 스스로 확인해 보아야 한다.

03 블라인드 채용 제대로 파악하기

● **자소서는 적부(적합/부적합)이기 때문에 적당히 적으면 된다?**

그랬던 시절이 있었고 여전히 그런 곳들이 있지만 앞으로는 거의 없어질 것이다.

한국남부발전, 코레일 등은 2017년까지 자기소개서를 적부 즉 적합과 부적합의 기준으로만 나누어 인적사항과 함께 형식에 맞춘 자소서를 제출하기만 하면 되었다. 자소서의 내용과는 상관없이 서류를 제출한 대부분에게 필기시험의 기회를 주었다는 것이다. 하지만 2018년부터는 달라졌다. 적부가 아닌 합불(합격/불합격)이 되었다. 내용을 검토하고 필기시험의 기회를 한정적으로 주겠다는 것이다.

사실 이는 예산 낭비를 줄이고 인재를 채용하고자 하는 공기업의 바람직한 변화라고 할 수 있다. 서류 합격에 대한 필터링을 하는 과정에 인력이나 예산에 대한 소모가 된다고 생각하겠지만 서류를 낸 모든 합격자에게 필기시험의 기회를 주는 것이 오히려 비효율을 더욱 가중시키게 된다.

매 채용 시마다 지원하는 사람의 수를 예상할 수 없기 때문에 시험장을 잡거나 문제지를 인쇄하거나 이에 따른 인력을 편성하는 것에 시간과 예산이 많이 소요될 수밖에 없다. 이와 달리 서류에서 50배수, 필기에서 30배수, 1차 면접에서 10배수, 2차 면접에서 3배수 등으로 배수 형식의 채용 계획을 수립하면 훨씬 효율적인 예산 편성과 업무 집행을 할 수 있게 된다.

즉 자소서가 적부에서 합불로 변경된 것이 취업준비생 입장에서는 더욱 힘들게 느껴지겠지만 장기적으로 봤을 때에 국가에 세금을 내는 국민으로서는 오히려 반겨야 할 움직임이다. 이는 앞으로 더욱 많은 공공기관에서 적부의 자소서보다는 합불의 자소서, 내용에 중심을 두는 자소서 전형으로의 전환이 자연스러운 흐름이 될 것이므로 더욱 철저한 준비가 필요한 시점이다.

● **전공을 적으면 안 된다?**

이는 맞는 말이기도 하고 틀린 말이기도 하다.

자소서의 전공 기재 및 언급에 대한 궁금증은 거의 모든 채용설명회와 자소서 수업 1회차에 무조건 나오는 질문이다. 그만큼 취업준비생들이 모두 고민하고 헷갈려 하는 부분이라는 점이다. 전공은 채용 과정에서 직접적으로 언급하지 않는 것이 좋다. 특히 매우 특이하고 특수한 전공명으로 인해 학교를 유추할 수 있는 단서가 될 수도 있는 전공의 경우는 자소서나 면접에서 말하는 것을 유의해야 한다. 결론적으로 '직접적인 명시'만 되지 않으면 된다는 것이다.

학교 교육이나 직업 교육 등을 기재하는 부분에서 전공이나 직무 관련 교육과정이 드러날 수밖에 없다. 이것은 자연스럽게 지원자의 전공을 유추할 수 있게 된다. 예를 들어 한국전력공사 전기직무에 지원한 지원자의 경우 교육사항에 '회로이론'이나 '전기학개론' 등의 전기공학과에서 주로 배우는 것을 적게 된다. 단, 자소서나 면접에서 '회로이론'을 배웠다는 이야기를 했다고 해서 무조건 전기공학을 전공했다고 단정지을 수는 없으므로 이는 블라인드 채용의 조건에 어긋난 내용이 아니다.

교육사항에서 전공 수업 때에 들었던 과목을 적는 것은 전혀 문제없지만 자소서에서 전공명 자체를 그대로 적는 것보다는 '회로의 원리에 대해 공부하며~', '마케팅 전략과 소비자 행동론을 공부하며~' 등으로 표현하는 것을 추천한다.

반대로 자소서에 전공이나 직무 관련한 단어가 빈출되지 않는 것이 더욱 문제가 된다. 문제가 된다는 것은 합격하기 어렵다는 것이다. 해당 직무에 준비가 된 사람이라는 것을 직관적이고 명확하게 드러내기 위해서 전공과 전공과목에서 배운 관련 이론을 적는 것만큼 좋은 방법이 없기 때문이다.

결론적으로 전공은 직접적으로 명시하지 않되 드러내야 한다. 공부했던 과목이나 과목의 내용, 과목에서 진행한 과제, 관련하여 읽은 책, 현장실습, 실험, 프로젝트 등이 이에 해당된다.

● **동아리, 학회, 대외활동 명칭이 들어가서는 안 된다?**
활동의 성격과 목적을 드러내는 내용은 반드시 들어가야 한다.

동아리명이나 학회명은 학교를 유추할 수 있는 내용으로 간주될 수 있으므로 그대로 적는 것은 안 되지만 '무슨 동아리인지, 어떠한 활동을 하는 대외활동인지'는 반드시 들어가야 한다. 예를 들어 '사진동아리에서 전시회를 하며~', '영자 신문동아리에서 한류 콘텐츠의 다양화 방안에 대해 기사를 작성하며~' 등의 조직 특성과 해당 내용은 들어가야 한다는 것이다.

> **잘못된 예시** **봉사활동 내용 기재**
>
> 저는 봉사활동을 하며 협업의 중요성을 배웠습니다.
> 많은 학생들이 함께하는 활동을 할 때에는 서로에 대한 배려와 소통이 필요하다는 것을 알게 되었습니다. 봉사활동을 하며 서로 잘 모르다 보니 다양한 어려움이 있었습니다. 이것은 협업을 할 때에 불가피하게 발생하는 것이고 이를 해결하기 위해서는 대화가 중요하다고 생각했습니다. 저희 조는 매우 열심히 서로 소통하였고 결국 좋은 성과를 낼 수 있었습니다.

> **수정된 예시** **봉사활동 내용 기재**
>
> 저는 독거노인 돌봄 봉사활동을 하며 협업의 중요성을 배웠습니다.
> 3인 1조가 되어 2주에 한 번 지정된 독거노인분의 댁을 방문하여 목욕, 청소, 산책 등을 하는 활동이었습니다. 노인 분께서 필요하신 부분이 무엇인지, 3명의 팀원이 잘 할 수 있는 것이 무엇인지를 정확히 알지 못해 처음에는 만족도가 떨어졌지만 기관에서 제공하는 체크리스트를 활용하여 대화를 하며 더 나은 서비스를 제공할 수 있었습니다.

두 개의 내용은 똑같은 경험을 한 것이지만 받아들이는 입장에서는 전혀 다른 느낌을 받게 된다. 그 이유는 바로 '어떠한 봉사활동인지'에 대한 정황 설명이 없기 때문이다. 동아리, 학회, 봉사활동, 공모전, 홍보단 등 학생들이 보편적으로 하는 활동의 사례는 인사담당자 입장에서 보면 대단히 큰 경쟁력이라고 느껴지지 않는다. 그러한 상황에서 자신의 경험을 채용담당자 입장에게 의미 있게 전달하기 위해서는 간단히 배경지식을 설명해 주어야 한다.

04 NCS 채용의 핵심, 직무적합도와 조직이해도

자소서는 글을 잘 쓰는 사람을 뽑는 것이 아니고, 면접은 말을 잘하는 사람을 뽑는 것이 아니다. 모든 채용 과정에서 중요한 것은 첫째, 이 직무에 얼마나 적합한 사람인지 둘째, 우리 조직을 이해했는지라는 점을 잊지 말아야 한다.

- **직무적합도**
  해당 직무에 적합한 지식과 경험을 갖고 있는 지원자
- **조직이해도**
  - 해당 조직에 대한 관심을 갖고 있는 지원자
  - 조직생활에 대한 기본 수준이 되는 지원자

이를 표현하기 위해 다음의 사항을 정확히 알고 가야 한다.

● **학생과 직장인의 차이**

책임감? 신뢰?
그 차이는 바로 ㅅㅇㅈ에서 ㄱㄱㅈ로 바뀐다는 것이다.

이를 이해하기 위해 여러분이 고등학교, 대학교에서 소비자였는지 생산자였는지 생각해 보자. 이제까지 여러분은 학교나 사회에서 교육 서비스를 받는 '소비자'였다. 이것이 자의든 타의든, 부모님의 지원이든 사회적 의무 교육이든 우리는 취업 이전, 본격적으로 사회의 경제인구로서 역할을 하기 이전까지는 서비스를 '받는' 입장이었다. '받는' 입장에서는 주로 결과를 평가하면 되기 때문에 느낌을 이야기하면 됐다.

그것이 바로 여러분이 추상적으로 자신을 표현하게 되는 이유 중 하나이지, 글을 못 쓰거나 말을 못해서는 아니라는 점을 기억하자. 좀 더 쉬운 이해를 위해 다음과 같은 예시를 들어 보겠다.

한 놀이공원에 갔을 때를 떠올려 보자. 그 놀이공원을 좋아한다고 가정을 하고 어떤 좋은 인상을 받았는지 이야기를 해 본다고 생각해 보자.

> **소비자 say about ○○ 놀이공원**
> ❶ 기분이 신나고 좋아져요
> ❷ 활기가 느껴져요
> ❸ 동화나라에 온 것 같아요

한 고객이 이러한 느낌을 받을 수 있도록 이 놀이공원의 직원들은 어떤 노력을 했을까?

"자, 우리 직원 여러분! 우리 소비자가 동화나라에 온 것처럼 느끼도록 그래서 다시 올 수 있도록 지금부터 하는 겁니다. 동화나라에 온 것처럼 시-이-작!"

하면 동화나라처럼 될까? 말도 안 되는 이야기일 것이다. 소비자가 동화나라에 온 것처럼 느끼게 하기 위해서는 전략이 필요하다.
이때 필요한 전략은 반드시 구체적이어야 한다.

> **직원 say about ○○ 놀이공원**
> ❶ 음악을 신나는 것으로 틀 것, 인사를 큰 소리로 할 것 등
> ❷ 대기 시간 동안 2분 간격으로 율동을 할 것, 꽃이나 나무를 심을 것 등
> ❸ 캐릭터를 활용할 것, 공주, 왕자가 나오는 퍼레이드를 할 것 등

이와 같은 구체적인 내용이 있어야 직원으로서 역할을 할 수 있을 것이다. 직원으로서, 새로운 서비스와 기술을 제공하는 사람으로서 준비가 되어 있다는 것을 보여 줄 수 있는 것이, 바로 자신의 경험과 지식을 구체적으로 드러내는 것이다. 자신의 경험을 자기 스스로 글과 말로 구체적으로 구성할 수 없다면 공공기관의 구성원이 되어서 국민에게 서비스를 할 수 있는 사람이 될 수 있다고 생각하기 어렵다.

전기를 공급하는 한국전력공사, 안정적인 주거를 공급하는 한국토지주택공사, 보험 서비스를 제공하는 국민건강보험공단 등 국민에게 서비스를 공급하는 사람으로서 역량이 있다는 것에 대한 확신을 주려면 더 이상 학생으로서의 문장과 답변에서 벗어나 직장인으로서 준비가 되어 있다는 구체적인 구성을 보여 주기를 바란다.

> 학생과 직장인의 차이는 수요자에서 공급자가 된다는 것이다.

● **심사위원도 교육을 받는다**

NCS 채용의 면접 심사위원은 내부 인원과 외부 인원이 함께 구성되는 경우가 많다. 내부 인원의 경우 해당 직무의 전문가(1~2명), 인사 담당자(1~2명), 외부 인원(1~2명)이 배치되는 것이 일반적이다. 이는 회사마다 다를 수 있지만 평균적으로 그러하다. 여기서 항상 많은 학생들이 외부 인원에 대해 궁금해 하거나 신경 쓰는 경우들이 많다.

"외부 인원이 들어오신다던데, 제가 회사 이야기를 너무 깊숙이 해서 그분들이 못 알아들으시면 어떡하죠?"라는 얼토당토않은 질문을 받은 적이 있다. 그만큼 면접에 닥치게 되면 과한 걱정과 우려를 하게 되는 것이 취업준비생들의 마음이기도 하다. 적을 알아야 나를 안다. 면접관이 적은 아니지만 내가 설득해야 하는 대상을 알아야 타깃에 맞춘 언어를 사용할 수 있기 때문이다.

외부에서 초빙된 인원은 대개 해당 직무와 관련한 국립대 교수님, 관련 단체의 대표 등이 있을 수 있다. 예를 들어 한국전력공사 송배전 업무의 면접위원은 어느 학과 교수님을 초빙할까? 송배전 업무에 체육학과나 국문학과 교수님을 섭외하지는 않을 것이다. 당연히 송배전 업무와 관련한 전기, 전자, 에너지, 역학 등과 관련한 학문에 권위를 가지신 교수님일 것이다. 꼭 교수님이 아니더라도 학계나 해당 산업에서 두각을 나타내는 전문가임에는 틀림없다. 즉, 외부 인원이 있다고 하여 특별한 것도 아니고 점수의 폭이 크게 달라지는 것은 아니다. 그 이유 중 하나는 기업은 면접 심사위원을 사전 교육시키기 때문이다.

면접위원 사전 교육은 공기업이나 대기업 모두 일반적으로 하는 인사채용 시스템 중 하나이다. 해당 직무의 내부 전문가라고 할지라도 기업의 해당년도에 필요한 인재의 방향이나 채용 시스템의 변동된 사항을 공통적으로 반드시 숙지하고 있어야 하는 의무가 있다.

또한 면접을 가면 몇 개의 면접 공간이 있는 경우가 있는데 이때에 각 면접 그룹마다 평가 기준이 다르다면 공정한 채용 방식에서 매우 어긋날 뿐더러 이렇게 채용된 직원은 각 업무 현장에서 역량 차이가 심각하게 벌어질 수 있기 때문이다.

이를 위해 공기업은 NCS 채용 이후 특히 NCS 채용 기준에 맞춘 질문 리스트와 답변에 대한 표준화된 채점 기준을 교육하고 있다. NCS 채용 방식이 단순히 취업준비생을 위한 것뿐 아니라 실제 산업 현장에서 적합한 인재를 뽑아 사회적 비용의 낭비를 줄이고자 하는 노력이 담겨 있다.

이때 반드시 참고하게 되는 것이 바로 'NCS 직무기술서'이다. '직무기술서'를 각 직무별로 계발하게 된 계기 역시 현장에서 필요한 지식과 기술을 가진 인재를 뽑고 싶은 기업과 정부의 산물이다. 예를 들어 학점도 좋고 토익 점수도 매우 높은데 현장에 투입시켜 보니 직무에 대한 이해도도 전혀 없고 기본적인 문서관리 역량이나 공직자로서의 태도가 없으면 다른 사람을 다시 뽑기에도 예산상의 한계가 있고 업무의 성과는 나오지 않는 비효율이 발생하기 때문이다.

결론적으로 내부 면접위원이든 외부 면접위원이든 해당 년도의 채용을 진행할 때에는 면접자 사전 교육을 받게 되어 있다. 그렇다면 해답은 바로 NCS 직무기술서다. 공기업을 준비하는 취업준비생은 그들이 기준점으로 삼아 채점하게 되는 것 중 하나인 직무기술서에 나온 단어와 역량을 최대한 자신의 경험과 매칭하는 노력을 하면 합격의 길은 더욱 가까워지는 것이다.

05 취업 합격, 직무 경험이 없어 고민이라면 꼭 알아야 하는 것

공공기관 채용 시 여러분에게 물어보는 것은 딱 세 가지다.
바로 지식(Knowledge), 경험(Experience), 의견(Opinion)이다.

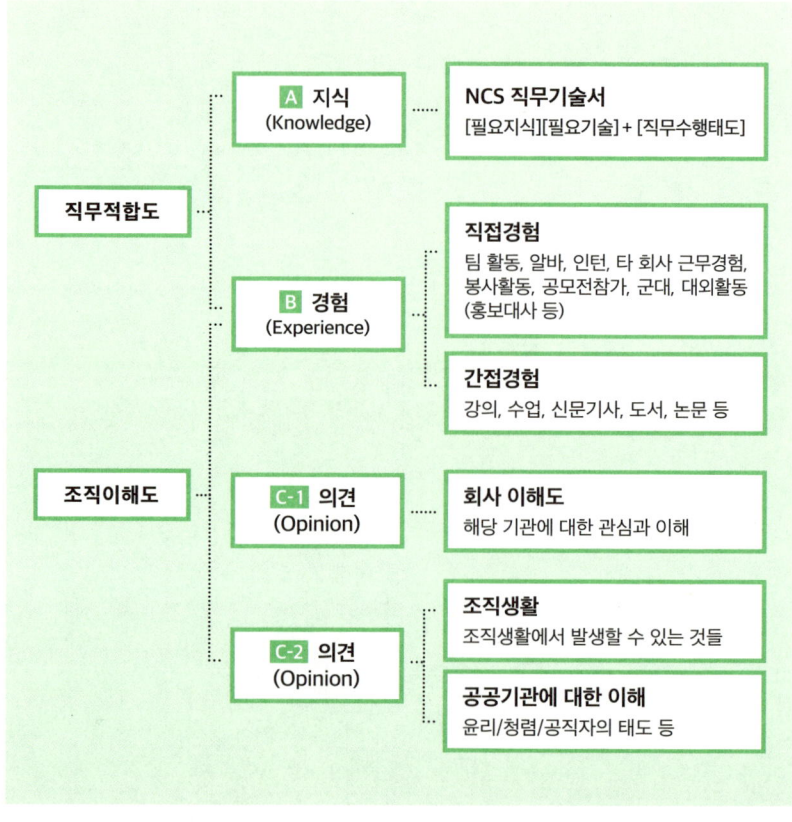

KEO를 알면 자소서, 면접 모두 KO시킬 수 있다고 농담처럼 이야기

하는 이유는 방향성을 정확히 겨냥하여 공공기관의 취업을 준비해야 한다는 의미이다. 이 세 가지는 결국 '직무적합도'와 '조직이해도'를 체크하는 가장 기본적이고 필수적인 항목이 된다.

공공기관의 블라인드 채용에서는 직무적합도와 조직이해도가 가장 중요한데 이를 보여 주는 방법은 딱 세 가지, 바로 KEO-지식, 경험, 의견의 조합이다.

● **지식(Knowledge)**

> **지식(Knowledge)**
> 직무를 수행하기 위해 필요한 지식

조직에서 원하고 측정하고자 하는 부분의 지식은 '직무'와 관련한 지식이다. 블라인드 채용을 하는 이유가 바로 '직무역량'을 기준으로 뽑겠다는 의도이기 때문에 좋은 학교와 높은 학위를 가진 것으로 역량을 증명하는 것이 아니라 동일한 항목의 자소서, 유사한 항목의 면접 질문으로 후보자를 평가하여 각 공공기관이 필요한 사람을 뽑는 과정인 것이다.

전기직이라면 전기, 배선 등과 관련한 지식을 물어볼 것이고 경영기획, 행정직이라면 대내외 환경 분석, 전략 수립, 재무제표 등과 관련한 지식을 물어볼 것이다. 이것은 당연한 사실이자 여러분도 미리 알 수 있는 부분이다.

바로 공공기관에서 채용의 기준으로 삼고 있는 직무기술서를 반드시 참고해야 한다. 특히 직무기술서의 필요기술과 필요지식을 참고하여 이와 관련한 내용을 자소서에 넣는 것이 좋다.

자소서와 면접 시 필요한 지식은 직무기술서의 '필요지식'과 '필요기술'을 보면 알 수 있다.

● 경험(Experience)

> **경험(Experience)**
> 직무 관련 경험 + 지원하는 기관(조직)에 대한 관심을 보여 줄 수 있는 경험

해당 직무 관련한 경험이 없다고 절대로 포기해서는 안 된다. 경험은 직접경험과 간접경험으로 나누어 정리할 수 있는데 설사 자신이 인턴이나 알바 등의 직접경험이 없더라도 지금부터 간접경험을 만들어가거나 준비하면 된다.

경험이 중요한 이유는 모든 사람은 과거로 말미암아 미래를 예측하고 또 평가받는 것이 당연한 것이기 때문이다. 과거에 잘했다고 미래에도 잘한다는 보장은 없지만 일단은 지원자의 여러 면모 중 관련 경험을 물어보며 타 지원자와의 차별점을 체크하는 것은 자연스러운 수순이다.

여러분이 작은 동네 카페에서 알바를 하더라도 사장님은 '과거에 카페에서 근무해 본 경험은 있는지, 서비스업에서 고객을 상대해 본 경험

은 있는지' 또는 '커피를 좋아하는지, 우리 카페를 와 본 적이 있는지, 있다면 어떤 느낌을 받았는지' 등의 관련 경험을 물어볼 것이다. 이것은 지원자를 캐묻고 심문하는 것이 아니라 이러한 경험과 관련한 질문을 통해 앞으로도 잘할 수 있는지에 대해 가늠해야 하기 때문이다.

만약 경험이 없더라도 커피 관련 책을 본 적 있다거나 친구나 형제 중 카페 혹은 음식점 알바를 했다는 것을 들으며 할 수 있다, 해 보고 싶다는 생각을 했다는 간접적인 경험을 비추어도 된다. 이런 부분을 어필하면 카페 사장님은 지원자가 좀 더 의지가 있다고 생각하고 신입이더라도 기회를 주고 싶기 때문이다.

하루 매출이 10만 원 단위에서 100만 원 단위 정도의 작은 카페도 한 명의 알바를 뽑을 때 지원자의 경험을 궁금해 할 수밖에 없는데 국가의 세금과 예산으로 한 해 10억 단위에서 1,000억 단위까지의 사업을 기획하고 운영하는 공공기관의 경우 더욱 신중하게 다양한 측면에서 지원자를 체크하는 것이 당연한 의무이자 절차임에 틀림없다.

이를 위해 학교나 연수, 토익 점수나 부모님의 재산 여부, 키나 몸무게 등의 단순한 스펙보다는 이제까지 우리 기관의 해당 직무와 관련하여 얼마만큼의 역량을 쌓고 관심을 가져왔는지 과거 경험을 잘 정리하여 자소서와 면접에서 보여 주는 지원자를 뽑고자 하는 것은 오히려 너무나 공정하고 좋은 채용 시스템임이 틀림없다.

경험은 결코 많다고 좋은 것이 아니다. 경험이 없다고 위축될 것도 아니다. 직무 관련한 경험을 어떻게 '연결'하고 '표현'하느냐가 중요하다.

● 의견(Opinion)

> **의견(Opinion)**
> **C-1** 해당 공공기관(회사)에 대한 이해
> **C-2** ❶ 조직 생활에 대한 이해
> ❷ 공기업이라는 조직에 대한 이해

C-1 해당 공공기관(회사)에 대한 이해

· 앞으로 하고 싶은 일이 무엇인가?
· 우리 공단의 최근 이슈 또는 문제점은 무엇이라 생각하는가?

위와 같은 항목과 질문은 여러분을 당황하게 만들고자 함이 아닌 지원하는 회사에 대해 얼마나 관심이 있는지를 체크할 수 있도록 지원자의 의견과 생각을 묻는 것이다.

공사와 공기업, 공단 등의 공공기관은 예산을 가지고 국민들이 원하는 서비스, 선제적인 대응을 하기 위해 사업을 준비하고 기획해야 하는 조직이다. 물론 기존의 시스템을 지속적으로 잘 운영하는 것도 중요하다. 한국철도공사, 서울교통공사, 국민건강보험공단 등 기존의 시스템을 잘 운영하는 것이 중요한 곳도 있지만 이와 동시에 1년 후, 5년 후의 일들을 미리 준비하여 예산을 편성하고 이를 기획하려면 사고(思考)할 수 있는 힘을 가진 사람이 필요하다.

기술직의 경우 반드시 기획을 하지 않더라도 사고(事故, Accident)의 상황이나 자연재해 등의 위급상황에 대처하는 판단력, 사고력이 있어야 한다.

C-2 ❶ 조직 생활에 대한 이해

- 상사가 부당한 지시를 하면 어떻게 할 것인가?
- 다른 부서와 조율이 되지 않는 사항에 대해 어떻게 조율하고 해결할 것인가?
- 과거 의견이 맞지 않는 사람과 원만한 합의 및 팀워크를 통해 좋은 결과를 도출한 것이 있는가?

위의 항목과 질문은 조직생활에서 무엇이 중요한지를 아는가에 대한 체크 부분이다. 조직이해도의 두 번째 부분은 해당 회사를 이해하는 것과 다른 측면으로 직급과 서열이 있는 조직에서 잘 업무할 수 있는지, 팀워크를 위해 자신이 어떠한 역할을 해야 하고 할 수 있는지를 체크하는 또 다른 조직이해도이다.

조직생활에서 팀워크는 매우 중요하다. 스티브 잡스처럼 훌륭한 한 사람이 세상을 바꾸기도 하지만 아무리 훌륭한 사람도 혼자 모든 것을 할 수는 없다. 조화로운 업무 협업과 팀워크를 통해 시너지를 만들어 낼 수 있는 사람이 필요하다. 이를 위해 자소서와 면접에는 반복적으로 관련된 문항으로 지원자를 알아보려고 하는 것이다.

C-2 ❷ 공기업이라는 조직에 대한 이해

- 우리 공사는 공익성과 수익성 중에 무엇이 더 중요하다고 생각하는가?
- 자신은 청렴하다고 생각하는가?

위의 질문은 공기업이 일반 기업이나 지자체, 정부기관 등과는 다른 부분이 무엇인지 알고 있는지에 대한 지원자의 생각을 알아보는 질문이다.

공기업은 삼성전자나 LG화학과 같은 사기업과는 다른 것이 당연한 사실이고 서울시나 경기도 등의 지자체와 역할이 구분되는 점이 있다는 것을 알아야 한다. 한국관광공사가 문화체육관광부 소속의 공기업은 맞지만 정부부처와 공사의 역할은 구분된다. 이러한 부분에 관심이 있는지 어떠한 생각을 갖고 있는지에 대해 물어보고 이에 대한 답변을 통해 많은 지원자 중 좀 더 차별화되고 준비된 지원자를 뽑고자하는 것이다.

KEO(지식·경험·의견)를 기준으로 자소서와 면접을 이해하면 훨씬 쉽고 빠르게 합격의 문에 다가갈 수 있다. 준정부기관, 정부기관, 지방공기업 등을 포함해 우리나라에서 공기업이라 일컫는 조직은 300개가 넘는다. 이 모든 공공기관의 직무들을 모두 강의하고 컨설팅 할 수 있는 이유는 '채용'의 과정에서 측정하고자 하는 부분은 거의 대부분 대동소이하기 때문이다. KEO는 글을 못 쓰는 학생의 자소서를 합격할 수 있도록 돕고, 말주변이 없거나 내성적인 성격으로 남 앞에서 말하는 것이 두려운 지원자도 면접에서 합격할 수 있도록 해 왔다.

  자소서와 면접도 필기시험과 같은 시험이다. 시험을 준비하기 위해서는 전략이 필요하다. 이 전략이 바로 KEO이다.

06 직무 분석법과 기업 분석법

직무 분석과 해당 기업을 분석하는 것은 기본적인 준비 단계이다. 하지만 많은 지원자들이 자소서 단계에서는 글쓰기에 함몰되고 면접 단계에서는 말하기에만 집중하여 본질을 놓치는 실수를 하게 된다.

직무 분석은 반드시 '직무기술서'를 봐야 한다. 구글이나 네이버의 홍보 글과 블로그 글을 보며 확인할 수 없는 내용에 의지하는 것은 정말 위험한 행위이다. NCS 채용은 지원자의 취업 준비를 위한 시간적 경제적 비용을 줄이고자 하며, 각 기관의 공정하고 투명한 기준을 설정하고자 한 것이 바로 '직무기술서'의 계발이다. 이것을 활용하면 불확실한 정보에 의거해 시간을 소모하고 돈을 낭비하지 않고도 타 지원자와 구분되는 준비를 할 수 있다.

● **한국전력공사(전기직 5급 | 대졸신입)**

직무기술서의 가장 상단부 [채용분야-대분류~세분류]까지의 내용은 지원자 입장에서 특별히 눈여겨 볼 부분은 없다. 이는 NCS 직무 계발 과정에서의 분류를 위함이지 지원자 관점에서 유리하게 얻어야 할 정보는 딱히 없다고 보면 된다.

[직무수행내용]은 중요하다. 이 직무가 무슨 일을 하는지 가장 주요한

□ 전기

근무처		본사 ✓	지역본부 ✓	지사 ✓	전력지사 ✓	기타 ✓
채용분야	대분류	19.전기전자				
	중분류	01.전기				
	소분류	01.발전설비 설계 02.발전설비 운영	03.송배전설비	04.지능형전력망설비		07.전기공사
	세분류	02.화력발전 설비설계·운영 03.원자력발전 설비설계·운영	01.송변전배전 설비설계 02.송변전배전 설비운영	01.지능형전력망 설비		01.내선공사 02.외선공사 03.송변전·배전 설비공사감리
직무수행 내 용		○ 전력설비 신증설, 운영, 개선, 운영자동화 ○ 전력계통 해석 및 안전성 유지 ○ 전력품질 및 안전관리 ○ 전력설비사고 조사, 보고 및 예방대책 수립 ○ 기술 및 연구개발 관련 업무 ○ 건설 관련 대관 업무 및 용지·환경업무 ○ 전력계통 접속방안, 송전요금 관련 업무 ○ 해외 화력·신재생발전사업·원자력사업 개발, 계약협상 및 체결				
필요지식		○ 전력공학·회로이론·제어공학·전기자기학·전기기기공학·전기응용·재료공학 분야 지식 ○ 전기설비 기술기준 및 배선설비 기준에 관한 지식, 전기품질에 관한 지식, 전력설비 지중화 관련 법규에 관한 지식, 배전 기자재에 관한 지식, 코로나·낙뢰·미세전류 등을 포함한 기자재 고장 기본 원리에 관한 지식, 전력량계 원리에 관한 지식 ○ 배전 시공 및 공사 관리에 관한 지식, 공가 업무 처리 지침에 관한 지식, 굴착·포장 등을 포함한 토목 공사에 대한 기초 지식, 대규모 프로젝트 관리 기법에 관한 지식, 감리업무에 관한 지식 ○ 신재생에너지 및 스마트그리드 개발 동향에 관한 지식, 분산형 전원 기술 기준에 관한 지식, 전기 안전 규범에 관한 지식 ○ 설계도면 해독지식, 전기회로도 설계지식, 전기설비 기술기준 등 관련 법규, 자동 제어 기본 이론에 관한 지식, 변압기·차단기 등 변전기기에 관한 지식, 전선·케이블·철탑·애자 등 송전설비에 대한 전기응용·재료공학 지식, 시퀀스 제어분야를 포함한 제어공학 지식, 로직 회로 해석 등을 포함한 회로이론 지식, 전력계통 해석·운용, 고장계산, 보호계전 방식 등을 포함한 전력공학 지식, 전기자기학·전기기기공학 지식				
필요기술		○ 설득 및 협상 기술, 수리통계기법, 예산관리기법, 외국어 구사능력, 컴퓨터 활용능력, 문서 작성 및 관리 능력, 자료 검색 능력, 법규이해 활용능력, 초음파 진단 장비 등 측정기 사용 기술, 해외 미팅 안내·레터 회신·브리핑 등에 필요한 외국어 구사 능력, 법규 이해 및 활용 능력, 자동화 시스템 구축 및 운영 기술, 단위 기기별 조작 능력, 프로젝트 관리기법, 도면판독 기술, 계측기 사용능력, 계통해석 프로그램 운용능력, 위기대응능력 등				
직무수행태도		○ 분석적·개념적 사고 태도, 세밀한 일처리 태도, 효율적 시간 관리, 원활한 커뮤니케이션 창출 의지, 정보 수집·관리 노력, 조직이해 태도, 현장지향적 태도, 즉각적 대응 노력, 안전 사항 준수 의지, 청렴하고 공정한 업무 처리 태도, 원만한 대인관계를 맺으려는 의지, 기기 운전 절차 준수 등				
직업기초능력		의사소통능력, 수리능력, 문제해결능력, 자원관리능력, 기술능력				
필요자격		○ 관련분야 전공자 또는 관련분야 산업기사이상 자격증 소지자 (붙임 2 참조) ○ 유효한 공인어학성적 700점(토익기준) 이상 성적 보유자 - 해외 배전·송변전 사업개발 및 수행, 해외사업소 안전·보건·환경업무, 전력산업 수출, 국제 협력교류, 국제표준 인증관련 업무, 신사업 추진 등의 직무수행을 위한 최소한의 어학성적임				
관련자격		전기(산업)기사, 전기공사(산업)기사, 전기기능장 등				
참고		www.ncs.go.kr				

내용이 잘 정리되어 있는 부분이기 때문이다. 예를 들어 면접에서 '한국전력공사의 전기직은 무슨 일을 하는 것이라고 알고 있느냐?'의 질문에 '국민에게 안정적인 전기를 공급하는 것입니다'라고 답변한다면 낮은 점수 또는 평이한 점수를 받게 될 것이다. 틀린 답변은 아니지만 이해도가 높은 답변이 아니다.

그럼 어떻게 해야 할까? 앞의 직무기술서를 기준으로 대답을 한다면 "크게 세 가지로 나눌 수 있습니다. 첫째 전력설비 신증설 운영 개선 운영자동화, 둘째 전력품질 및 안전관리, 마지막으로 해외 화력·신재생발전사업 개발 등의 업무를 하는 것으로 알고 있습니다"라는 흐름으로 직무기술서에 있는 단어를 많이 사용하는 것이 포인트다.

직무기술서에서 가장 중요한 부분이 바로 [필요지식]과 [필요기술]이다.

한국전력공사 전기직을 준비하는 지원자라면 대부분 대학에서 전기공학, 제어공학, 재료공학 등의 전공을 했거나 (고졸 채용이라면 직무기술서는 조금 다르겠지만) 전기직무 지원자의 경우 공업고등학교나 마이스터고등학교에서 전기 관련 전공을 했을 것이다.

그렇다면 [직무수행내용]에 있는 모든 내용에 대부분 지식과 경험이 없는 것은 당연한 것이다. 학생 수준에서 [직무수행내용]에 있는 '전력설비 신증설'을 해 본 사람은 없을 것이다. 하지만 전력공학이나 전기자기학, 회로이론 등을 배워 본 경험은 있을 것이다. 또는 설계도면을 해독하여 기판을 만들어 본 조별 과제, 전기 회로도를 해석하는 기호나 이론을 배운 경험, 전기설비 기술기준이나 관련 법규를 공부해 본 자격증 취득 사례 등은 있을 확률이 높다.

   자소서를 쓸 때 새로운 경험을 떠올리거나 창의적인 발상이 중요한 것이 아니라 NCS의 S를 충족시켜 줄 표준을 맞추는 것이 중요하다. 표준의 힌트가 바로 직무기술서의 [필요지식]과 [필요기술] 부분이다. 이 부분의 단어를 넣어 본인의 경험을 자소서에 넣거나 면접의 답변에 넣으면 고득점을 받고 합격할 수 있는 확률이 매우 높아진다.

● aT한국농수산식품유통공사(행정직 5급 | 대졸신입)

직무 수행 내용	경영기획	경영목표를 효과적으로 달성하기 위한 전략을 수립하고 최적의 자원을 효율적으로 배분하도록 경영진의 의사결정을 체계적으로 지원하는 일
	사무행정	부서 구성원들이 본연의 업무를 원활하게 수행할 수 있도록 조직 내부와 외부에서 요청하거나 필요한 업무를 지원하고 관리하는 일
	수급·유통 행정	유통개선(직거래 활성화, 산지조직·도매시장 평가·지원, 유통정보 등) 및 수급안정(정부 지정 농산물 수매·수입 및 비축·판매·전담관리 등) 사업 관련 업무
	식품·수출 행정	식품산업육성(식품·외식업체 지원, 인프라 구축, 전통식품 육성 등) 및 수출진흥(수출 기반조성, 해외시장개척, 자금지원 및 정보제공 등) 사업 관련 업무
능력 단위	경영기획	01.사업환경 분석, 04.신규사업 기획, 06.예산 관리, 07.경영실적 분석, 09.이해관계자 관리
	사무행정	01.문서작성, 02.문서관리, 03.자료관리, 04.회의 운영·지원, 05.사무행정 업무관리, 07.사무자동화 프로그램 활용
	수급·유통 행정	(신규개발)유통사업/정부비축사업 기획 및 예산관리, 직거래 기반 구축, 산지유통조직/도매시장 평가 및 자금지원, 농산물 수급정보조사 및 수급관리대책 수립, 농산물 가격정보 및 유통실태조사, 의무수입물량 수입 및 판매, 비축농산물 품질관리, 해외 농산물 수입정보 분석 및 전파
	식품·수출 행정	(신규개발)농수산식품 수출기획 및 예산관리, 수출동향 및 전망분석, 수출정보/식품산업 통계정보 조사 및 전파, 해외지사 관리, 농수산식품 해외시장개척 지원, 수출업체 물류지원, 식품산업육성사업 기획 및 예산관리, 중소식품기업 컨설팅 및 교육사업 운영
필요 지식	경영기획	예산계획 수립, 예산편성 지침, 사업평가의 결과분석 방법론, 거시환경 분석 단계별 프로세스, 관리회계 개념, 전사목표에 대한 전략적 개념, 실행 계획 추진조직과 관련 조직의 주요 역할, 사업부 및 기업의 전략목표수립과 성과통제에 대한 개념, 유관기관 관리방안
	사무행정	문서기안 절차, 문서양식과 유형, 업무용 소프트웨어의 특성, 문서 작성 및 관리 규정, 기본 회계 지식, 부서 내 업무 프로세스
	수급·유통 행정	농산물 수급 및 유통전반에 대한 지식, 마케팅 실무 지식, 자금지원 전반에 대한 지식, 농산물 수입 실무 지식, 국내외 무역동향 • 관세제도에 대한 이해, 외국어 지식, 농산물 생산 • 재배동향에 대한 이해, 계약실무에 대한 이해
	식품·수출 행정	무역실무 지식, 농수산식품 수출관련 품목 지식, 외국어 지식, 국내외 경제 및 무역동향, 국별·품목별 관세제도에 대한 이해, 식품산업 전반에 대한 지식
필요 기술	경영기획	경영환경/외부환경 분석 기법, 핵심성공요소 도출 기법, 목표와 성공요소 관계설정기술, 벤치마킹 기법, 통계처리 • 분석 기법, 예산 집행금액 산출기법, 차년도 예산관리 산출 기법, 부서별 소요예산 분류 기술, 항목별 금액 설정 기술, 회계 • 재무자료 취합·정리·분류 기술, 예산집행 결과 정산 기술, 사업에 대한 평가 기술
	사무행정	경영정보 시스템 활용 기법, 정보검색 능력, 업무용 소프트웨어 활용능력, 회계시스템 사용 능력, 문서 작성/분류 기술
	수급·유통 행정	요구사항 분석 능력, 과세제도에 대한 분석 및 적용 능력, 외국어를 활용한 의사소통 기술, 외부환경 분석기법
	식품·수출 행정	업무 및 조직적 의사소통 능력, 관련기관 및 단체 담당자와의 협상 기술, 위험관리 기법, 갈등(분쟁)관리 기술

aT공사라고 불리는 한국농수산식품유통공사의 [직무수행내용]과 [능력단위]를 보면 대학교를 졸업한 학생이 해 볼 수 있는 일은 없다고 해도 무방하다.

[직무수행내용]에 있는 농수산식품에 대한 유통개선과 수급안정을 해 본 대졸 신입은 거의 없을 것이고 만약 약간의 직무경험이 있다고 하더라도 대한민국 농수산식품의 직거래를 활성화하고 산지조직과 도매시장을 평가 지원하는 업무 등을 하는 곳은 한국농수산유통공사만이 하는 업무이기 때문이다.

[능력단위] 역시 NCS에서 국가 차원의 행정 업무를 효율적으로 관리하기 위한 분류이므로 이에 해당하는 경험이 없다고 해서 두려워하거나 지원을 포기하는 등의 일은 없어야 한다.

지원자 입장에서 직무기술서에서 무엇을 참고하여 직무에 적합한 지원자임을 어필 할 수 있을까? 바로 앞서 언급한 [필요지식]과 [필요기술]이다.

행정직 지원자는 대부분 경영과 경제학을 전공했거나 그렇지 않더라도 전공 필기시험 준비를 위해 이에 대한 공부를 했을 가능성이 높다. 그렇다면 [경영기획] 부분에서의 [필요기술]을 보면 '경영환경/외부환경 분석 기법'을 배운 경험이 있기 마련이다. 바로 SWOT 분석이나 BCG매트릭스 등이 그것이다. 이를 배운 과목이나 과제, 조별 프로젝트, 공모전 등이 있으면 그 경험을 바탕으로 '외부환경 분석 기법을 활용하여 기획서를 작성해 보았다'라는 방식으로 직무기술서의 단어를 활용해야 한다.

행정이나 사무직무 지원자의 경우 [필요기술-경영기획]에서 볼 수 있는 '통계처리 분석 기법'과 [필요기술-사무행정]에 보이는 '경영정보 시스템 활용 기법' 등의 과목을 수강했거나 관련한 도서를 읽었다면 이에 대한 내용을 간단하게라도 자소서 및 면접에서 드러내는 것이 좋다. 최근 공공기관의 주요사업 중 하나가 공공데이터를 국민에게 서비스하기 위한 방안을 모색하고 있기 때문이다.

4차 산업혁명 시대에 가장 중요한 자원 중 하나인 데이터를 공공기관이 어떻게 국민들에게 쉽고 유용하게 활용할 수 있는지를 알리는 것이 공기업의 역할이기도 하기 때문이다.

결론은 어떤 직무이든지 직무기술서를 참고하는 것은 매우 필수적이라는 부분이다. 특히 [필요지식]과 [필요기술]에 있는 단어를 직접적으로 활용하는 것을 강력 추천한다.

 취업전략 세우기

공기업 및 공공기관의 취업을 목표로 상담을 오면 두 가지 유형으로 나뉜다. 첫째, 대한무역투자진흥공사(KOTRA)나 한국철도공사(KORAIL)처럼 하나의 기업만을 목표로 하는 경우, 두 번째는 어디든 공기업이면 취업을 하겠다는 경우이다.

공기업에 취업을 하겠다고 목표를 세웠다면 나는 어느 유형의 전략이 필요한지를 선택하여 시간과 체력의 낭비를 최소화하고 장기적인 관점에서도 후회 없도록 해야 한다.

> **자신은 어느 유형인가?**
> - 특정 공기업을 목표로 하는 경우
> - 어떤 공기업이든 합격하는 곳으로 취업을 목표로 하는 경우

둘 중 자신의 유형을 선택했다면, 이제 이에 맞는 전략을 세워야 한다.

● **특정 공기업을 목표로 하는 경우**
전년도 대비 상·하반기 공채가 모두 진행되는지를 확인해 보아야 한다. 상·하반기 모두 진행되었다면 두 번 모두 지원해 보겠다는 각오를 세워야 한다.
예를 들어 1월부터 NCS 채용을 준비했다고 해서 "이번 상반기는 아

직 준비가 안 되었으니 하반기에 지원해야지"라고 생각하는 것보다는 상반기에 해당 기업의 자소서와 서류도 작성해 보고 시험도 치러 보며 감각을 익히겠다는 태도를 가지는 것이 좋다.

100번의 연습보다 한 번의 실전이 훨씬 숙지가 빠르고 배울 수 있는 것이 많기 때문이다. 특히 한 개의 특정 기업만을 목표로 한다면 더더욱 모의연습을 해 볼 수 있도록 스스로 기회를 만드는 것이 필요하다.

실전에 돌입했을 때에 만약 서류에서 탈락했다면 다음 채용 때까지 자소서나 가산점을 주는 자격증, 필요 교육사항을 채워야 한다. 만약 필기에서 탈락했다면 몇 점 차이가 났는지, 어느 과목에서 부족한지, 논술이 있는 기업의 경우 논술 준비를 강화해야 하는지에 대한 더욱 구체적이고 의미 있는 전략을 세울 수 있다.

만약 면접까지 올라간다면 큰 기대를 가지고 흥분하거나 횡설수설하며 '~카더라'에 의존하는 것보다 차분하게 기본답변과 기출문제를 보며 준비해 보면 좋다. 실제로 한 번에 최종합격까지 가는 경우도 절대 적지 않다. 단, 면접에서 탈락하게 된다면 이때는 자신의 면접 답변을 복기하며 어느 부분이 문제였는지 전문가와의 상담을 받아볼 것을 추천한다.

즉, 이렇게 한 번의 기회가 시간적 경제적 여유가 크지 않은 취업준비생에게 얼마나 중요한지 알아야 한다. 하나의 기업에 집중하여 준비하겠다는 목표가 뚜렷하다면 주변의 말에 휩쓸리지 말고 침착하게 해당 기업의 사업을 분석하고 공들여 자기소개서를 먼저 작성하자. 그런 후 필요한 필기시험 과목을 자신이 취약한 부분을 중심으로 강의와 문제풀이를 통해 실력을 쌓아 보자.

● 공기업 자체를 목표로 하는 경우

공기업 자체가 목표인 경우는 일단 최대한 많이 지원해야 한다. 지원을 많이 하기 위해서는 첫째, 완성도 높은 자기소개서 준비하기, 둘째, 기본 필수 자격증 준비하기, 셋째, 들어 본 공기업에만 지원하지 말기. 이 세 가지 사항을 명심해야 한다.

첫째, 완성도 높은 자기소개서를 준비해야 하는 이유는 바로 복붙, 복사-붙여넣기를 할 수 있는 자신만의 경험과 소재가 정리되어야 하기 때문이다. 현재 우리나라에는 약 300여 개가 넘는 공공기관, 준정부기관 등 취업준비생들이 준비할 수 있는 기업이 있다. 이 모든 기업에 지원할 수는 없지만 최대한 경우의 수를 늘려 합격 확률을 높이는 전략이 필요하다. 이를 위해 매번 자소서와 서류에 많은 시간을 소요하게 되면 서류 작성 자체에 지치게 되어 지원 횟수가 줄어든다.

이보다 더욱 문제는 필기시험에 쏟아야 하는 시간이 부족해질 수밖에 없다는 사실이다. 처음 자소서를 작성할 때에 시간과 공을 들여 '직무적합도'에 맞는 경험을 정리하고 이를 글로 작성해야 한다.

완성도 높은 자소서를 각 회사에 맞게 글자 수를 맞추고 형식을 달리하며 최대한 필기시험 공부 시간을 벌어야 한다. 단, 필기시험에 몰두하느라 단 한 번도 자소서에 공을 들이지 않으면 의미 없는 서류 지원만 하게 되는 상황이 발생할 수 있다. 만약 자신이 자꾸 서류에서 떨어진다면 필기공부를 하고 있을 때가 아니라 자소서에 변화를 줄 때임을 깨달아야 한다.

 둘째, 기본 필수 자격증을 갖추자. 공기업은 일반적으로 한국사능력검정시험 자격증, 컴퓨터활용능력 자격증에 대한 가산점이 있다. 대졸의 경우 토익이나 토익 스피킹 등의 영어 점수에 대한 제한을 두는 경우도 있고, 기술직무의 경우는 우대하는 기사 자격증도 있다.
 무조건 많은 자격증이 좋은 것이 아니라 공기업에서 공통적으로 가산점을 주는 한국사나 컴퓨터활용능력 자격증의 경우에는 시간을 들이면 대체적으로 취득할 수 있는 부분이기 때문에 취득해 두는 것이 비교적 유리하다.
 자격증이 없다고 최종합격이 안 되는 것은 아니지만 최종합격을 한 학생들을 보면 90% 이상은 앞서 이야기한 공통 자격증을 갖고 있다. 즉, 기본적으로 받을 수 있는 가산점을 받지 못하고 출발하면 아무래도 최종까지 갔을 경우 적은 점수 차로 합격과 불합격이 결정되는 때에 안타까운 결과를 갖게 될 수 있기 때문이다. 공기업 취업을 결심했다면 자신의 직무에 맞는 기본 자격증이나 가산점을 주는 부분을 체크하고 준비하자.

 마지막으로 유명한 공기업에만 지원해서는 안 된다. 유명한 공기업이라 함은 일반적으로 우리가 생활하면서 쓰는 전기, 가스, 수도, 기차, 항공, 항만, 보험, 연금 등이 있다. B2C(Business to Customer)에 해당되는 기업들은 전국 단위로 많은 인원을 뽑으므로 기회가 많이 열려 있다고 생각한다. 더불어 '들어 본' 기업이라는 생각에 부모님과 친구들에게 어디 들어갔는지 자랑하기 좋은 부분도 무시할 수 없다.

하지만 공기업에는 B2B(Business to Business) 기업도 많다. 하지만 기업 간, 정부 부처 간의 사업은 일반적인 국민이 들어볼 수 있는 기회는 적다. 예를 들어 한국자산관리공사, 한국해외인프라도시개발지원공사, 기술보증기금 등 중소기업이나 지자체와 업무를 하는 기업들이 이에 해당한다.

이와 같은 기업들은 무슨 사업을 하는지 모른다는 이유, 한 자릿수 채용인원이라는 이유로 잘 지원을 하지 않는데 오히려 이러한 기업에 지원했을 시에 합격 확률이 높은 경우들도 많다. 즉, 공기업 자체가 취업의 목표라면 들어 본 기업에만 지원하는 어리석은 행동은 하지 말기 바란다.

자신이 어떠한 상황인지 솔직하게 체크를 해 보고 유형에 맞는 전략 설정을 통해 자신이 원하는 바를 이룰 수 있는 좋은 공기업에 꼭 취업할 수 있기를 기원한다.

합격 자소서가 되는
필수 7단계

백지 상태에서 자신의 이야기를 만들어 나를 모르는 사람에게 나의 역량을 설득한다는 것은 쉬운 일이 아니다. 설사 자신의 이야기를 진실하게 드러냈더라도 그것이 시험대 위에 올랐을 때에 좋은 결과가 나오지 않으면 많은 상념과 비관적 생각들로 머릿속이 꽉 차게 된다.

"이제까지 살아온 내 인생이 뭐가 잘못된 걸까?"
"그들이 원하는 경험은 무엇이고 나는 무엇이 부족한 걸까?"
"지금 당장 경험을 만들어야 하나? 어디서부터 손을 봐야 하나?"

이러한 생각에 사로잡히면 취업에 대한 동기부여가 떨어지고 급기야 사회를 비판하고 자신의 미래를 비관하는 데까지 나아갈 수도 있다.

서류 합격률을 높이는 방법은 다양하다. 단, NCS 채용이 도입되고 확대되며 블라인드로 공공기관의 채용 방식이 점차 자리를 잡으며 서류, 특히 자소서의 중요성이 더욱 높아지고 있다. 한국사능력자격증, 컴퓨터활용능력자격증 등 제출 시 가산점을 주는 자격증 등을 제외하면 해당사항이 없는 자격증을 무작정 많이 내는 것은 서류 통과에 그다지 반영되지 않는 것이 현재의 흐름이다. 그렇다면 어떤 자소서가 합격률이 높을까?

01 자소서는 글 잘 쓰는 사람을 가려내는 채용 과정이 아니다

　자소서는 취업준비생 입장에서는 자신의 역량을 드러내야 하는 서류 작업이라고 생각하면 된다. 특히 공공기관 취업의 경우 NCS라는 기본 표준이 있기 때문에 이 표준에 맞추어 작성하는 것이 중요하다.
　글의 기승전결, 스토리텔링에 연연하게 되면 소설가도 아닌데 자기도 모르게 자신의 이야기를 소설처럼 지어내거나 거짓 기술을 할 수 있다. 보는 사람을 위한 어느 정도 수준의 각색이나 읽기 편한 정도의 다듬기는 응당 필요하지만 없는 이야기를 만들어 내거나 과장하는 것은 옳지 않은 방법이다.

> 작년 하반기 아무리 자소서를 열심히 써도 탈락하였습니다. 서류 탈락보다 저를 힘들게 했던 것은 왜 떨어졌는지 알 수 없다는 점이었습니다. 이유를 모르니 어떻게 해야 할지 막막했습니다. 하지만 백주아 선생님의 강의를 들으며 서류 탈락의 이유를 알 수 있게 되었고 선생님의 가르침대로 자소서를 작성하자 신기하게도 서류가 통과되기 시작하였습니다. 서류 합격률이 비약적으로 높아져 자신감을 갖게 되었고 생활 전반에 긍정적인 영향을 받았습니다. 백주아 선생님께 진심으로 감사드립니다.
>
> ― 수강생 임○○의 수강 후기 중

　위의 학생이 서류 합격률이 높아졌다는 것은 다른 서류적 요인을 바꾸지 않았는데 자소서를 바꾸니 서류 합격률이 높아졌다는 말로 해석할 수 있다. 즉 **공공기관은 기본적인 사항을 잘 준수하면 서류 및 자소서를 제출하는 시간을 단축하고도 합격률을 높일 수 있다.** 특히 앞으로 도입되는 서류 및 면접에서의 AI를 두려워하는 취업준비생이 많지만 오히려 이것은 바꾸어 생각하면 기회가 될 수 있다. AI가 원하는 단어와 내용이 들어가면 되는 것이다.

자소서를 쓸 때에 다음의 7단계에 맞추어 작성하고 검토하면 서류 합격률을 높일 수 있을 뿐더러 서류와 자소서 작성 시간을 줄이고 필기시험에 집중할 수 있는 시간을 높일 수 있게 될 것이다.

자소서 작성 프로세스 7단계

- **STEP 01** NCS 기본능력 담기
- **STEP 02** 경험 경력기술서 작성하기
- **STEP 03** 나의 경험 정리하기
- **STEP 04** (자소서) 문항 분석하기
- **STEP 05** (항목별) 내용 구성하기
- **STEP 06** (항목별) 제목 구성하기
- **STEP 07** 글자 수 조절하기

02 STEP 1
NCS 기본능력 담기

 자기소개서의 항목이 어렵고 복잡해도 결국 공사 및 공공기관의 자소서는 다음의 10가지 능력에서 출제된다. 예시 문항을 통해 반드시 자소서 항목의 출제 의도를 이해하고 이에 맞는 자신의 경험 및 경력을 배치해야 한다.

● **의사소통 및 대인관계능력**

1. 의사소통능력

하위 능력	정의
문서이해능력	업무를 수행함에 있어 다른 사람이 작성한 글을 읽고 그 내용을 이해하는 능력
경청능력	업무를 수행함에 있어 다른 사람의 말을 듣고 그 내용을 이해하는 능력
의사표현능력	업무를 수행함에 있어 자기가 뜻한 바를 말로 나타내는 능력
기초외국어능력	업무를 수행함에 있어 외국어로 의사소통 할 수 있는 능력

2. 대인관계능력

하위 능력	정의
팀워크능력	다양한 배경을 가진 사람들과 함께 업무를 수행하는 능력
리더십능력	업무를 수행함에 있어 다른 사람을 이끄는 능력
갈등관리능력	업무를 수행함에 있어 관련된 사람들 사이에 갈등이 발생하였을 경우 이를 원만히 조절하는 능력
협상능력	업무를 수행함에 있어 다른 사람과 협상하는 능력
고객서비스능력	고객의 요구를 만족시키는 자세로 업무를 수행하는 능력

자소서를 첨삭하다 보면 자주 나오는 단어가 바로 '소통'과 '고객 서비스 능력'이다. 이는 경쟁력이 적다. 왜일까? 다음의 내용에서 그 이유를 찾아보자.

첫째, 소통이라는 단어 자체보다는 구체적인 상황을 적어라.
소통은 문서를 이해하는 것과 면접에서 적절한 답변을 하는 것으로 충분히 나타낼 수 있는 역량이다. 국민, 시민 등 지역사회의 구성원과의 합의가 중요한 공공기관의 특성상 '소통'이라는 단어가 홈페이지나 인재상 등에 자주 등장한다. 하지만 자소서 항목에 대한 이해 없이 소재만 나열되거나 뜬구름 잡는 문장만 있다면 의사소통능력(문서이해능력)이 없는 것으로 판단하게 된다.

· 한국관광공사

> Q 지금까지의 경험 중 2인 이상이 모여 공동 작업을 진행했던 경험에 대해 기술해 주시기 바랍니다. 이 경험 속에서 지원자의 역할과 협력과정을 작성해 주시기 바랍니다.
>
> A 졸업 작품 과제를 할 때에 팀원끼리 소통이 되지 않아 어려움이 있었습니다. 소통은 가장 중요하지만 어려운 부분입니다. 하지만 저는 친구들과 밥도 먹고 술도 한 잔씩하며 공동 작업 시에 어려운 부분을 소통하려고 했습니다. 처음에 조원들은 마음을 열지 않았지만 저의 이러한 노력으로 점차 대화를 할 수 있었습니다. 특히 조 모임에 잘 참여하지 않았던 중국인 유학생과 메신저, 메일 등으로 계속 소통하며 다른 조원들과도 무리 없이 과제를 진행할 수 있었습니다.

위의 예시를 보면 왜 갈등이 있었는지, 어떻게 갈등을 풀어나갔는지, 자신의 역할은 무엇이었는지가 전혀 보이지 않는다. 즉 추상적인 상황과 소통이라는 단어만 나열되어 있을 뿐 구체적인 단어(명동수)가 없다. 이는 문서에 대한 소통 능력이 떨어진다고 평가 받게 되어 좋은 자소서로 분류되지 않는다.

차라리 기획서(파워포인트, 워드작성 능력)를 잘 작성하여 교수님께 좋은 점수를 받았다거나 공모전에서 당선됐다고 하는 것이 이 문항에서 더욱 적절하다. 또는 갈등이 생긴 팀원의 상황을 먼저 듣고 절충안을 찾기 위해 몇 가지 대안을 찾았다 등의 '경청' 능력도 좋다.

똑똑한 한 명의 사람보다는 협력의 중요성을 아는 사람을 선호하는 것이 공공기관이다. 공공기관이 아니더라도 혼자 지식을 습득했던 학생의 신분에서 나이, 직급, 직무 등 다양한 사람들과 함께 합치를 이뤄가야 하는 사회인의 특성상 팀워크를 잘하는 사람이 필수이다.

둘째, 고객서비스능력보다 리더십이나 팀워크 능력을 강조하라.

학부시절 많은 학생들이 서빙 아르바이트 등을 하며 고객을 상대해 본 경험이 있기 때문에 이를 활용하여 '고객서비스능력'만을 적는 경우가 많다.

이것이 잘못된 것은 절대 아니다. 민원을 상대하는 공공기관의 특성상 고객서비스능력도 매우 중요한 부분이다. 단, 항목이 많거나 민원을 많이 상대하는 업무가 아니라면 팀워크 및 대인관계능력에 중심축을 두길 바란다.

고객서비스능력은 어떤 직무에서도 빛을 발하기 때문에 중요하기는 하지만 다른 지원자와의 차별화 및 최근 공공기관의 서비스 변화에 대해 이해를 담기 위한 최선의 선택은 아니다. 오히려 그 갈등을 유발한 상황을 이해하고 이를 해결하기 위한 다양한 노력을 적는 것을 추천한다.

· **국민연금공단**

> 본인과 생각이 다른 사람의 의견을 모아 절충하고 조정한 사례를 들어, 그 과정에서 갈등 요인을 어떤 방법을 통해 해결했으며, 그 해결방법을 선택한 이유는 무엇이며, 이후 성과는 무엇인지 구체적으로 기술해 주시기 바랍니다.

앞의 항목은 팀워크와 리더십을 중요시하는 조직생활을 위해 공기업과 사기업을 막론하고 빈출되는 문항이다.

> 쌤! 저는 성격이 둥글둥글해서 특별히 친구들과 부딪힌 적이 없어요. 알바 할 때에 선배들이나 사장님들과 의견이 대립된 적도 없고요. 갈등을 만들어서 써야 하나요?

라고 질문을 하는 학생들이 정말 많다. 이에 대한 답은 '갈등'에 초점을 맞추지 말고 '해결방안'에 초점을 맞추라고 해 주고 싶다. 즉, 사람 간의 갈등이 없더라도 조별 과제나 스케줄 조정을 하다 보면 분명 '어려움'이 있을 것이다.

팀워크는 어려운 문제를 머리를 맞대고 같이 풀어가는 과정을 말한다. 팀이 어려울 때에 밤을 새워가며 프로그래밍을 했다던지, 선배나 교수님을 찾아가 조언을 구했다거나 영어나 중국어 등으로 된 논문 및 레포트를 찾아보며 문제를 해결하려고 노력했다는 '능동적인 태도'를 적으면 된다.

능동적인 태도는 '리더십'과도 연결될 수 있다. 리더와 팔로워를 단순히 이끄는 사람과 따르는 사람만으로 이해하기보다는 다음과 같이 포괄적인 의미로 생각하고 자소서에 담기 위해 노력해 보자.

리더십이란

리더십이란 무엇일까? 공공기관이고 신입사원이라 리더십을 강조하는 것이 튀지 않을까 우려하는 경우가 있다. 하지만 NCS 기본능력 중에 한 가지이기도 한 대인관계능력(리더십능력)은 누군가를 보스(BOSS)처럼 이끌어가기보다는 능동적이고 적극적으로 상황을 해결해 나가는 역량을 일컫는다.

여러분이 만약 조별 과제를 할 때에 시키는 것만 하고 아이디어를 내는 데에도 매우 수동적인 조원이 있다면 어떨까? 반면 조별 과제 시 능동적인 태도로 자료조사도 해 오고 의견도 많이 내면서 조모임을 빠르게 끝낼 수 있게 만드는 조원이 있다면 전자와 비교했을 때에 누구와 함께 일하고 싶을까? 그렇다. NCS 능력에서 말하는 리더십은 남들의 의견을 묵살하고 제멋대로 하는 사람을 말하는 것이 아니라 적극적이고 능동적인 태도의 사람을 말하는 것이다.

● **조직이해능력**

조직이해능력은 크게 두 가지로 나뉜다. 첫째, 자신이 지원한 해당 조직이 무슨 사업을 하는지 어떠한 공익적인 목표를 가진 곳인지를 평가하고 둘째, 입사 후 자신이 조직에서 어떠한 업무를 맡게 될 것인지를 알고 있는지 체크하는 항목이다. 해당 조직의 사업을 단순히 자신이 아는 수준에서만 알고 자소서나 면접에 임해서는 안 된다.

3. 조직이해능력

하위 능력	정의
국제감각	주어진 업무에 관한 국제적인 추세를 이해하는 능력
조직체계 이해능력	업무 수행과 관련하여 조직의 체계를 올바르게 이해하는 능력
경영이해능력	사업이나 조직의 경영에 대해 이해하는 능력
업무이해능력	조직의 업무를 이해하는 능력

(1) 국제감각

글로벌 역량이라고 말하는 본 능력을 단순히 외국어 능력이나 외국 경험이 많아 적응력이 뛰어나다는 것으로 오해해서는 안 된다.

공기업은 기본적으로 우리나라 국민과 기업의 성장, 이를 통한 국가 경제의 활성화를 시키는 것이 그 목적이다. 이를 위해 외국의 선진사례를 벤치마킹하거나 특정 국가와의 교류를 통해 사업을 공유하고 경제에 도움이 될 수 있도록 한다.

예를 들어 aT한국농수산식품유통공사의 경우 우리 농산물을 해외에 수출할 수 있도록 지원하는 사업을 한다. 하지만 aT공사의 주요한 사업은 국내 농수산물 유통 수급 안정이다. 유통되는 농수산식품의 수급

률을 조정하기 위해 필요시 외국에 수출하거나 수입하여 그 정량을 맞추는 것에 본질적인 사업의 목적이 있다.

이를 위해 단순히 영어나 중국어를 잘한다는 것만 강조해서는 부족할 수 있다는 것이다. '최근 동남아 국가의 청년층 인구가 많아지고 서구화된 식습관이 빠르게 전파되며 버터나 치즈에 대한 수요가 높아진다'라는 국제적인 추세를 알아야 이와 관련한 사업에 필요한 보고서, 기획서 등을 만들 수 있을 것이다. 이를 위해 외국 논문을 보거나 CNN, BBC 등의 영어 뉴스를 보고 브리핑을 할 수 있다라는 실질적인 역량이 바로 조직의 사업을 이해한 것을 바탕으로 한 '국제감각'이라 할 수 있다.

(2) 조직체계이해능력

업무 수행과 관련하여 조직의 체계가 어떻게 구성되어 있는지는 조직의 '조직도'를 보면 도움이 된다. '나는 행정직이니 행정이나 회계 같은 역할을 하겠지?'라고 막연히 생각한다면 면접에서 면접관의 질문을 이해하지 못하고 당연히 고득점을 받을 수 있는 답변도 할 수 없게 된다.

조직도를 보면 본 기관이 중요시하는 업무, 앞으로 중요시 여기게 되는 업무들을 파악할 수 있다. 만약 조직도를 보고 파악하기 어렵다면 '입사 후 만약 나에게 선택할 수 있는 기회가 있다면 나는 무슨 부서에서 일하고 싶다고 말할까? 그 이유는?'이라는 관점에서 생각해 보자.

(3) 경영이해능력, 업무이해능력

사업을 이해한다는 것은 경영학과에서 창업을 해서 사업을 펼치는 방법을 이해한다는 것이 절대 아니다. 자신이 지원하게 되는 기관에서 주관하는 사업이 국가 전체적으로 어떠한 의미가 있는지를 거시적인 관점에서 이해해 보자는 것이다.

우리는 공기업에 입사하고 싶은 이유를 '안정적이어서' 또는 '사기업보다 워라밸이 보장되어서' 등으로 생각하고 있는 경우가 많다. 틀린 말도 아니고 각자 갖고 있는 삶의 기준이 잘못되었다고 말할 생각도 없다. 단, 공기업에 입사하겠다는 마음을 먹은 이유가 나열한 경우와 같다면 그 마음은 다른 지원자도 크게 다르지 않을 것이다. 그럼 해당 기관에 입사하겠다는 마음을 갖게 된 이유는 해당 기관에 초점을 맞추어야 한다. 공기업이 안정적이어서 입사하고 싶은데 한국관광공사도 그냥 그중 하나이기 때문에 입사하고 싶다고 한다면 회사 입장에서는 해당 지원자를 뽑는 것이 맞을까? 자신이 특정 기업에 자소서를 쓰고 면접을 준비한다면 해당 기관이 하는 일(사업/수익을 만드는 방법)을 최대한 이해해 보고 이를 위해 자신이 할 수 있는 일은 무엇일지 생각해 보는 시간을 갖도록 하자.

● **문제해결능력과 자원관리능력**

문제해결능력과 자원관리능력은 NCS 10가지 능력 중 가장 중요한 부분이다. 그 이유는 복잡다단한 업무 상황에서 '생각-사고'를 할 수 있는 조직원, 제한된 자원을 잘 활용할 줄 아는 조직원은 필수조건이기 때문이다.

4. 문제해결능력

하위 능력	정의
사고력	업무와 관련된 문제를 인식하고 해결함에 있어 창조적, 논리적, 비판적으로 생각하는 능력
문제처리능력	업무와 관련된 문제의 특성을 파악하고 대안을 제시, 적용하고 그 결과를 평가하여 피드백 하는 능력

5. 자원관리능력

하위 능력	정의
시간관리능력	업무 수행에 필요한 시간자원이 얼마나 필요한지를 확인하고, 이용 가능한 시간자원을 최대한 수집하여 실제업무에 어떻게 활용할 것인지를 계획하고 할당하는 능력
예산관리능력	업무 수행에 필요한 자본자원이 얼마나 필요한지를 확인하고, 이용 가능한 자본자원을 최대한 수집하여 실제 업무에 어떻게 활용할 것인지를 계획하고 할당하는 능력
물적자원 관리능력	업무 수행에 필요한 재료 및 시설자원이 얼마나 필요한지를 확인하고, 이용 가능한 재료 및 시설자원을 최대한 수집하여 실제 업무에 어떻게 활용할 것인지를 계획하고 할당하는 능력
인적자원 관리능력	업무 수행에 필요한 인적자원이 얼마나 필요한지를 확인하고, 이용 가능한 인적자원을 최대한 수집하여 실제 업무에 어떻게 활용할 것인지를 계획하고 할당하는 능력

· **한국지역난방공사**

> 최근 5년 이내, 지원한 직무와 관련된 활동(학업, 동아리, 업무 등) 중 예상치 못한 문제가 발생하여 난감했던 상황을 효과적으로 극복한 사례가 있다면, 문제 상황, 극복방법, 결과로 구분하여 구체적으로 기술해 주시기 바랍니다.

· **서울대병원**

> 활동 혹은 업무 수행 중 예상치 못한 문제나 어려움에 직면하였으나, 원인을 파악하여 극복했던 경험을 기술해 주십시오.

> 어려움 = 의사소통의 문제라고만 한정 짓지 말 것

   위와 같은 항목은 '한정된 자원'을 어떻게 극복했는지를 묻는 것이다. 대부분 이러한 갈등, 어려움, 예상치 못한 문제 등에 대한 항목을 '조모임 중 연락이 잘 안 되는 조원 때문에 힘들었는데 의사소통으로 잘 해결했다'라고 1~2번에 제시된 대인관계와 의사소통 역량으로 푸는 경우가 많다. 하지만 이러한 항목의 포인트는 부족한 자원을 깨닫고 이를 해결하기 위해 어떠한 대안을 '생각'할 줄 아느냐는 것이다.
   예를 들어 여러분이 체육대회를 주최하는 회장이라고 가정해 보자.
   가장 먼저 무엇을 체크할 것인가? 잠시 책에서 눈을 떼고 생각을 해 보자. 그래야 자신의 자기소개서를 작성할 때에도 활용할 수 있다.

상황마다 다르겠지만 가장 기본적으로 다음과 같다.

- 언제 할 것인지, 개최일까지 얼마나 남았는지(시간자원)
- 참여 인원은 몇 명인지, 체육대회를 준비하는 집행부는 몇 명이나 가용할 수 있는지(인적자원)
- 운동장에서 할지, 체육관에서 할지 또는 농구 골대가 있는지 축구 골대가 있는지(시설자원)
- 점심을 먹거나 물을 사기 위한 최소한의 학교 지원금이 있는지, 학생들에게 조금씩 회비를 걷어야 하는지(예산자원)

이것들이 대략적으로 정해져야만 어떠한 종목으로 할지를 선정할 수가 있다. 자, 그럼 만약 이 자원들 중에 1~2가지가 부족하다면 어떨까?

체크 ❶

개최해야만 하는 시간까지 1주일 밖에 남지 않았다면?(시간자원 부족)
⇨ 준비를 위한 집행부를 충원하여 필요한 사항을 동시다발적으로 준비할 것이다.(인적자원으로 보완)

체크 ❷

운동장은 무료로 대여할 수 있는데(시설자원 해결) 학생들이 원하는 점심 메뉴를 위해서 학교 지원금이 부족하다면?(예산자원 부족)
⇨ 주변 상권의 상인들에게 스폰서를 받거나 졸업한 선배들에게 협조를 구하거나 학생들끼리 일정의 회비를 모으는 등의 활동을 할 것이다.(예산자원 보완)

이런 식의 활동은 초·중·고등학교 때에도 충분히 일어날 법한 상황이다. '체육대회까지 시간이 얼마 남지 않아서 시간자원이 부족하니 포기해야겠다!'라고 생각하는가? 그렇지 않았을 것이다. 부족한 무언가를 채우기 위해 다른 부분으로 어떻게 해야 할지를 '생각'하고 '논의'하여 해결해 왔을 것이다.

이것이 바로 자원개발, 자원관리능력이며 공공기관뿐만 아니라 조직 생활에서 매우 중요한 역량이다. 자원관리능력은 자소서 항목에서 거의 대부분 출제되며 다른 지원자와의 차별화를 가져가기에 매우 좋은 항목이다. 그러므로 반드시 이 능력을 활용하기 바란다.

● **기술능력, 수리능력, 자기개발능력, 정보능력**

기술능력, 수리능력, 자기개발능력, 정보능력은 평범하고 당연한 단어처럼 느껴져 소홀히 할 수 있지만 NCS 자소서와 면접에서 반드시 활용해야 하는 역량 중 하나이다.

6. 기술능력

하위 능력	정의
기술이해능력	업무 수행에 필요한 기술적 원리를 올바르게 이해하는 능력
기술선택능력	도구, 장치를 포함하여 업무 수행에 필요한 기술을 선택하는 능력
기술적용능력	업무 수행에 필요한 기술을 업무 수행에 실제로 적용하는 능력

업무 수행에 필요한 기술이 무엇인지 직접적으로 드러내야 한다. 성실함, 책임감 등은 기술이라기보다는 '태도'에 가깝다. 태도가 올바른 직원도 좋지만 NCS 채용에서 고득점을 얻는 방법은 자신의 역량, 기술이 본 직무와 매칭 되는 포인트가 많은지를 말하는 것이다.

기술선택과 적용은 자신의 경험을 논거로 제시하는 것이 좋다. 건축, 토목직무의 경우 현장 경험이 있다면 당시 어떠한 도구나 장치를 사용해 보았는지, 전기나 전자직무의 경우 프로젝트나 졸업 작품 등에서 관련된 기술이나 원리는 무엇을 적용해 보았는지를 적는 것이다. 행정직이나 경영직의 경우 도구나 장치는 컴퓨터 내의 문서작업 프로그램이나 실제 경영 관련 이론이 될 수 있다. 엑셀이나 PPT 작업을 어떠한 상황에서 했는지 성과는 어땠는지를 표현하는 것이다.

NCS 채용의 중심인 직무기술서의 필요기술을 보고 참조해야 하는 이유가 바로 본 기술능력을 평가하는 것에 해당되기 때문이다.

7. 수리능력

하위 능력	정의
기초연산능력	업무를 수행함에 있어 기초적인 사칙연산/계산능력
기초통계능력	업무를 수행함에 있어 필요한 기초 수준의 백분율, 평균, 확률과 같은 통계능력
도표분석능력	업무를 수행함에 있어 도표(그림, 표, 그래프 등)가 갖는 의미를 해석하는 능력
도표작성능력	업무를 수행함에 있어 필요한 도표를 작성하는 능력

수리능력은 수학능력과 동일어가 아니다. 본 능력에서 가장 중요한 부분은 첫째, 통계능력과 둘째, 도표 및 작성능력이다. 두 가지 능력은 비단 경영/행정직에만 해당되지 않는다. 공기업의 사업들은 한 명의 독단적인 의사결정에서 진행되는 것이 아니라 이제까지의 과거 통계자료, 추이 등에 대해 사업 타당성 조사를 거친 후 진행된다. 기술적인 분야 역시 실험 데이터이든 안전 사고 관련 데이터이든 이에 대한 통계를 기준으로 의사결정을 하게 된다.

본 능력은 최근 빅데이터 시대를 맞아 공공데이터 사용, 데이터 3법 통과 등의 이슈와 맞물려 더욱 중요해지고 있는 능력이다. 만약 자신이 통계나 통계 관련 기본적인 프로그램 등을 다뤄 본 경험이 있다면 자소서나 면접에서 꼭 표현해 보길 바란다. 전문가 수준으로 잘하지 않더라도 나는 이미 관심을 가져왔다라는 것을 언급해 보면 도움이 될 것이다.

8. 자기개발능력

하위 능력	정의
자아인식능력	자신의 흥미, 적성, 특성 등을 이해하고 이를 바탕으로 자신에게 필요한 것을 이해하는 능력
자기관리능력	업무에 필요한 자질을 지닐 수 있도록 스스로를 관리하는 능력
경력개발능력	끊임없는 자기개발을 위해서 동기를 갖고 학습하는 능력

조직에서 업무를 하며 주어진 업무를 잘하는 것만큼 스스로 목표를 세우고 이를 위해 꾸준히 노력하는 '자기개발능력'도 중요하다. 생각해 보면 여러분이 지금 겪고 있는 어려움도 이제까지는 학교시험, 자격증 시험 등 정해진 점수를 내는 것에 익숙해져 있는데 갑자기 진로를 설정하고 그에 맞는 준비를 해야 한다고 하니 혼란스러움이 가중되는 것이다. 목표를 설정하고 그에 맞는 꾸준한 노력, 기술 함양을 하는 것은 자신의 실력을 객관화하고 현재 사회의 흐름을 읽어 내는 등의 그야말로 SWOT 분석이 필요한 과정이기 때문이다.

자신의 현 상황을 이해하고 앞으로 주어지는 업무를 위해 필요한 자질은 무엇인지 알고 이를 준비하는 것을 자기개발이라 한다. 이제까지 주어진 것뿐만 아니라 스스로 목표를 세우고 이를 달성한 경험이 있다면 관련 자소서 항목의 소재로 활용하기 바란다.

9. 정보능력

하위 능력	정의
컴퓨터활용능력	업무와 관련된 정보를 수집, 분석, 조직, 관리, 활용하는데 있어 컴퓨터를 사용하는 능력
정보처리능력	업무와 관련된 정보를 수집하고 이를 분석하여 의미 있는 정보를 찾아내며, 의미 있는 정보를 업무 수행에 적절하도록 조직하고, 관리하며 업무수행에 이러한 정보를 활용하는 능력

'방대한 자료를 얻고 관리하는 자신만의 방법이 있는가'라는 질문은 최근 많은 공공기관에서 출제되는 자소서, 면접 질문 중 하나이다. 이때 단순히 '인터넷 검색을 합니다'라고 하는 것은 좋지 않다.

인터넷으로 검색하지 않는 사람이 몇이나 될까? 최근에는 책도 인터넷으로 보고 논문도 인터넷으로 찾을 수 있는 시대 아닌가. 단순히 인터넷을 찾는다라고 하는 것보다는 과제, 업무 등을 하며 어떠한 경로와 사이트를 이용했는지 언급하는 것이 좋다.

또한 이렇게 수집한 자료를 어떻게 관리하고 과제나 보고서, 실험 등에 반영했는지 생각해 보도록 하자. 정보능력이라는 말 자체가 조금은 옛날 단어처럼 느껴지겠지만 실상 생각해 보면 최근 가장 중요한 능력이기 때문이다.

● **직업윤리와 공직자의 자세**

마지막으로 공공기관에서 가장 중요시 여기는 가치이자 학생들이 가장 어려워하는 직업윤리와 같은 항목이다.

먼저, **직업윤리란 무엇인가?**

직업윤리는 공공기관에서 일하는 사람만이 가져야 하는 덕목이 아니라 모든 직업을 가진 사람들은 지켜야 하는 사회적 약속이다.

공정한 투표로 자신이 원하는 스타를 데뷔시킨다는 콘셉트의 한 케이블 방송 오디션 프로그램의 담당자는 이를 조작했다는 이유로 팬들과 법의 심판을 받아야 한다.

외식업의 대부라 불리는 백종원이 주축이 되는 〈골목식당〉이라는 TV프로그램에서는 기본적인 위생관리, 유통기한 준수 등 요식업에서 지켜야 하는 직업윤리를 지키지 않아 백종원에게 꾸지람을 듣는 장면이 종종 나오는 것을 본 적이 있을 것이다.

여기서의 직업윤리란 단순하다. 유통기한이 넘은 음식이 냉장고에 있다거나 조리기구가 적절치 못해 건강에 해로울 수 있다거나 하는 식의 우리 상식 수준을 벗어난 행동을 하는 사람들이 바로 그것이다.

어떻게 생각하는가? 직업윤리란 그렇게 어렵거나 거창한 것이 아니다. 기본을 지키는 것을 말한다.

10. 직업윤리

하위 능력	정의
근로 윤리	업무에 대한 존중을 바탕으로 근면하고 성실하고 정직하게 업무에 임하는 자세
공동체 윤리	인간 존중을 바탕으로 봉사하며, 책임 있고 규칙을 준수하며 예의 바른 태도로 업무에 임하는 자세

· **한국마사회**

> 주어진 과제를 편법으로 손쉽게 해결할 수 있는 방법이 있음에도 절차를 준수하여 공정하게 처리한 경험을 기술하고 그렇게 처리한 이유와 해당 경험으로부터 느낀 점을 기술하여 주십시오.

· **한국관광공사**

> 지금까지 살아오면서 반드시 지켜가고자 했던 도덕기준은 무엇이며, 이를 어떻게 지켜가고자 했는지, 어떤 상황에서 가장 힘들었는지 말씀해 주시기 바랍니다.

윤리, 도덕, 가치관 등의 거창한 단어가 나오면 학생들 입장에서는 '그렇게까지 대단하게 무언가를 지키면서 살아온 적은 없는 것 같은데 어쩌지?'라는 생각을 하게 된다.

하지만 어렵게 생각하지 말고 쉽고 단순하게 생각해 보자. 친구와의 약속, 학교의 규율, 과제나 시험의 목적에 위배되는 일을 하지 않는 것 등의 '기본에 충실'했다면 그러한 내용을 담담하게 기재하면 된다.

NCS 채용에서 중요한 것은 '표준'을 알고 이에 맞게 적용하는 능력이다. 앞으로 여러분이 공직자가 된다면 업무를 자기 마음대로 하는 것이 아니라 업무 매뉴얼이나 규정에 맞추어 실행할 것이다. 그러므로 자소서를 작성할 때부터 이를 생각해 보고 지켜나간다면 큰 어려움 없이 작성할 수 있을 것이다.

03 STEP 2
경험 경력기술서 작성하기

경험 경력기술서는 대부분 자소서 초반에 백지 형태로 출제된다. 하지만 경력이 없다고 빈칸으로 두는 것은 안 된다. 앞서 경력사항에 적었다고 하여 비워두어서도 안 된다. 또는 자소서와 중복되면 나중에 지적을 받지 않을까 하는 우려 때문에 고민할 것도 아니다.

경험이나 경력을 간단한 개요서처럼 '개조식'으로 정리해 달라는 일종의 문서 작업 능력을 보는 것으로 해석하면 이해가 쉽다.

- **중소벤처진흥공단**

> 입사지원서에 기술한 경력 및 경험 사항에 대해 상세히 기술하여 주시기 바랍니다.

● **경력(경험)기술서 작성하기**

경력과 경험의 구분

간단히 말해 보수를 받고 일한 것은 경력, 보수 없이 활동한 것은 경험이라 한다. 하지만 돈을 받고 일했다고 해서 모두 경력으로 적을 필요는 없다. 유관경력 즉 해당 기관에서 인정하는 기관에서의 업무만을 경력으로 인정해 주는 경우가 많기 때문이다.

경험 경력기술서는 일종의 커버 레터(Cover Letter) 즉 개요서라고 생각하면 된다. 해당 페이지만 보더라도 지원자의 전체적인 직무역량이 보일 수 있다면 된다. 단, 자기소개서와는 구별되어야 한다. 이를 위해 '개조식' 서류 작성 방법을 이해해 보자.

개조식과 서술식의 혼합

'개조식 서술'은 완전한 서술형으로 문장을 종결하는 것이 아니라 간결하고 요점적인 단어로 서술하는 문장 형태이다. 내용을 길게 풀어서 표현하지 않고 중요하고 핵심적인 요소만 간추려 항목별로 정리하는 문서 작성 방식이다. 소속, 기간, 역량(직책), 주요활동, 세부내용, 주요성과 등을 숫자나 기호 등을 첨가하여 보기 좋게 정리한 것이라 이해하면 된다.

> 저는 한국○○공사에서 3개월 동안 인턴을 했습니다. 청년 인턴으로 행정업무와 현장 보조 업무를 하게 되었습니다. 당시 저는 기술지원팀에서 일하며 서류작성, 엑셀정리, 민원 응대 등을 맡았습니다. 처음에는 서툴렀지만 점차 익숙해져서 관련 업무에 선배님들께 도움을 드릴 수 있었습니다. (후략)

이는 경력기술서가 아니라 자소서의 한 대목이라 할 수 있다. 또는 서술식 경력기술서라 할 수 있는데 어차피 자소서는 서술식으로 구성하므로 경력 경험기술서는 개조식으로 정리해야 한다. 같은 내용을 개조식으로 적으면 다음과 같다.

> **청년인턴(체험형)**
> ❶ 기관명 : 한국○○공사
> ❷ 근무기간/활동기간 : 2019.03.02~05.31(3개월)
> ❸ 역할 : 기술지원팀 서류작업 보조 및 현장 지원보조 업무
> ❹ 세부내용 : ○○공사 기술지원팀에서 주민지원담당자분의 서류보조 업무를 했습니다. 당시 엑셀로 3천여 명의 노인교통 서비스 관련 데이터를 정리하고 분석하는 업무를 맡았습니다. 특히 통계함수 R을 활용하여 시간대별 니즈와 지역별 편차를 구체적으로 분석하여 기술지원이 정확히 이루어질 수 있도록 하는 데에 기여했습니다.

이처럼 개조식과 서술식을 혼합하여 정리해야 한다.

경력기술서만 봐도 기본적인 서류업무를 맡길 수 있는지 사회생활을 위한 기초적인 지식을 갖추었는지 알 수 있다. 전기, 토목, 통신 기술 등의 기술직이나 변호사, 세무사, 회계사, 법무사 등의 전문직 모두 조직 내에서 기본적인 문서 작업을 해야 한다. **경력 경험기술서의 개조식 작성은 행정이나 경영 직무에만 국한된 것이 아님을 명심**하자.

● **자소서 제출 전 점검해야 할 체크 리스트**

채용 시즌에 한꺼번에 몰리는 다수의 기업에 자소서를 제출하다 보면 실수를 저지를 수 있다. 인간이기 때문이다. 하지만 사소한 오타, 잘못 기재한 기관명 등이 필기시험 후 면접을 준비할 때 발견되면 여러분의 멘탈이 와그작 무너질 수 있다.

'아, 나는 면접을 잘 봐도 이것이 드러나면 불합격이겠구나, 왜 내가 이런 실수를 했지? 여기까지 어떻게 왔는데. 아, 진짜 내 자소서를 안보이게 만들 수는 없을까? 아예 면접을 가지 말까?'라는 어이없는 사고의 흐름까지 갈 수가 있다.

거짓말 같지만 매우 꼼꼼하고 성실하다고 자부하는 지원자들도 이러한 오류를 할 때가 있는 법이다. 실수가 있다면 담담하고 겸허하게 인정하고 넘어가는 방법밖에 없지만 이러한 실수는 사전에 몇 가지 체크만 하고 제출해도 충분히 막을 수 있다. 제출 시 하나의 루틴으로 다음의 체크 리스트를 확인하기 바란다.

1	마감일 2~3일 전에 제출할 수 있는가? (최소한 마감일 하루 전이나 마감일 아침 10시 전에는 제출할 것)	Y/N
2	두괄식으로 구성했는가?	Y/N
3	전체 항목을 고려했을 때에 중복되는 경험을 넣지는 않았는가?	Y/N
4	〈Ctrl+F〉로 지원하는 회사 이름의 오타가 없는지 확인했는가?	Y/N
5	기존 [복사-붙여넣기]한 회사가 있다면 그 회사의 이름이 잘못 들어가지는 않았는지 〈Ctrl+F〉으로 검색해 봤는가?	Y/N
6	불필요한 줄임말이나 비속어가 들어가 있지는 않은가?	Y/N
7	직무기술서의 필요기술, 지식의 단어가 나의 자소서에 들어가 있는가?	Y/N

04 STEP 3
나의 경험 정리하기

　처음 자소서를 쓸 때에는 경험 정리의 과정이 반드시 필요하다. 자신의 경험이 정리가 되고 잘 작성된 자소서 하나가 마련이 되면 그 뒤 자소서를 작성할 때는 STEP 4부터 진행을 하거나 조금 더 발전이 된다면 STEP 7인 글자 수만 조절하여 제출하는 것도 충분히 가능한 일이다.

　공기업 취업의 가장 기본이 되는 KEO(Knowledge, Experience, Opinion) 중 경험을 정리해 두는 것은 자소서 작성의 가장 첫 단계이며 향후 면접에도 이는 매우 활용도가 높다. 단, 경험이 많다고 좋은 것이 아니며 적다고 위축될 필요도 없다. 그 이유를 '경험'에 대해 재정의하면 알 수 있다.

● **경험은 직접경험과 간접경험으로 나뉜다**

- **직접경험**
  : 자신이 직접 경험한 것
  - 예 동아리, 알바, 팀프로젝트, 봉사활동, 기업 서포터즈, 인턴, 연수, 군대 등
- **간접경험**
  : 직접 경험하지는 않았지만 사람이나 매체를 통해 알게 된 것
  - 예 학교수업, 도서, 신문기사, 강연, 멘토링, 박람회 등

대졸, 고졸 신입사원의 입장에서 직접경험과 간접경험 중 무엇의 분량이 더 많을까?

아마 신입 공채 기준으로 보았을 때에 '간접경험'의 비중이 훨씬 높을 수밖에 없다. 취업준비생 입장에서 경험과 경력을 무조건 직무 관련 경험이나 회사나 인턴 등의 경험만을 써야 한다는 생각을 하다 보니 압박감을 갖게 되어 결국 자소서에는 쓸데없는 말들로 채워지는 경우가 많다.

학교 때 공부한 것이나 강연(온오프라인 모두 괜찮음)을 통해 알게 된 사실, 신문기사나 박람회 등을 통해 얻은 회사에 대한 지식 등이 모두 경험에 해당된다.

> **Q 공공기관 채용정보 박람회때 학생들이 가장 많이 물어본 질문은 무엇인가?**
>
> **A** 서류전형에 있어서 경력 경험에 대한 질문이 많았다. 입사 선배들도 경력 경험이 없는 사람이 많다. 있으면 도움이 되겠지만 없더라도 본인이 학과생활이나 팀프로젝트를 하면서 (심지어 군대 경험도) 직무와 관련해 이를 회사에서 어떻게 발현시킬 수 있을지를 남들보다 독창적이고 진솔하게 답변하라.
>
> * LH공사 인사부 김혁일 차장의 한국경제신문(2019.01.18.) 인터뷰 중

위의 인터뷰에서도 알 수 있듯이 많은 지원자들이 공공기관 취업을 준비하며 특히 서류 전형 준비 시 자신이 해당 경험과 경력이 없는 것에 대해 두려움이 많다는 것을 알 수 있다.

이에 LH공사(LH한국토지주택공사)의 인사부 차장의 답변을 반드시 명심해야 한다. 본인의 학과생활이나 팀프로젝트를 하면서 경험한 것들을 해당 직무에 어떻게 적용할 것인지에 대한 연결고리를 만드는 것이 더욱 중요하다는 것이 포인트다. 해당 직무에 대한 힌트는 앞서 이야기한 '직무기술서의 [필요지식]과 [필요기술]'을 참고하면 된다.

그럼 본격적으로 자신의 경험을 정리해 보자.

먼저 아래의 표를 엑셀이나 워드 등을 활용하여 작성하는 것이 필요하다. 이는 길면 하루 짧으면 1시간 정도 소요되며 평균적으로 3~4시간 정도 시간을 투자하는 것이 필요하다.

취업을 시작하거나 본격적으로 자소서를 쓰기 시작할 때에 무작정 글을 만드는 것보다 마치 요리를 위해 신선하고 알맞은 재료를 준비하듯이 자신의 경험들을 키워드나 간단한 문장으로 기억을 되살리며 정리하면 된다.

분류	세부사항	내용(명동수 활용)	배운 점
전공 수업	**예시** 비즈니스와 경영전략	S situation 상황 C conflict 당면한 과제 S solution 해결책 C conclusion 시사점	직무기술서에 있는 [필요기술] [필요 지식]의 단어 활용

분류

분류는 직×간접경험 중 본인의 경험을 떠올리고 정리하는 데에 도움을 받을 수 있다. 전공수업, 과제, 봉사활동, 대외활동, 인턴, 알바, 군대 등이 여기에 해당한다.

세부사항

분류에 따른 세부적인 경험의 '명칭'을 정리하는 것을 말한다. 블라인드 채용, 자소서와 면접에서 중요한 것, 바로 '명동수'를 잊지 말고 여기에도 적용시켜야 한다. 전공수업의 '수업명', 교양과목의 '수업명'이 해당된다.

인턴이나 근무경험이 있다면 '백주아컴퍼니 해외영업부'라고 적어도 되고 만약 자소서 작성 시 유의사항에 '출신 기업이나 소속은 드러내지 말 것'이라는 종류의 공지가 있으면 '○○컴퍼니 해외영업부'라고 기재해 두면 된다.

봉사활동의 경우 '노인복지관'인지 '소외아동 공부방'인지 봉사에도 타이틀이 있을 것이다. 그것을 생략하지 말고 세부사항에 반드시 적어두어야 한다. 예를 들어 '성북구 노인복지관 가정방문센터'에서 도시락 배달 봉사를 했다면 이를 적는 것도 무방하다.

봉사활동이 자신의 연고지나 출신성분을 드러내지는 않기 때문이다. 서울시 성북구에 살고 있다고 꼭 그 지역에서만 봉사활동을 하는 것은 아니며 그렇다 가정하더라도 그 지역에서 태어났다는 것을 명시하는 것은 아니므로 크게 문제가 되는 사례를 본 적은 없다. 결론적으로 봉사활동은 어떠한 봉사를 했느냐가 반드시 드러나는 것이 포인트이다.

　알바 역시 단순히 '서빙알바'라고 적는 것보다는 '커피전문점 알바', '고기집 알바'라고 구분하는 것이 좋다. 이 글을 읽고 있는 여러분도 커피숍에서의 알바와 고기집에서의 업무 강도나 특성이 다를 것임을 짐작할 수 있을 것이다. 커피숍이나 고기집 알바가 어떠한 직무에 직접적으로 연결되는 직무능력은 아닐 수 있지만 누군가의 경험 이야기에 몰입하거나 관심을 갖게 되는 좋은 무기가 되기 때문이다.

내용 | '명동수'의 활용

　자소서는 기승전결이 필요한 소설이 아니며 스토리텔링이 중요한 드라마가 아니다. 내용은 당연지사 흐름이 중요하지만 직무와의 연관성과 조직에 대한 관심 및 관련성이 높은 내용으로 구성이 되어야 자소서 합격 및 면접에서도 의미 있는 질문을 받을 수 있다.

　이미 경험을 한 자신은 내용이 숙지가 되어 있지만 처음 보는 사람이 해당 지원자를 이해하기 위해서는 기본적인 정보부터 직무 연관성까지 직접적인 표현으로 직관적 판단이 가능하도록 만들어 주는 것이 좋다. 이를 위해 단어들은 반드시 소재에 적힌 명사가 많아야 하고 동사는 해당 경험에서의 '역할'이 드러나야 한다.

· **서울대병원 자소서 항목 중**

2 지원 분야와 관련하여 다양한 분야에서 쌓은 경력 및 경험 활동에 대하여 아래 기준에 따라 상세히 기술해 주시기 바랍니다.

2-1 입사지원서에 기입한 지원 직무와 관련한 경력 및 경험 활동의 주요 내용과 본인의 역할에 대해서 구체적으로 기술해 주십시오.(200자 이내) 400byte 이내(한글 200자, 영어 400자)로 작성하시기 바랍니다.

2-2 위 경력 및 경험 활동이 우리 병원 입사 후 지원 분야의 직무 수행에 어떻게 도움이 될지 구체적으로 기술해 주십시오.(200자 이내)

2-1 의료정보 및 데이터를 바탕으로 한 선진 의료기술을 제공하는데 역량을 쌓아 왔습니다. 경영과 데이터베이스를 수강하며 '스마트폰 앱의 고객 이탈률'을 주제로 데이터 분석 및 전략을 세웠습니다. 특정 사용자층의 탈퇴 유저가 많다는 가설을 세우고 데이터를 파이썬으로 호출한 후 크로스집계로 분석하고 순차적으로 시각화하여 원인을 파악하고 전략을 도출하는 역할을 했습니다.(200자)

2-2 이는 업무용 소프트웨어를 이해하고, DB 자료 수집과 관리 활용에 기여할 수 있습니다. 상황인식-문제정의-데이터정의 및 수집-데이터분석-시각화와 의사결정이라는 문제해결을 위한 프로세스에 대한 이해와 응용능력을 기를 수 있었습니다. 데이터의 분석과 시각화를 통해 신뢰도를 가진 전략을 도출하여 의료서비스를 기획하고 제공하는 데에 기여할 수 있습니다.(194자)

특히 팀워크를 발휘해 본 경험이나 조직 내 갈등을 원만하게 해결한 경험 등의 항목을 어려워하는데 이를 위해 다음과 같은 해결책을 제시한다.

스토리텔링도 중요하지만 SCSC의 항목에 맞추어 작성하는 것이 필요하다.

분류	주요내용	세부내용 ❶ (무엇을)	세부내용 ❷ (어떻게)
Situation	상황 및 배경	· 상황이 언제 발생했는지 · 목표나 목적이 무엇이었는지	처음 보는 사람의 입장에서 이해할 수 있도록
Conflict	발생한 문제 or 이루어야 할 목표나 과제	· 어떠한 문제가 발생? · 그 문제를 풀지 않았을 때 발생할 수 있는 최악의 결과/부정적인 결과는?	경우의 수를 고려하여 읽은 사람으로 하여금 몰입도를 높일 수 있도록
Solution	자신의 역할 팀의 해결책	· 어떤 방법으로 문제를 해결? · 나의 역할(동사)은? · 어떠한 역량을 사용?	직무기술서의 단어를 활용하여 직무 및 조직에 근접한 단어가 나오도록
Conclusion	일의 결과 앞으로의 활용 범위	· 성공/실패 요인은? · So What? 이러한 경험이 앞으로 어떻게 업무와 관련이 있을 것인가?	객관적이고 업무 중심적으로

배운 점 | 직무기술서 '반드시' 활용

경험을 정리하고 자소서의 내용을 기술할 때에 가장 중요한 것은 바로 '직무기술서'의 단어를 활용하는 것이다.

인사담당자 입장에서 자소서를 보거나 향후 필기시험에 합격하여 면접에 갔을 때에 '와우~ 내용의 기승전결이 너무나 흥미로워! 이 지원자를 꼭 뽑아야겠군'이라는 생각을 하는 채용담당자가 과연 몇이나 될까?

반대로 '오우~ 이 지원자는 우리 기관이 무슨 업무를 하고 직무에 대한 단어들이 수준이 꽤 괜찮군. 업무를 한 번 시켜 봐도 될 것 같은데'라고 생각하게 만드는 것이 더욱 중요한 포인트일 것이다.

이는 스토리가 빠져들 만큼 재미있거나 흥미롭게 쓰여지는 것이 중요한 것이 아니라 채용담당자, 그들이 관심 있어 하고 평소에 많이 쓰는 단어들을 빈출시켜야 주목을 받고 합격할 수 있다는 말이다.

역지사지의 정신으로 여러분 입장에서도 교수님의 수업을 들을 때에 학생들의 수준은 고려하지 않고 주구장창 어려운 얘기만 하거나 자신의 이야기만 한다면 듣고 싶은가? 꼭 교수님이 아니더라도 친구나 같은 동아리의 동아리원, 조모임의 구성원 등과 대화를 하거나 카톡을 할 때에도 상대방의 관심이나 반응은 상관하지 않고 자기의 세상과 이야기에 빠져서 내용을 전달하는 사람의 이야기에 얼마나 관심이 있을까?

취업을 위해서는 관심을 넘어 호감을 주어야 한다. 호감은 결국 상대방의 마음을 읽고 그들이 원하는 말과 행동을 했을 때에 비로소 시작이 될 수 있다. 그것이 채용 과정에서는 바로 직무적합도와 조직이해도를 담는 것이다. 아직까지 본격적으로 업무를 해 본 경험이 많이 없는 지원자들의 입장에서 '직무기술서'는 공공기관 입사를 위해 더할 나위 없이 좋은 해답서라고 감히 말할 수 있다.

> **예시** 배운 점의 잘못된 예시

> 과제를 통해 성취감을 느꼈고 정말 많은 부분에서 앞으로도 꾸준히 공부해야겠다고 결심했습니다.

이게 왜 잘못된 예시일까?

우선, 배운 점과 느낀 점에 형용사와 부사적인 느낌을 적게 되면 글의 수준이 조금 떨어져 보일 수 있다. 예를 들어 '오늘은 너무 행복한 하루였다', '이 과제를 통해 뿌듯함을 느꼈다' 등의 내용은 누군가의 일기에나 나올 법한 지극히 개인적이고 감성적인 내용이다.

자소서는 엄밀히 말해 여러분이 사회로 나가기 위해 작성해야 하는 첫 공식 문서라고 할 수 있다. 사회생활에서 감성과 진정성을 드러내는 것은 자연스러운 것이지만 이것이 전부여서는 안 된다. 특히 자소서라는 글의 특성과 목적상 자신이 이 직무와 조직에 적합하다는 것을 어필해야 하는데 감정적인 단어만으로 이 목적을 달성하기에는 부족하기 때문이다.

예시 배운 점의 적절한 예시

예시 1 한국전력공사(발전직무)

필요지식	전기분야	전력공학, 변압기전동기 등 전기기기에 관한 지식, 전기설비 계측제어설비 관련 지식 등
	기계분야	기계공학, 열역학, 유체역학, 재료역학에 대한 지식, 기계설비 전기설비 계측제어설비 등 자재별 특성 등

⇨ 과제를 통해 변압기와 전동기의 기본 원리에 대해 알 수 있었으며 계측제어설비 관련한 지식에 대한 관심을 갖게 되었습니다.

예시 2 인천국제공항공사(경영)

필요지식	· STP(Segmentation, Targeting, Positioning) 전략 · 신규아이템 사업예측 및 사업타당성 분석 지식 등
필요기술	· 분석통계 프로그램 운영 기술 · 시장 환경 분석 및 마케팅 전략 수립 기술 등

⇨ 과제를 통해 정확한 통계 분석을 통한 사업 타당성 분석 및 전략수립의 중요성을 배우게 되었습니다.

두 가지 예시에서 볼 수 있듯이 **배운 점과 느낀 점은 직무기술서를 참고로 한 '명사'로 구성**된 것이어야 한다. 많은 학생들과 취업준비생들이 [필요지식]과 [필요기술]에 나온 내용들을 다른 지원자도 다 배운 내용이라 중복되거나 차별화되지 못할 것을 우려하는데 절대 그렇지 않다. 오히려 다들 거창하고 그럴 듯한 말을 '지어내는 것'에 급급하여 실제 직무에서 필요한 내용들은 빠져 있는 자소서가 대부분이다.

우리는 살면서 우리보다 먼저 공부한 사람, 멘토나 선생님에게 무언가를 배우고 책이나 영상물 등을 통해 더 큰 세상을 경험하게 된다. 이것은 매우 중요한 부분이고 앞으로 직업을 갖고 업무를 할 때에도 분명히 반영될 수 있는 부분이므로 학교에서 수업 받은 것, 자격증 등을 취득하며 공부한 것, 공모전이나 졸업 작품 등을 준비하며 알게 된 것 등을 가감 없이 단, 직무기술서를 기반으로 풀어내길 바란다.

● **경험정리 시 주의점**
최근 경험에 치우치지 말 것

자소서를 첨삭하다 보면 1번부터 5번 문항 즉 모든 문항을 한 가지 소재로만 적어오는 학생들이 많다. 특히 1~2년가량의 직무경험이 있거나 최근에 공공기관이나 일반 회사에서 인턴을 했다면 더욱 그러한 경향이 강하다. 물론 실무 경험이 직무적합도에 더욱 큰 점수를 받을 것이라 생각하거나 최근에 했던 경험이 더 생생하게 기억나기에 충분히 그럴 수 있다.

단, 채용담당자 입장에서 한 명의 지원자를 단편적으로 평가하는 것보다는 입체적으로 평가할 수 있는 내용이 필요하다. 이는 다양한 경험이 우선시 된다는 것이 아니라 서면으로 이루어지는 인물 평가에 평면적으로 보이는 내용보다는 학교생활-인턴-공모전 등 다면 평가를 받을 수 있도록 드러내는 것이 유리하다는 것이다.

인턴 경험이 전부인 것처럼 또는 별것 아닌 것처럼 치우치지 말 것

인턴이나 현장학습, 회사 업무 경험이 있다면 이를 직무기술서 기준으로 담백하고 진솔하게 적도록 하자.

A 공기업에서 인턴을 한 후 A 공기업에 입사하기 위해 자소서를 작성해야 할 때 자신이 3개월에서 1년가량 한 인턴의 생활로 마치 자신이 A 공기업과 관련 산업을 다 아는 것처럼 적는 지원자가 있다. 또는 자신이 짧은 시간이었지만 해당 기업에 인력이 부족해 다양한 업무를 하며 인턴치고는 많은 것들을 알고 있다고 생각하고 이를 자소서나 면접에서 어필하고자 한다.

이는 상당히 위험한 접근방식이다. 물론 해당 기업이나 관련 기관에서 일해 본 경험은 채용담당자 및 면접 평가위원에게 좋은 점수를 받을 수 있는 부분인 것은 확실하다. 단, 여러분을 평가하는 채용담당자는 여러분보다 최소한 회사 근속년수가 길거나 업무 경력이 상대적으로 길 가능성이 높다. 그런데 마치 자신이 다 아는 것처럼 기술한 자소서 특히 신입사원을 뽑는 입장이라면 좋은 점수를 주고 싶지 않을 수 있다.

반대로 인턴의 경험이 큰 의미가 없었다고 간과하는 지원자가 있다. 인턴은 말 그대로 인턴이다. 큰 예산이 걸려 있거나 기업의 명운이 달려 있는 사업을 진행하기에는 힘든 위치다. 인턴의 실력은 아직 아마추어기도 하고 진행하는 일이 해당 조직의 기밀이 담겨 있는 사업일 경우도 있기 때문이다.

하지만 인턴을 처음해 보는 취업준비생, 학생 입장에서는 '이 회사 뭐 별것 없네', '과장님, 팀장님 하시는 일 보니 나는 저런 단순한 일은 하고 싶지 않다'라는 등의 매우 단편적인 판단을 할 수도 있다.

사회초년생, 인턴에게 보이는 조직의 모습은 매우 일부분의 단면일 가능성이 크다. '인턴 하면서 특별히 한 일이 없어서요', '인턴 때 그냥 출근만 하고 복사하고 앉아 있었어요'라고 인턴 경험을 자소서에 쓰지 않으려는 지원자들이 있다.

특히, 신입공채로 공기업, 공공기관에 취업을 원하는 경우 인턴 경험이나 5년 이하의 타 회사 경험은 '조직생활의 기본기를 배웠다'라거나 '행정업무 및 정확한 문서작성을 경험했다'라는 방식의 업무적이고 객관적인 접근으로 내용을 적으면 된다.

학교 수업을 무시하지 말 것

자신이 지원하는 직무와 학과가 일치되지 않는다거나 학과 공부를 소홀히 해서 학점이나 성적이 안 좋은 경우 학교 수업을 활용하지 않는 경우가 있다.

공기업 취업준비생의 경우 대부분 20대 초반에서 30대 중후반일 가능성이 높다. 그렇다면 학교나 공부를 통해 배운 것이 전체 경험 중 많은 부분을 차지하는 것은 당연하다. 물론 자신이 학점이 좋지 않아 혹시라도 나중에 이와 관련한 공격을 받으면 어쩌나 하는 염려가 될 수도 있지만, 이것은 지극히 개인적인 기우에 불과하다.

일단 '학점이 좋지 않다'는 것의 기준은 사람마다 다른데 대학교 학점 기준 C학점이나 F학점을 받지 않은 이상 활용해도 무방하다. 게다가 공공기관은 자소서나 면접 시 학교의 성적표나 학교를 드러내는 것을 금지하고 있기 때문에 이에 대한 염려는 하지 않아도 된다.

만약 B를 받아 스스로 걱정이 된다면 '○○ 과목을 수강하며 제어계측(해당 과목의 핵심)에 대한 관심을 갖게 되는 좋은 계기가 되었고 이를 통해 자격증 취득 및 전공 심화과정을 수료하게 되었습니다'라는 흐름으로 서술하면 문제가 없다.

결론적으로 여러분이 학교나 학부에서 배웠던 과목, 전공, 교양, 실습, 실험 등의 내용을 반드시 포함하기 바란다.

자기 자신을 인정할 것

> 채용담당자에게 인정받고 합격하고 싶다면 자기가 먼저 자신을 인정하라.

자소서와 면접 수업에서 가장 중요한 마인드는 바로 이것이다. 우리는 흔히 '자신을 사랑하라' 또는 '자존감을 가져라'라고 쉽게 말하고 가볍게 넘긴다. 하지만 현실에서 이를 실천하기란 어렵다.

특히 취업을 준비하며 서류전형이나 필기시험, 면접전형에서 탈락하다 보면 '내가 이렇게 부족한 사람이었나, 이제까지 나는 뭘 하며 살았나' 등의 자책과 자괴감에 빠지는 순간이 훨씬 많을 수밖에 없다.

그러나 생각해 보면 자기 스스로도 자신이 별로라고 생각하는데 내가 아닌 다른 사람이 '아니야, 너는 절대 별로이지 않아'라고 하며 취업을 시켜준다는 것은 매우 꿈같은 이야기이다.

나를 사랑하라거나 자존감을 가져라 등의 약간은 오글거릴 수 있는 이야기를 하고자 함이 아니다. 자소서나 면접 모두 결국 내가 다른 지원자보다 차별화되는 점, 이 직무를 위해 준비된 강점 등을 어필하기 위한 수단이다. 이것이 진정성 있게 잘 전달되려면 자기 자신부터 스스로에 대한 확신이 있어야 한다. 내가 확신이 없는 상태에서 어찌 남을 확신시킬 수 있을까?

경험을 정리하고 **취업을 준비하는 동안 가장 중요한 태도는 '내가 나를 무시하지 않는 마음, 내가 나를 인정해 주는 태도'**이다. 겸손은 말이나 글보다 태도와 행동을 하는 것이다. 어차피 실력이나 지식의 수준은 해당 회사의 채용담당자가 훨씬 높을 수밖에 없다. 그 회사에서 근무하고 있으며 일정 수준이 되기 때문에 그 위치에서 여러분을 평가할 수 있는 수준이 되는 것이다.

그러나 그 사람들보다 뛰어나지 못함을 자책할 필요가 없다. 이제까지 공부하고 활동해 온 것을 스스로 인정하고 이제까지도 잘해 왔으니 앞으로도 잘할 수 있을 것이라는 자신에 대한 자신감과 확신을 갖고 자소서와 면접에 임해 보자. 어떤 상황에서도 당당하고 진정성 있게 자신을 어필할 수 있게 될 것이다. 부모님이나 학교가 나를 지켜주던 학생이라는 울타리에서 벗어나 사회에 나가 내가 나를 지켜내기 위해서는 나에 대한 확신을 갖는 흔들리지 않는 자세가 필요하다.

05 STEP 4
문항 분석하기

공공기관의 자소서 문항은 크게 네 가지로 나뉜다.

- **첫째** 직무에 적합한 경험과 역량을 가졌는지를 묻는 **직무적합도** 문항
- **둘째** 해당 회사에 대한 관심과 이해를 지녔는지에 대한 **기관이해도** 문항
- **셋째** 팀과 조직생활에 대한 태도를 묻는 **조직이해도** 문항
- **넷째** 공공기관의 구성원으로서 갖춰야 하는 기본 태도에 대한 **가치관** 문항

자소서 항목은 대부분 3개에서 많게는 10개까지 구성되어 있다. 이를 첫 항목부터 무조건 채우는 것이 아니라 전체 문항 구성을 보고 위의 네 가지 중 어디에 해당되는지 확인한 후 내용을 배치해야 한다.

다음의 예시를 보고 이해해 보자.

• 인천국제공항공사 2021년 하반기

❶ 인천국제공항공사가 현 시점에서 가장 중요하게 역점을 두고 나아가야 할 방향은 무엇이라고 생각하십니까? 본인이 우리 공사에 입사하려는 이유는 무엇입니까?

❷ 본인이 지금까지 취업을 위해 중요하게 개발한 직무역량은 무엇이며 어떠한 과정을 통하여 이 역량을 개발해 왔는지, 이 역량을 통해 이룬 구체적인 성과가 있다면 무엇이고 입사 후 우리 공사에 어떻게 기여할 수 있을지 기술해 주십시오.

❸ 본인의 장점과 단점에 대해 기술하고 그 중 단점을 극복하기 위한 본인의 노력과 단점을 극복하여 성공적으로 일을 처리한 경험을 구체적인 사례로 기술해 주십시오.

❹ 본인이 생각하는 나의 인생 가치관은 무엇이며 지금까지의 삶에서 자신의 가치관이 흔들리거나 충돌한 경험 또는 가치관 때문에 어려움을 겪은 경험과 이를 어떻게 극복하였는지 구체적인 사례로 기술해 주십시오.

❺ 공사의 인재상 AIR-Active(도전), Innovation(혁신), Respect(존중) 중 본인에게 가장 부합하는 키워드 하나를 선택하고 그 이유에 대해 구체적인 사례를 바탕으로 기술해 주십시오.

인천국제공항공사는 총 5문항으로 구성되어 있다.

만약 이 기관의 자소서를 작성한다면 ❶부터 보며 '아… 인천국제공항공사가 연봉이 많다는 선배들 얘기 듣고 지원하게 된 것인데 이것을 그대로 말할 수는 없고 그럴싸한 동기를 어떻게 만들어 내거나 포장할 수 있을까?'라는 생각부터 들 수 있다.

비록 내 진심은 아니지만 들키지 않고 어떻게 포장해야 할까라는 마음으로 자소서를 작성하면 절대 남을 설득시킬 수 없다. 그 이유는 이 항목의 출제 의도에 대한 이해부터 잘못되었기 때문이다.

그럼 각 문항의 출제 의도가 무엇인지 우리는 어떠한 내용을 담아야 하는지 다음의 표를 보고 매치해 보자.

구분	자기소개서 문항	평가 사항
❶	인천국제공항공사가 현 시점에서 가장 중요하게 역점을 두고 나아가야 할 방향은 무엇이라고 생각하십니까? 본인이 우리 공사에 입사하려는 이유는 무엇입니까?	기관이해도
❷	본인이 지금까지 취업을 위해 중요하게 개발한 직무역량은 무엇이며 어떠한 과정을 통하여 이 역량을 개발해 왔는지, 이 역량을 통해 이룬 구체적인 성과가 있다면 무엇이고 입사 후 우리 공사에 어떻게 기여할 수 있을지 기술해 주십시오.	직무적합도
❸	본인의 장점과 단점에 대해 기술하고 그 중 단점을 극복하기 위한 본인의 노력과 단점을 극복하여 성공적으로 일을 처리한 경험을 구체적인 사례로 기술해 주십시오	조직이해도
❹	본인이 생각하는 나의 인생 가치관은 무엇이며 지금까지의 삶에서 자신의 가치관이 흔들리거나 충돌한 경험 또는 가치관 때문에 어려움을 겪은 경험과 이를 어떻게 극복하였는지 구체적인 사례로 기술해 주십시오.	가치관
❺	공사의 인재상 AIR – Active(도전), Innovation(혁신), Respect(존중) 중 본인에게 가장 부합하는 키워드 하나를 선택하고 그 이유에 대해 구체적인 사례를 바탕으로 기술해 주십시오.	직무적합도

5개의 문항에는 각각의 출제 의도가 숨겨져 있다. 지원자의 경험이 소설처럼 재미있는지 중요한 것이 아니라 NCS 채용 기준, 직무와 우

리 조직에 필요한 역량을 갖추었는지를 보는 것이다.

❶은 '인천국제공항공사'라는 우리 기업, 해당 기관이 무슨 일을 하는 곳인지 정확히 알고 있는지를 평가하는 기관이해도 문항이다. 이는 면접에서 지원 동기나 포부 등에 해당될 수 있다.

해당 기관이 어떤 업무를 하는지, 국가 내에서 어떤 역할을 하는지에 대한 아무런 지식 없이 단순히 나의 적성에 맞아서, 꿈을 이루기 위해 지원을 했다는 내용은 본 문항과는 맞지 않는다.

물론 자신의 적성에 맞는 일을 하는 것은 매우 중요한 부분이다. 단, **자소서는 자서전이 아니다. 우리 조직에 필요한 사람인지 가늠하는 목적을 지닌 하나의 공식 문서이다.** 이 공식 문서가 요구하는 내용을 적는 것이 좋다.

기관이해도 문항의 경우 인재상만을 보는 경우가 있는데 회사를 분석하는 방법은 다음과 같다.

분류	세부내용
홈페이지	**1) 주요사업** 홈페이지에서 인재상이나 미션/비전을 확인하는 것도 중요하지만 가장 중요한 것은 '주요사업' 부문이다. 공기업이든 사기업이든 모든 회사에는 고유의 주요사업이 존재하는데, 이를 간과하는 경우가 대부분이다. ❶과 같은 문항에는 해당 회사의 사업 부분을 확인하고 해당 단어를 활용하면 훨씬 유리한 자소서를 작성할 수 있다. 반드시 해당 단어를 활용해야 한다. **2) 조직도** 조직도는 해당 회사가 어떠한 사업을 중심으로 업무를 하고 있는지 파악할 수 있는 부분이다. '선생님, 어차피 제가 지원하는 회사와 직렬은 순환근무라서 조직도 봐도 큰 도움이 안 되더라고요'라고 말하는 학생들이 있다. 조직도를 보고 내가 들어가고 싶은 부서를 딱 한 개 정하라는 것이 아니다. 단순히 '다양한' 업무를 하며 전문성을 쌓겠다보다는 조직도에 있는 단어를 활용하여 '기회가 된다면' 어떠한 업무를 할 수 있도록 준비하겠다는 흐름으로 적으면 도움이 된다. **3) 인재상, 미션, 비전** 인재상은 중요하지만 이것만 봐서는 안 된다. 위의 두 가지를 우선순위로 보고 인재상과 그 외의 정보를 보며 살을 붙여나가길 바란다. 미션과 비전의 경우 이 두 가지가 어떻게 다른지 구분하여 기억하는 것이 향후 면접에서 특히 중요하다.
신문기사	신문기사의 경우 요즘 도서관에서 가서 종이 신문으로 검색하는 경우는 매우 드물 것이다. 그럼 모두 인터넷을 검색한다는 것인데 어떠한 사이트에서 해당 회사의 정보를 얻는가가 관건이 된다. 포털이라고 불리는 네이버나 카카오에서 해당 회사의 기사를 검색하는 것은 차별화된 정보를 얻기에 적합하지 않다. 이는 대개 사건이나 사고 등으로 모든 대중의 관심을 끌 수 있는 기사들이 게재되는 것이 일반적이기 때문이다. 전문지, 업계 뉴스나 신문에 접속하여 해당 사이트에서 해당 회사의 기사를 검색하는 것이 가장 좋다. 예를 들어 인천국제공항공사의 기사를 깊이 있게 알아보고 싶다면 '국토일보'라는 사이트에서 오른쪽 상단의 돋보기창, 검색창에 해당 회사를 입력하여 검색하는 것이다. 이를 통해 얻게 된 정보를 '아, 그렇구나~' 하고 자신의 지식을 쌓는 용도로만 사용하는 것이 아니라 해당 기사의 단어를 활용하여 ❶과 같은 기관이해도 문항에 적으면 좋은 점수를 받을 수 있다. 여기서 주의할 점은 부정적인 기사는 지양하고 긍정적인 기사, 긍정적인 기사란, '기술적인 개발 및 적용, 최초 사업화, 최고 수준 등'의 미래지향적인 내용을 중심으로 참고하는 것이 좋다.

분류	세부내용
신년사	신년사는 해당 회사의 그해 연도 방향성을 보는 데에 가장 중요한 내용 중 하나이다. 신년사의 대상은 임직원들인데, 우리를 평가하는 담당자는 대개 임직원이거나 임직원의 지침에 따른 외부 인원이므로 해당 회사 수장의 방침이 적힌 신년사를 반드시 참고해야 한다. 신년사를 찾는 방법은 포털에서 '○○공사 2023 신년사'라고 적으면 찾을 수 있으니 홈페이지 내의 '사장님 한 말씀' 같은 것과 혼돈하지 않아야 한다.
해당 회사의 SNS	유튜브, 페이스북, 블로그 등 각 공공기관은 국민들과의 소통 채널로 다양한 SNS를 하고 있다. 이에 SNS는 쉽고 친근하게 접할 수 있는 창구가 되는데, 취업준비생으로서 이를 활용하는 것도 좋다. 단, 홈페이지, 신문기사와 신년사를 본 후에 SNS를 보는 것이 바람직한 방법이다.
산업/업계 관련 지식	해당 회사와 직무를 이해하기 위해서는 해당 산업의 전반을 알고 있는 것이 유리하다. 특히 향후 면접에서는 매우 필수적인 정보 취합 채널 중 하나가 산업과 업계에 대한 지식이다. 에너지 기업이라면 해당 회사의 인재상만 보는 것이 아니라 에너지 업계, 동향이 어떻게 되는지를 알고 있어야 차별화된 모습을 보일 수 있다.

❷는 직무적합도 문항이다. 여기에 추상적인 단어, 개념적 단어인 '성실, 책임감, 열정' 같은 단어보다는 **직무와 직결되는 단어를 적는 것이 가장 좋다. 그 해답이 바로 '직무기술서'이다.**

직무적합도 문항은 반드시 직무기술서의 [필요지식], [필요기술], [직무수행태도]에 있는 단어를 포함하거나 참고해야 한다. 5개의 문항 중 가장 공을 들여야 하는 문항이 될 수 있다. 문항 끝을 보면 '입사 후 계획'과 '어떻게 기여할 수 있는지'로 마무리가 되었다. 즉 해당 역량이 우리가 원하는 필요한 지식과 기술을 갖고 있는 사람인지를 정확히 드러내라는 표시이다.

> **예시** **직무적합도 문항 마지막 문장**
>
> - **경영사무직**
>   앞으로 인천국제공항공사의 경영업무를 하며 기획서 작성을 정확하게 하는 사원이 되겠습니다.
> - **기술/전기직**
>   앞으로 전기직 업무를 하며 공항시설 관리와 안전한 공항 운영을 위해 규정과 지침에 따르는 모습을 보여 드리겠습니다.

위와 같이 해당 업무에 필요한 역량이 무엇인지로 마무리하면 된다. 야구 투수는 공을 잘 던져야 하고, 가수는 노래를 잘해야 하고, 요리사는 요리를 잘해야 한다. 노래를 잘한다고 야구선수로 발탁할 수 없고 공을 잘 던지고 달리기를 잘하는 요리사도 전혀 의미가 없다. 해당 기관의 지원한 직무가 무엇인지 알고 이와 맞는 역량이 있는지 알려 주어야 한다.

❸은 취업준비생들이 가장 장단점 문항이다. 장단점은 해당 지원자의 메타인지를 확인할 수 있는 문항으로 해석하는데, 메타인지가 높은 사람일수록 업무를 하거나 자기계발을 통한 성장 가능성이 높다고 알려져 있기 때문이다.

장단점의 경우 가장 쉽게 접근할 수 있는 것이 팀 과제이다. 팀 과제 시에 주로 내가 맡는 부분은 '장점'으로 생각해 보면 좋다. 자료 검색을 면밀히 잘한다든지, 방대한 자료를 보기 좋게 정리하고 문서화하는 것에 자신 있다든지, 다른 사람 앞에서 핵심을 잘 전달하는 것을 주로 하며 역량을 키워왔다는 방식으로 접근하면 좀 더 공식적인 문서에 가까운 내용을 서술할 수 있다.

단점은 이와 반대로 생각하면 되겠다. 자신이 주로 맡기 싫어했거나 맡았을 때에 고전을 면치 못했던 부분으로 기술하면 된다.

우리는 누구나 부족하고 개선해 나가며 성장하게 된다. 그 과정에서 혼자 산 속에 들어가 수련하는 경우도 있겠지만 사회적 인간인 대부분의 사람들은 같이 공부하고 일하는 사람, 동료에게 영향을 받고 도움을 받아 성장하게 된다. 실제로 과제를 하다 보면 아예 혼자 할 때보다 다른 친구들이 하는 것을 보며 자극을 받거나 다음 과제 때에 참고하는 경우도 있었을 것이다. 물론 혼자 하는 것이 편한 사람도 많지만 아무리 그렇더라도 앞으로 입사하게 되어 하게 될 업무는 모두 혼자 할 수는 없기 때문에 이를 받아들이고 부족한 부분을 협업을 통해 개선해 나가는 것이 바람직하지 않을까?

장단점이 아닌 갈등, 문제를 해결한 경험 등의 단어가 포함된 문항의 경우는 여럿이 업무를 하는 데에 필요한 조직친화적 마인드가 있는지를 보는 조직이해도 문항이다. 최근 가장 중요시되고 있는 문항이 자그만큼 지원자들이 가장 어려워하는 부분이다.

"선생님, 저는 크게 모난 성격이 아니라 특별히 갈등을 경험해 본 적이 없어요."

"제 전공 특성상 조별 프로젝트가 별로 없었어요. 해 봤자 2~3명인데 이것을 소속된 조직이라고 하기는 너무 작지 않나요."

적지 않은 학생들이 팀워크 항목을 접했을 때에 하는 질문이다. 하지만 이 항목에 적확한 소재를 넣기 위해서 만약 여러분이 공공기관에 들어간다면 어떤 상황이 펼쳐지는지 간단히 상상해 보자. 내가 속한 부서에는 나보다 나이가 많은 부장님이나 선배가 있고 매일 함께 회의하는 것은 일상일 것이다. 나의 부서에서 결정한 사항은 단독 처리되는 경우보다 타부서와 조정을 해야 하는 일도 빈번할 것이다.

예를 들어 본인은 토목 관련 부서인데 예산 업무를 하는 부서와 조율을 해야 한다거나 마케팅 홍보 쪽 직원과의 프로젝트를 해야 하는 경우도 발생할 수 있다. 이를 넘어 다른 부서나 지자체와도 끊임없이 일을 도모하고 해결해야 하는 것이 공공기관의 일상이다. 이를 위해서는 혼자 뛰어난 사람보다는 다른 사람과 함께 업무를 할 때에 팀워크, 즉 조직친화적인 태도로 임할 수 있는 사람이 좋다. 여기서의 팀워크는 나보다는 남을 위해 무조건 양보하고 배려하는 도덕적인 모습만을 일컫는 것은 아니다. **조직 생활에서 필요한 팀워크란 내가 하지 않으면 누군가는 해야 한다는 마음으로 먼저 솔선수범하는 것이라고 생각하면 쉽다.**

예를 들어 지금 살고 있는 우리 집을 생각해 보자. 4인 가족 기준으로 부모님과 나 그리고 형제, 자매 1명이 있는 집에서 나는 거실에 쓰레기를 막 버리고 다니는가? 아마 그렇지 않을 것이다. 만약 내가 사는 집에 쓰레기를 아무데나 버리면 과연 그 쓰레기는 누가 치우게 될까? 부모님? 나의 동생? 물론 그럴 수는 있지만 결국 나의 가족 중 한 사람이 그 일을 하게 될 것이다.

　부모님이 그것을 하게 될 테니 그럴 바에는 내가 먹은 과자 봉지는 정해진 쓰레기 봉지에 넣어 두고 혹시라도 동생이나 언니, 누나, 형, 오빠가 버린 것도 내가 정리할 수 있다는 마음이 바로 팀워크라고 생각해 보면 된다.

　여러분이 조모임을 하거나 학과에서 축제를 준비할 때, 교외 활동으로 봉사나 홍보단 활동을 할 때에 의견이 부딪히는 사람이 있을 수 있다. 또는 의견이 대립되는 상황이 있을 수 있다. 이때에 단순히 소통을 통해 해결했다라고 단순하게 묘사하는 것보다 SCSC 기법 중 C(Conflict)를 활용하여 이 갈등을 해결하지 않았을 때에 벌어지는 최악의 상황을 적어 본다.

　그 뒤 최악의 상황이 벌어지지 않도록 내가 먼저 무언가를 시작했다, 밤을 새워 준비했다 등의 내용으로 연결하면 좋다. 이를 희생이나 양보 등의 도덕적 상황으로 연결 짓는 것보다는 더 큰 일을 하기 위해 한 명 한 명의 구성원이 주인의식을 갖고 하는 것이 중요하다는 생각을 갖고 있다고 드러내는 것이다.

　앞으로의 조직생활에서도 내가 속한 조직의 목표를 달성하기 위해 솔선수범하는 조직원이 될 수 있다는 모습을 보여 주자.

　❹는 공공기관 업무에 적합한 사고를 지녔는지에 대한 가치관을 묻는 문항이다. 공공기관에서 업무 시 중요한 것은 무엇일까? 첫째 사회적 약자에 대한 이해, 둘째 공직자로서의 자세, 셋째 국가 정책을 국민 접점에서 수행하는 태도라고 요약할 수 있다.

첫 번째 포인트인 '사회적 약자에 대한 이해'를 중심으로 설명할 때 **공공기관에서 공익성은 무엇일까?** '모든 국민을 위해 서비스를 하는 것'이라고 말한다면 정확한 답변이 아니다. 타깃을 단순히 모든 국민이라고 지칭한다면 삼성전자의 스마트폰도 모든 국민을 대상으로 판매하는 것이고 현대자동차의 자동차 역시 모든 국민이 대상이라 해도 무방할 것이다. 즉, 공공기관의 공공성, 공익성이란 '사회적 약자를 포함한 전 국민이 안정적인 서비스를 받을 수 있도록 하는 것'이다.

그렇다면 사회적 약자란 누구를 지칭하는 것일까? 여기서 주의해야 할 점, 절대 차상위계층이나 저소득층이라고 소득 기준으로 이를 분류하면 이해하기가 어렵다. 물론 저소득층이 우리가 조금 더 주의를 기울여야 하는 약자이기도 하다. 하지만 이러한 소득 기준의 약자에 대한 업무는 서울시청, 종로구청, 익선동주민센터 등의 지자체에서 맡고 있는 업무이다.

사회적 약자란 자신의 의지와는 상관없이 그러한 상황에 놓이게 된 사람들을 말한다. 예를 들어 노약자, 장애인, 국가유공자, 다문화가정, 한부모가정 자녀 등이 있을 수 있다. 사실 돈이 많은 노약자나 장애인도 충분히 많다. 하지만 우리는 이들을 위해 일정 수준의 우대사항을 주고 함께 잘 살기 위해 노력한다. 좋은 사회란 소수의 구성원도 다수의 그들이 누리는 것만큼의 권리와 서비스를 받을 수 있는 곳이기 때문이다. 공기업, 공사 등은 개인으로는 사회적 약자, 기업으로는 대기업이 아닌 중소기업과 스타트업 등을 중심으로 사업을 하게 된다. 이것이 사기업과 구분되는 가장 큰 포인트이다.

결론적으로 ❹는 공공성을 기반으로 한 직무수행태도를 한 가지 선정하여 기술하고 조직이해도를 담은 사회적 약자에 대한 배려, 관련 가치관을 적으면 좋다.

　마지막으로 ❺는 직무에 적합한 역량을 갖추었는지 확인하는 문항이다. ❺의 경우 '인재상'이라는 단어 때문에 해당 조직과 관련한 내용을 써야 하는 것은 아닌지 헷갈릴 수 있지만 단순히 인재상에 대한 이야기만 하다 보면 내용이 매우 추상적이고 관념적으로 그치는 경우가 많다. 인재상 중 1개를 선택하는 것부터 어려워할 수 있는데, 무엇을 고르든 변별력 자체에 영향을 끼치는 것은 아니니 자신의 경험과 가장 맞닿아 있는 것을 고르면 된다. 도전은 새로운 것을 시도했던 경우, 혁신은 기술이나 방법을 과제나 공모전 등에 적용하여 예상보다 좋은 결과를 얻은 경우, 존중은 다양한 이해관계 또는 상하관계의 사람들과 존중과 배려를 통해 순조롭게 무언가를 했던 경우를 적으면 되겠다. 여기서 중요한 것은 어떠한 인재상을 고르냐보다는 이에 따른 경험을 추가적으로 적는 것이다. 주의할 점은 위의 항목에서 적은 내용은 또 적는 것은 매우 비효율적인 자소서 작성이다. 위의 경험과 다른 경험을 넣어 더욱 입체적인 지원자로 보이는 것이 좋다.

· **국민건강보험공단**

구분	자기소개서 문항	평가 사항
❶	서로 경쟁관계에 있었거나 견해차이로 대립하던 상대방으로부터 협력을 이끌어 냈던 경험을 이야기해 주십시오. 당시 상황을 간략하게 기술하고, 어떤 설득 과정을 통해 협력을 이끌어 냈는지 구체적으로 서술해 주시기 바랍니다.	조직이해도
❷	앞으로 발생할 문제 상황을 예측하고 미리 대비했던 경험을 이야기해 주십시오. 당시 상황을 간략하게 기술하고 발생할 문제 상황을 예측한 이유와 문제해결 방안에 대해 구체적으로 서술하여 주시기 바랍니다.	직무적합도
❸	학창시절(동아리, 발표과제 팀 등) 또는 직장생활에서 자신에게 도움이 되지 않거나 오히려 불이익이 발생될 수 있음에도 불구하고 다른 구성원들을 위해 본인이 자발적으로 양보를 한 경험이 있다면 이야기해 주시기 바랍니다. 당시 상황을 간략하게 기술하고 본인이 양보한 이유와 그 결과를 구체적으로 서술해 주시기 바랍니다.	조직이해도 + 가치관
❹	본인이 저지른 잘못(또는 실수)에 대해 꾸밈없이 털어놓고 그에 따른 대가를 치른 경험에 대해 이야기해 주시기 바랍니다. 당시 상황을 간략히 기술하고, 자신이 한 행동의 내용과 이유를 구체적으로 서술해 주시기 바랍니다.	조직이해도 + 가치관

　국민건강보험공단은 해당 기관에 대한 이해의 문항은 없고 직무적합도와 조직이해(팀워크)에 대한 문항이 대부분이다. 이는 국민건강보험공단의 특성을 생각해 보면 이해가 쉽다.

　건강보험공단은 우리나라의 대표적 사회보장 시스템으로 미국 오바마 정부시절 공론화 될 만큼 선진화된 시스템이라고 인정받았다. 즉, 기존의 시스템을 잘 운영하고 기존 팀과 조직의 특성에 무리 없이 녹아들 지원자를 훨씬 선호할 수밖에 없다.

❶이 조직친화적 태도를 가졌는지를 보는 것이 가장 처음이라면, 인사담당자, 면접관 등이 여러분의 자소서를 볼 때 자연스럽게 ❶의 내용부터 관심을 가질 수밖에 없다. 수많은 지원자의 자소서를 보는 채용담당자 입장에서 ❶에 팀워크, 조직을 우선시하는 태도가 정확히 명시되어 있으면 그 지원자는 당연히 유리한 점수를 받기 쉽다.

❷는 해당 직무와 관련한 새로운 시도라고 생각하면 좋다. 새로운 시도를 단순히 창의적 사고, 뛰어난 아이디어라고 착각해서는 안 된다. 당신이 만약 조별 과제를 하거나 모르는 문제가 있다면 어떻게 해결하는가?

기존의 자료를 찾아보거나 인터넷 강연을 보거나, 교수님이나 선배님께 물어보거나, 조원들과 브레인스토밍을 하거나, 실험이나 코딩의 경우 다양한 변수로 재차 시도를 하는 등의 일들을 반복할 것이다. 즉 직무와 관련한 과목, 업무, 인턴 등의 상황을 적고 그때 어려운 점을 어떠한 방식으로 해결했는지 언급하면 된다.

❸은 조직을 위해 내가 무언가를 먼저 하는 가치관, ❹는 공직자로서의 윤리 청렴 가치관을 체크하는 것이다. 가치관이란 자신의 생각도 좋지만 책이나 부모님의 가르침, 멘토의 한 마디 등을 활용하면 좀 더 쉽게 풀어갈 수 있다.

특히 ❸은 '불이익'이나 '양보' 등의 단어에 사로잡힐 필요는 없다.

조직이해도에서 언급했듯이 '누군가는 해야 할 일을 내가 자발적으로 했다'라는 방향성으로 적으면 된다. 우리는 대개 어렵고 힘든 일을 나서서 하기보다는 최대한 내가 쉽고 편한 일로 선택하는 경향이 있다. 하지만 학교 수업이나 동아리 등에서 한번쯤은 '내가 손해 보는 것 같아. 나만 힘든 일을 하고 있어'라는 생각한 경험이 있을 것이다. 그 이야기를 적으면 된다.

❹는 매우 어려운 항목이다. 저지른 잘못이 없었을 수 있고 있더라도 그 부분을 알아서 처리하고 넘어간 경험도 있기 때문입니다. 이 항목의 경우 공공기관에서 일하며 중요시 되는 윤리와 청렴과 관련된 문항이다.

윤리와 청렴은 '절차'로 갈음할 수 있는 단어이다. 즉 절차가 번거롭더라도 그것을 감수하고 정도(정도)를 지킨 사례를 적으면 된다. 반드시 대단한 '잘못'이나 '실수'가 아니더라도 상관없다.

06 STEP 5
내용 구성하기

자소서의 본질은 '공식화된 문서'이다.

서론—본론—결론이 잘 갖춰져야 하는 논문도 아니고 기승전결이 뚜렷한 소설도 아니다. 해당 지원자를 '소개하는 목적'이 있는 글이며 다수의 지원자 중 채용담당자의 이목을 사로잡아야 하는 '경쟁이 필요한 문서'이다.

나를 소개하기 위한 목적으로 남들보다 잘하기 위해서는 타깃에 대한 이해가 중요하다. 글과 말을 할 때 타깃은 매우 중요하다. 스마트폰을 소개할 때에 7세 어린이에게 설명하는 것과 17세 청소년에게 설명하는 것, 77세 노인에게 설명하는 것은 매우 다른 단어와 표현력을 필요로 하기 때문이다.

- **자소서의 타깃**
  - 인사담당자

- **자소서의 목적**
  ❶ 나는 직무에 적합한 지원자다.
  ❷ 해당 조직과 산업에 관심이 많다.

타깃 목적을 이루려면? 그들이 읽게 만들어야 하고, 읽고 싶도록 이목을 끌어야 한다. 읽게 만들려면 보기 편한 프레임을 갖추어야 한다. 특히 그들이 익숙한 형식을 갖춰야 한다.

● **프레임 갖추기**

자기소개서는 학생의 신분에서 사회인으로 가는 첫 공식 문서이다. 무겁게 들릴지도 모르겠지만 이렇게 생각을 해 보자. 만약 여러분이 회사에서 A라는 회사에 투자를 하거나 B라는 물품을 구입해야 하는 상황인데, 이를 모르는 사람에게 설명하려면 어떻게 해야 할까? 아마도 상대가 듣고 싶은 단어와 포인트를 잡아 이목을 사로잡아야 할 것이다. 아직 회사를 다녀 보지 못해 공감하기 어렵다면 이렇게 가정해보자.

우리가 자주 보는 인터넷 신문기사를 떠올려 보자. 여러분은 무엇을 보고 클릭을 하는가? 바로 '제목'이다. 제목이 본문과 상관이 없거나 과하게 자극적이고 선정적인 것은 제외를 하고 일반적으로 같은 내용의 기사더라도 제목에서 흥미를 불러일으킬 필요는 있다.

지금은 거의 없어졌지만 종이신문이 그날의 이슈를 한눈에 볼 수 있었던 예전에는 가판대에 두었을 때에 눈에 띄는 1면 표지 타이틀을 잡기 위해 신문사 편집장들의 경쟁이 매우 치열했던 적이 있다.

그만큼 고금을 막론하고 글의 제목은 중요하다.

문단을 나누자

TITLE	[제목]
문단 1 CORE SENTENCE	주제문 전체를 이해할 수 있는 하나의 문장으로 압축
문단 2 REAL YOUR STORY	구체적인 스토리 자신의 경험
문단 3 BENEFIT TO COMPANY	기승전, 입사 후 기여할 수 있는 방안

문단 ❶ 첫 문장의 중요성, CORE SENTENCE

다음은 CORE 문장, 즉 핵심 문장이다.

인터넷 신문이든 종이신문이든 신문기사의 첫 문장을 생각해 보라. 첫 문장은 전체 내용을 한 문장으로 압축한 주제 문장이자 다음 내용을 읽을지 말지를 결정할 핵심 문장이다.

> **예시** **제목이 같다고 가정할 때**

신문기사 ❶

[손흥민, 후반전 활약으로 팀 승리]

손흥민이 속한 A팀은 참 잘하는 팀이다. 하지만 이번 경기에서는 그러지 못했다. 전반이 시작됐고 10분 23초 B선수가 반칙으로 경고를 받으며 경기 흐름은 점점 어려워졌다. 12분에는 선제골을 내주며 위기는 가속화됐다. 그 후~ (후략)

신문기사 ❷

[손흥민, 후반전 활약으로 팀 승리]

A팀은 후반에 투입된 손흥민의 2골로 팀 분위기를 반전시켰고 역전승을 이뤄냈다.
A팀은 초반 B선수의 반칙과 경고 12분 선제골을 내어주며 어려운 경기흐름을 가져갔다. 하지만 C감독은 후반 손흥민을 교체로 투입해 분위기 반전을 노렸다. 후반 처음부터 손흥민은~ (후략)

수많은 기사 속에서 이 기사를 좀 더 꼼꼼히 읽어볼까 말까를 결정하는 첫 문장은 신문기사 ❶과 ❷ 중 무엇이 더 유리할까?

사람의 특성이나 성향에 따라 당연히 ❶을 선택할 사람도 있겠지만 대부분의 사람들은 '결론'부터 듣기를 원한다. 특히 매일 업무를 하고 결정을 하는 데에 익숙한 인사담당자의 경우 결론부터 바로 나오는 것에 익숙하다. 게다가 100개 1,000여개가 넘는 자소서를 읽어야 하는 사람의 입장을 생각해 보자.

'와! 처음부터 상세하게 알려주니 핵심을 파악하고 싶은 나머지 끝까지 더 꼼꼼하게 읽고 싶어!'라고 생각할까? '오~ 첫 문장부터 결론이 나오니 이 지원자는 일도 깔끔하게 잘 하겠는걸?'이라고 생각할까?

통상적으로 생각해 보면 핵심이 잘 정리된 문서는 읽는 사람으로 하여금 익숙하고 편안함을 느끼게 해 준다. 이는 호감으로 이어져 시간이 허락한다면 뒤에 더 긴 문장까지 읽게 될 것이고 그렇지 않더라도 자소서에 좀 더 나은 점수를 줄 수 있는 가능성이 크다.

잘 쓰인 자소서는 면접에서도 힘을 발휘한다.

면접에 들어온 면접관은 여러분의 자소서를 면접을 진행하는 당일 처음 접하는 경우가 대부분이다. 이때 앞에 있는 지원자가 이목을 끌어 어떤 경험이 있나 하고 그가 제출한 문서를 보니 알 수 없는 내용이 뒤죽박죽되어 있다면? 자신의 경험이나 자소서 기반 문제가 아닌 굉장히 개연성 없는 문제로 지적받을 확률이 크다.

그러나 자소서 첫 문장에 핵심 문장을 잘 정리해 둔다면 자신의 경험과 관련한 질문을 받을 수 있다. 이는 두려워할 것이 아니라 환영할 일이다. 그 이유는 미리 대비할 수 있기 때문이다. 내가 이 내용을 적었으니 비교적 이와 관련된 문제를 내겠지라고 유추할 수 있고 답변도 준비할 수 있는 여유를 갖출 뿐만 아니라 주도적인 면접이 진행되는 것이다.

문단 ❷ 진정성을 전달하는 자소서의 허리, REAL YOUR STROY

구체적인 이야기는 진솔하고 담백하게 쓰는 것이 중요하다.

사실을 기반으로 이야기를 적는다. 형용사나 부사 등의 미사여구보다는 명사와 동사를 기반으로 한 주체와 객체, 행동의 과정과 결과가 드러나야 한다.

이를 위해 SCSC 순서로 이야기를 풀어가는 것이 필요하다. 사람의 경험은 항상 기승전결의 순서로 벌어지지 않는데 이에 맞추려고 하다 보면 진정성 없는 서술이 되기 쉽다.

첫 번째 S는 'Situation—상황'으로 처음 이 글을 읽는 사람도 어떤 상황에서 발생하는 일인지 알 수 있도록 해 주는 '배경지식' 같은 것이다. 여기서 주의할 점은 대단히 상세한 것보다는 '언제—어디서(무슨 과목, 어떠한 활동)—무엇을(과목/과제의 목적, 활동의 목적)'의 순서로 적는 것이다.

C는 'Conflict—갈등'이다. 갈등은 '당면한 문제를 해결하지 못했을 때에 발생할 수 있는 최악의 상황을 가정'해 보면 쉽다. 인턴을 하며 주어진 시간은 5일인데 처리해야 하는 서류가 최소한 10일이 소요될 만큼의 양이었다. "만약 시간 내에 처리하지 못하면 함께 일하는 선배의 업무도 연기될 수 있는 상황이었다"라는 문장을 생각해 보는 것이 바로 갈등상황이다.

갈등이라고 하면 대개 사람간의 갈등이나 의사소통의 갈등만을 생각하는 경우가 많다. 그런 연유로 "갈등을 경험하고 이를 극복해 본 자신만의 해결책을 쓰십시오"라는 문항에 8할가량의 학생들이 대학 수업 조별 과제 당시 무임승차조원(Free Rider)과의 갈등을 소통을 통해 해결했다는 소재를 쓴다. 절대 나쁘다는 것이 아니다. 단, 갈등을 세상의 일들을 처리하며 부딪칠 수 있는 '사건'이다. 갈등을 단순히 사람간의 '의사소통' 문제만으로 국한하면 자소서 항목의 이야기 구성이 임팩트 없이 단조로워진다. 이는 서류에 대한 분별력을 떨어뜨려 서류에서 좋은 점수를 받지 못하거나 면접에서 예측하지 못한 질문을 받을 가능성이 높아질 것이다.

두 번째 S는 'Solution—해결책/대안'이다. 갈등상황에서 예상해 본 '갈등을 해결하지 않았을 시에 발생할 수 있는 최악의 결과'를 막기 위해 당시에 할 수 있었던 대안 중 실행했던 것을 적는 것이다. 여기서 대안은 매우 특이하거나 대단한 아이디어일 필요는 없다. 단, NCS 직무기술서에 있는 필요지식과 필요기술의 단어를 활용하려고 노력해 보면 생각보다 쉽게 풀릴 수 있다.

마지막 C는 'Conclusion—시사점'이다. 시사점은 본 경험을 통해 무엇을 깨닫고 배웠느냐이다. 다시 한 번 강조하지만 '뿌듯했다, 성취감을 느꼈다, 기뻤다' 등의 형용사로 표현되는 감정동사는 안 된다. 기업은 작던 크던 경험을 통해 성장하는 사람, 자신의 부족함을 느끼고 이를 보완하기 위해 자기개발을 게을리하지 않는 사람을 선호한다. 성과나 결론을 언급하는 것도 좋고 이를 통해 자신의 한 단계 성장하게 된 부분을 언급할 것을 추천한다.

ⓢ Situation 상황	인턴이라면 어느 부서에서 얼마나 일을 했는지, 알바나 봉사활동, 팀 과제였다면 어떤 목적으로 몇 명이 참여하는 것이었는지 한 문장으로 구성
ⓒ Conflict 당면한 과제	업무라면 그 업무의 목적이 무엇이었는지, 팀 과제라면 그 주제를 달성하기 위해 어떠한 노력을 했는지 문제는 무엇이었는지 '그 문제를 해결하지 않았을 경우에 발생할 문제는 무엇이 있는지'를 포함하여 작성
ⓢ Solution 해결책	최대한 실제 사례와 밀접한 직무기술서의 [필요기술], [필요지식], [직무수행태도]에 있는 단어를 활용하여 한 문장으로 작성

> **ⓒ Conclusion 시사점** | 이를 통해 배우게 된 내용을 직무기술서의 [필요기술], [필요지식], [직무수행태도]에 있는 단어를 활용하여 한 문장으로 작성 (300자 이내의 경우 생략 가능)

진정성은 마음이지만 이를 표현하는 것은 단어이다. 자소서에 필요한 단어는 '명사와 동사' 그리고 '수사'로 구성해야 함을 잊지 말자.

 자소서의 목적을 드러내는 마지막 문장, BENEFIT TO COMPANY

결론은 이 문서의 목적인 '저를 뽑아주시면 이렇게 하겠다'라는 방식으로 마무리하는 것이 좋다.

물론 모든 항목의 문장을 그렇게 마무리하는 것이 중언부언하는 것처럼 느낄 수 있다. 이는 각 항목당 다른 필요기술과 역량을 드러내면 해결된다. 직무기술서에 드러난 최소 5개 이상의 필요지식과 기술, 직무수행태도를 활용하여 경험도 다양하게 배치하면 마무리 문장 역시 형식은 비슷하더라도 내용은 다르기 때문에 큰 문제가 되지 않는다.

단, 각 공공기관마다 요구하는 글자 수가 다르기 때문에 항상 이 형식을 지킬 수는 없다. 다음은 글자 수 기준 문단 구성의 가이드라인을 제시한 것이다.

문단 구성 참고사항

글자 수	권장사항				
1000자 이상	두 개의 스토리로 나누기 (각 스토리당 제목과 문단별도)	[제목A] 문단1 문단2 문단3		[제목B] 문단1 문단2 문단3	
500 ~1000자	제목과 문단 세 개로 나누기	[제목A] 문단1 문단2 문단3			
300 ~500자	제목 없이 구체적 내용 + CORE 문장과 BENEFIT 문장 중 택 1	문단1 문단2	또는	문단2 문단3	
300자 이하	구체적 스토리만 기재 문단2	문단2			

● **내용 구성하기**

　자소서는 사회인이 되기 위해 처음으로 평가받는 공식문서이다. 문서는 내용과 형식이 모두 중요하다. 앞에서 내용을 구성하는 방안에 대해 살펴 보았다면 이제 자소서라는 문서의 형식을 지키는 방법을 알아보도록 하자. 형식을 크게 5가지로 나눈다.

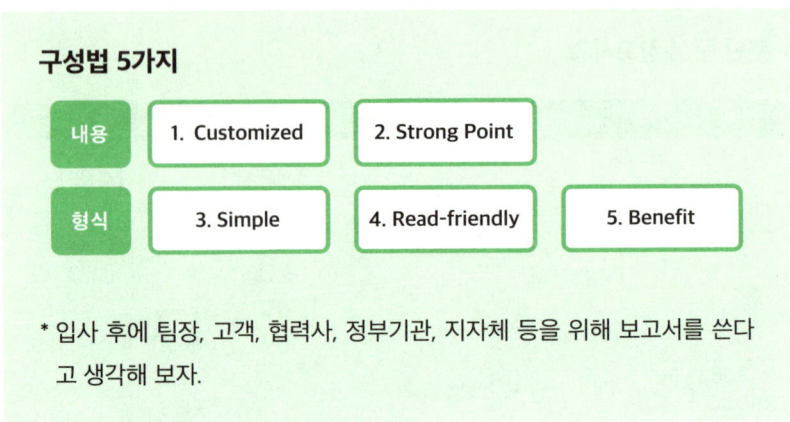

자소서 체크 리스트

'이런 자소서는 안 된다!' 나는 몇 개나 해당될까?

	항목	내용	체크
1	내용	항목의 출제의도를 파악하지 않고 작성했다. (직무적합도/조직이해도)	
2	내용	공모전 수상이다 대외활동의 나열만 있다.	
3	내용	합격자소서를 베끼어 자신의 생각은 생략됐다.	
4	내용	거창한 말(형용사/부사 등의 수식어구)이 대부분이다.	
5	내용	지원동기/포부의 경우, 회사명을 바꾸어도 어색하지 않다.	
6	내용	회사나 산업에 대한 관심이 매우 평범하다.	
7	내용	회사에서 필요한 역량이 아닌 것을 어필하고 있다.	
8	형식	문어체와 구어체를 구분하지 못했다.	

	항목	내용	체크
9	내용	문장의 길이가 2줄 이상 넘어가는 것이 2개 이상 된다.	
10	내용	문단의 구분이 없다.	
11	내용	담당자 입장이 아닌 작성하는 나의 입장에서 작성됐다.	
12	형식	구체적 근거보다는 시간 순서와 상황 설명이 많다.	

결과

1~3개 자소서를 조금만 더 공들여 보세요. 서류통과율이 높아지고 합격의 기회가 더 많아질 겁니다!

4~7개 아직 자소서가 알쏭달쏭한 시기입니다. 경험의 재정리나 문항분석에 대해 조금 더 생각해 봅시다!

7개 이상 필기 공부할 때가 아니다. 소재 정리부터 다시 재정비해야 할 단계입니다.

내용

직무역량(Point) + 해당 조직이해(Customized) + 설득력(Benefit)

작성방법

(1) 제시된 문항이 직무역량을 묻는 것인지 회사에 대한 이해를 보는 것인지 문항을 분석

❶ 문제 = 해답

문제를 알아야 답을 낼 수가 있다. 우리가 어릴 때부터 많이 듣는 말, 바로 문제를 잘 읽으면 문제에 답이 있다는 말이다. 자소서 역시 여기서 벗어나지 않는다. 문항에서 묻고자 하는 것이 직무기술서를 바탕으로 작성해야 하는지 회사 관련 조사를 한 후 써야 하는지를 결정하자.

❷ 전체 문항을 보고 자신의 소재를 배치할 것

전체 문항을 분석했다면 사람마다 다르게 갖고 있는 경험을 이에 맞게 배치해야 한다. 앞서 언급했듯이 동일한 경험으로 두 문항 이상 채우는 것은 안 된다. 평면적인 문서 속에서도 입체적인 인물, 직무 관련 노력을 열심히 해 온 사람임을 입증하기 위한 전략이다.

(2) 경험이란? 나열이 아닌 깨달음
❶ 직무표 확인 후 [필요기술], [필요지식] 중 몇 가지 키워드로 주제를 선정한다.
❷ 실패를 통한 성장 스토리도 의미가 있다. 과정보다는 그 결과를 통한 나의 생각 변화에 대해 적어 보자.

(3) 직무역량, 직무연관성은 멀리 있지 않다
직무역량이나 경험이 없다고 해서 포기해서는 안 된다. 다음 예시를 보고 해당 직무에 맞는 내용이 있다면 이에 대한 경험을 가감 없이 적어 보자.

> - **사무행정직**
>   (동아리/모임 등) 총무, 학회 홍보, 발표수업 시 기획서 작성 등
> - **기술직**
>   프로젝트, 실험, 공모전 참가, 안전관련 교육 이수 등

(4) 지원 기업/조직에 대한 차별화된 조사

❶ 조직의 사업을 이해하자

홈페이지에 들어가면 공사나 공기업은 해당 기관의 주요사업이나 주요목표가 있다. 이를 정확히 파악하고 이에 대한 내용을 바탕으로 포부를 작성해야 한다.

❷ 타깃 고려한 단어 선택 = 전문지를 찾아보자

그들이 익숙한 단어로 나의 관심도를 어필하자. 나를 채용하는 담당자는 임직원이거나 관련 업무를 이양 받은 외부업체일 것이다. 어떤 상황에서도 그들의 시야는 해당 조직의 사업 관련 산업군에 있다. 그 흐름을 볼 수 있는 것이 바로 전문기사를 다룬 신문이다.

금융공기업은 금융이나 경제신문, 한국전력 등의 에너지 공기업은 에너지 신문이나 국토일보 등을 보며 그 안에서 해당 기업의 기사를 찾아 읽어 보자.

지원동기나 포부는 자신의 꿈을 나열하는 것보다는 그들이 관심 있어 할 단어를 포함하여 작성해야 좋은 점수를 받을 수 있다.

❸ 신년사를 참조하자

신년사의 대상은 누구일까? 그렇다. 조직의 임직원이다. 새해가 되면 임직원들에게 지난해 노고를 치하하고 올해도 잘해 보자는 동기부여와 경영목표를 담은 메시지를 전달하게 된다. 즉 여러분을 채용하는 자소서 검토자, 면접 채용관과 올해에 주로 사용한 단어가 여기에 있는 것이다. 신년사는 특히 포부를 작성할 때에 도움을 받을 수 있다.

형식

> 간결한(Simple) + 읽기 좋은(Read-friendly) + 설득력 있는

작성방법

(1) 과유불급! 하나의 항목에 하나의 키워드만 넣자
❶ 구체적인 단어로 구성된 한 줄의 문장
❷ 반복되는 단어가 너무 많지 않은지 체크
❸ 문단을 적절한 곳에서 나누었는가

(2) 인사담당자가 관심 있을 내용을 담자
❶ 회사가 필요한 사람임을 어필
❷ 첫 문장이 매력적인가

07 STEP 6
제목 구성하기

　500자 이상의 항목은 제목을 넣는 것이 좋다. 일종의 핵심 어구를 드러내어 채용 담당자의 관심을 끌게 하는 역할을 하는 것이다.
　제목은 꺽은 괄호[ ]로 구분을 짓는 것이 좋고 내용의 구성을 다음의 몇 가지 포인트를 보며 참고해 보자.

● **제목만 봐도 무슨 질문인지 알 수 있도록**

좋은 예	A [경영의 언어, 재무제표를 읽는 힘] B [웹서버, 앱개발로 다진 ICT기술의 기초 체력] C [생선장사, 도전정신의 원동력이 되다] D [국선변호를 하며 한국은행의 입행을 꿈꾸다]
나쁜 예	E [태산이 높다한들 하늘아래 뫼이로다] F [Adventures]

　제목에는 반드시 명동수(명사-동사-수사) 중 몇 가지 단어가 들어가야 한다. 제목을 함축적이고 호기심을 끄는 거창한 단어로 할 필요는 없다. **A**와 **B**의 경우 직무에 대해 어떠한 역량을 길러왔는지, 경쟁력은 무엇인지에 대한 문항에 활용할 수 있다.

• **기업은행**

> [직무역량] 본인이 지원한 분야(금융영업 또는 디지털)에서 필요한 역량(2개 이상)들은 무엇이고, 그 중 본인이 가지고 있는 경쟁력은 무엇인지 설명해 주십시오.

• **한국가스공사**

> 6. 기술능력
> 과거의 교육과정이나 경력들을 통해 습득한 전공 지식·기술 및 경험들이 지원 분야의 업무와 어떠한 관련성을 맺고 있다고 생각합니까? 또한 그러한 지식과 경험이 실제 업무 수행에 어떠한 방식으로 도움을 줄 수 있는지 구체적으로 기술하여 주십시오.

위의 기업은행과 한국가스공사의 항목에는 모두 다른 단어로 표현되었지만, 결국 묻고 싶은 것은 지원자의 직무역량이다. 이 항목이 끝나자마자 핵심 어구가 제목으로 바로 드러나는 것이야말로 '아, 이 지원자는 일을 시켜도 이렇게 딱 핵심을 짚어내겠구나', '내가 궁금한 것을 정확히 잘 알아들을 수 있는 준비가 된 지원자구나'라는 인상을 받게 된다. 이는 서류합격은 물론 면접에 갔을 때에도 좋은 인상을 줄 수 있게 된다.

그럼 **C** [생선장사, 도전정신의 원동력이 되다]라는 제목의 항목은 무엇을 물어보는 것이었을까?

• 한국전력공사

> 한국전력공사의 4가지 인재상(통섭형 인재, 기업가형 인재, 가치창조형 인재, 도전적 인재) 중 본인과 가장 부합된다고 생각하는 인재상을 두 가지 선택하여 그렇게 생각하는 이유를 본인의 교육, 경험, 경력사항 등 구체적인 사례를 들어 기술하여 주십시오.

지원동기나 포부보다는 아마도 자신의 강점, 어려운 일을 극복해 본 경험 등의 항목일 것이라는 유추가 된다. 이렇게 제목만 보고 질문을 알아낼 수 있다는 것은 그만큼 내용이 직관적이고 의미가 있다는 것이다.

D는 어떠한가? [국선변호를 하며 한국은행의 입행을 꿈꾸다]는 실제 사시를 패스하고 사법연수원에서 좋은 성적을 낸 후 전문직으로 금융공기업을 가고자 했던 학생이었다. 사법연수원에서 국선변호를 한 것이 다른 지원자도 모두 할 법한 경험이라 고사성어나 명언을 적고자 했었다.

하지만 모든 일은 Back To The Basic, 가장 기본적인 것부터 하는 것이 중요하다. 경영학과 학생들이 배우는 과목이고 전기공학과 나온 학생 중에 기사 자격증 없는 사람이 없으니 그 부분은 중복될 것 같아 간과하는 경우가 정말 많다. 채용 과정에서 원하는 것은 기본적인 직무 역량, 너무 흔하다 생각할 수 있지만 기초체력이 튼튼한 사람이 필요한 것이다.

이에 반해 E와 F는 과연 어떤 항목에 쓰인 제목인지 유추가 가능한

가? 두 타이틀 모두 좋은 문장이자 단어이긴 하지만 타 지원자에 비해 자신의 특장점을 드러내는 명동수가 없다는 것이 맹점이다.

실제로 [Adventures]를 적어온 학생은 한국무역협회(KITA)를 지원하는 학생으로 3행시를 짓듯 각 이니셜에 영어 단어를 붙여 좋은 아이디어라며 뽐내었다. 그 프레임은 좋으나 우리는 3행시 공모전에 맞는 사람을 뽑는 것이 아니라 '업무'를 할 줄 아는 사람이 필요하다. 만약 [Adventures]를 쓰고 싶었다면 차라리 [Adventures—무역 판로개척을 위한 새로운 시도] 등의 부연 설명이 오히려 의미가 있을 것이다.

제목은 짧아야 한다는 고정관념에서 벗어나자. 한 줄 이상이 넘어가지만 않으면 큰 상관은 없다.

● 읽어 보고 싶은 궁금증을 일으키도록

좋은 예	A [블록체인 기반의 전기세 자동납부 시스템] B [기계 제작 실습으로 익힌 기계설비 알고리즘의 이해] C [7배의 성과를 거둔 2017년] D [인천부터 부산까지 바람막이가 되다]
나쁜 예	E [Generalist] F [글로벌 소통능력과 국제적 감각]

A와 B의 경우 모두 지원자가 학부시절 했던 과제명을 참고하여 만든 제목이다. 모두 직무와 관련한 역량을 드러내기 좋은 제목이며 다음과 같은 항목에 적으면 된다.

- **한국지역난방공사**

> 최근 5년 이내, 지원한 직무와 관련된 내용에 한하여 본인의 강점을 만들기 위해 노력한 경험을, 당시의 상황, 과정, 결과로 구분하여 구체적으로 기술해 주시기 바랍니다.

- **인천국제공항공사**

> 본인의 장점에 대해 기술하고 그 장점을 발휘하여 성공적으로 일을 처리한 경험, 또는 새로운 문제에 대해 기존에 없던 혹은 이전과 다른 방식으로 문제를 해결했던 경험을 구체적인 사례로 기술해 주시고, 이러한 경험이 우리 공사에 어떠한 기여를 할 수 있을지에 대해 기술해 주십시오.

한국지역난방공사와 인천국제공항공사 항목의 경우 많은 지원자들이 '본인의 강점'을 '성실함'이나 '열정' 등으로 적는 경우가 정말 많다. 성실함과 열정이 결코 나쁜 강점은 아니지만 지원한 직무를 이해했다고 볼 수 있는 부분이 전혀 없는 강점이다.

그래서 앞의 A, B 제목과 같이 제목만 보아도 직무가 IT인지, 기계 관련 인지를 알게 하는 것이 중요하다. 소재를 선정할 때부터 제목을 추려낼 때까지 이 부분을 잊지 말아야 한다.

C와 D는 숫자나 지명을 활용한 예시이다. 두 가지 내용을 모두 읽어 보면 사실 동아리에서 동아리 회원을 모았다거나 국토대장정 등에서 다른 친구들을 위해 희생을 했다는 내용이 나온다. 하지만 이렇게 뻔한 단어를 쓰는 것보다는 명동수의 수, 수사인 숫자를 활용하면 인사담당자 입장에서 한 번 읽어 보고 싶게 된다.

공사와 공공기관이 공무원과 같이 일률적인 업무를 하긴 하지만 모든 조직은 성과를 만들어야 하는 미션이 있다. 성과 및 인사평가 등에 익숙해져 있는 사람들 입장에서 이러한 숫자로 표현된 제목은 관심을 끌기 매우 좋은 포인트가 된다.

D 역시 명동수의 명사, 지역명을 드러내어 얼마나 오랫동안 먼 거리를 거쳐 업무를 했는지 드러내는 좋은 도구가 된다. 블라인드 채용이라고 해서 자신이 국토대장정을 했거나 봉사활동을 했던 지역을 감추어야 하는 것은 아니다. 블라인드는 자신의 출신 지역만 나오지 않으면 된다.

• **한국중부발전**

> 지원자 본인이 불확실한 결과를 두려워하지 않고 열정적으로 노력하는 사람임을 가장 잘 나타내는 최근 5년 이내의 사례를 기술해 주시기 바랍니다.

• 국민연금공단

> 공단의 5가지 핵심가치(신뢰 책임 공유 공정 열정)중 한 가지를 골라 이와 연관된 본인의 경험과 활동 및 노력에 대해 구체적인 사례를 들어 기술하여 주시기 바랍니다.

C와 D는 한국중부발전과 국민연금공단의 항목에 활용할 수 있다. 물론 전체 항목 중 직무역량과 관련한 내용을 먼저 배치한 후 이러한 동아리, 봉사활동은 보조적 역할을 하는 항목에 넣기를 추천한다.

그럼 E와 F는 어떨까? 두 개 모두 매우 좋은 단어이다. 하지만 많은 지원자의 자소서에 중복되어 나오는 단어이다. 100개의 자소서 중 7~80개 정도에 '소통', '글로벌 경쟁력', '국제적 감각' 등 해외 생활이나 교환학생을 하며 겪은 이야기가 단골소재로 나온다. 물론 이런 역량이 필요한 직무도 있겠으나 차라리 [중국 본과 학생과 함께한 발표회 사회자] 등으로 실제 활동했던 내용이 직관적으로 들어가는 것이 좋다.

제목을 정하는 것은 어렵다.

며칠 동안 자신의 자소서를 쓰다 보면 그 얘기가 그 얘기인 것 같고 참신한 제목은 떠오르지 않으며 자신감은 떨어지는 악순환을 거칠 수도 있다. 누구나 겪는 과정이다. 이때에 포기하는 사람은 뻔한 자소서에 머물러 서류합격이나 최종합격과 멀어질 가능성이 높다.

반면에 이 과정에서 좀 더 성의를 기울여 끝까지 고민을 하는 사람은 서류합격은 물론이고 최종면접에서도 의미 있는 질문을 받을 수 있다.

만약 제목을 정하는 것이 어렵다면 이 항목에서 주체와 객체는 무엇인지, 결과는 무엇인지 명동수(명사/동사/수사)로 정리해 본 후 한 문장으로 엮어 보는 과정을 시도해 보자.

08 STEP 7
글자 수 조절하기

   각 회사 및 항목마다 글자 수를 맞추는 것에 시간을 많이 할애해서는 안 된다. 내용의 구성이나 작성에 시간을 들이고 글자 수는 맨 마지막에 형식을 맞추는 형태로 빠르게 작성해야 한다. 글자 수를 맞추는 것이 어렵다고 느끼는 이유는 '내용을 줄여야 한다'라고 생각하기 때문이다.
   이는 잘못된 생각이다. 내용을 줄이는 것은 처음부터 구성이나 개요를 다시 짜는 것이다. 그렇게 접근하면 자소서를 작성하는 데에 시간이 너무 많이 든다.

   자소서는 처음 잘 쓰인 자소서를 최대한 활용하며 그 후에 작성하는 자소서에는 시간을 최소한으로 투자해야 한다. 공기업 합격은 필기시험에 시간이 많이 소요된다. 단, 자소서가 통과되지 않는 상황이라면 체크리스트를 통해 나의 문제가 무엇인지 체크하고 일단은 자소서에 시간을 들이자. 그런 후 2~3개 정도의 회사에서 서류합격이 되기 시작하면 그 때에는 기존의 자소서를 바탕으로 변형하면 된다.
   직무적합도를 보는 항목은 그대로 가져가고 조직이해도와 기관이해도를 보는 지원동기나 포부 등의 항목만 해당 회사에 맞게 별도로 작성하면 되는 것이다.

그럼 글자 수를 줄이기 위해 어떻게 해야 하는지 줄여야 하는 글자 수를 기준으로 가이드라인을 참고해 보자.

- **300자 이상 줄여야 한다면?**
  문장을 없앤다. 특히 구체적 경험을 적은 문단 2의 문장을 없앤다.

- **100자 이상 줄여야 한다면?**
  미사여구를 지운다. 각 문장을 보며 없어도 되는 단어를 지워 본다. 단어를 지운 후 말이 되는지 한 번 더 읽어 본다.

- **100자 이내가 조정이 안 된다면?**
  조사나 부사, 접속사를 지운다.

교육사항과 자격증 기재

    첫째, 전공과목은 1학년 때 배운 것부터 적지 말자. 경영학과라면 마케팅원론, 경제학이라면 미시경제론, 전기공학과라면 전기학개론 등 전공 기초 과목을 첫 줄에 적는 경우가 많다. 하지만 기초 지식보다 3~4학년 때 배운 심화 전공과목을 먼저 적기 바란다. 경험과 경력은 최근 순으로 기재하는 것이 문서 작성의 기본이며 여러분의 서류를 검토하는 인사담당자와 면접관도 결국 첫 줄부터 눈길이 가기 때문이다. 즉 그들이 관심 있어 하는 과목부터 적으라는 것이다.

    둘째, 학점이 나쁘다고 생략할 필요는 없다. 학점이 A가 아니어서 적지 않는 학생이 있다. 학점은 학교마다 기준점이 달라 공공기관에서는 NCS라는 국가직무표준의 점수로 여러분을 측정하기에 학점이 중요한 포인트는 되지 않는다. 단 모든 과목이 C이하라면 해당 지원자의 성실성을 의심할 수 있게 되기 때문에 B이상이 좋다. 최근에는 학점을 기재하지 않고 이수 시간을 기재하게 하는 기관도 많으므로 차근차근 자신이 해 온 것들을 정리해 보자.

    직무기술서에 있는 내용과 연관성이 높은 과목부터 기재하며 학점보다는 직무기술서의 단어와 매칭율이 높은 과목을 선정하자. 만약 자신이 전공자가 아니거나 관련 교육이 부족하다고 느낀다면 구직자 내일배움카드를 발급받아 HRD.NET(https://www.hrd.go.kr) 등의 국가 공인기관에서 관련 교육을 수료하는 방안도 있다.

03
CHAPTER

면접에서
고득점 받는 비법 10

면접을 준비하는 방법은 다양하다. 전문가와 면접 연습을 하거나 학교 내에 설치된 취업 컨설팅 부서 담당자의 도움을 받는 방법, 지원자 간에 스터디 등을 하는 방법이 있다. 어떤 방법이 좋고 나쁜 것은 없다. 단, 자신의 공부 스타일이나 성격 등에 따라 가장 효율적인 방법을 찾는 것이 좋다. 결론은 면접도 준비를 해야 한다는 것이다.

면접을 '단순히 내가 아는 것만큼 말하면 되지'라고 생각한다면 굉장히 위험한 발상이다. 특히 NCS 채용 이후 공공기관의 면접은 매우 다양해졌다. 직무면접, 인성면접 등의 전통적인 면접 방식부터 발표면접, 관찰면접, 토론면접, 세일즈면접, 롤플레잉면접 등 매년 새로운 면접들이 추가되고 있다.

최근 4차 산업혁명 시대에 맞추어 빅데이터를 활용한 AI 면접이 대두되면서 지원자들의 불안감과 부담감이 늘어나고 있다. 하지만 기업 입장에서도 최대한 적합한 인재를 찾기 위해 다른 기관과 비교하여 차별화된 방식을 도입하는 것은 당연한 일이며 혁신적인 경영전략을 위한 방안이기 때문이다. 이에 맞추어 우리 지원자들은 서류전형, 어려운 필기시험을 거쳐 면접의 기회까지 갖게 되었다면 철저한 준비로 자신에게 온 기회를 잡아야 한다. 천신만고 끝에 얻은 기회를 최대한 살려 합격을 거머쥘 수 있도록 해야 한다.

01 면접은 시험, 시험은 준비가 필수다

> 1년 넘게 필기시험에만 몰두하다가 이렇게 면접의 기회가 오니 어디부터 준비해야 할지 모르겠더라고요.
> ―한국전력공사 전기직 지원자 L
>
> 준비한지 3개월이 채 안되었는데 면접의 기회가 주어지니 막상 피하고 싶기도 하고 과연 내가 할 수 있을까 하는 두려움이 몰려오더라고요.
> ―건강보험심사평가원 간호직 지원자 S

오랫동안 준비를 했건 짧게 준비를 했건 면접의 기회가 오면 얼떨떨하고 막연하기는 누구나 마찬가지다. 필기시험 합격 결과 통보 이후 면접까지 길게는 3주 짧게는 1~2일의 시간이 주어진다. 이제까지 평균적으로 한국전력공사, 코레일 등은 1주 이상의 준비시간을 주었고 코트라 14일, 수자원공사 10일 등 매년 조금씩 다르다.

명심해야 할 것은 누구에게나 주어진 시간은 동일하다는 것이다. 여러분이나 경쟁하게 되는 다른 지원자에게나 동일한 시간이 주어진다. 아무리 면접을 본 경험이 있고 최종면접까지 치른 적이 있는 경쟁자라도 결국 본 게임까지 주어진 시간은 같다고 생각해도 무방하다. **이미 면접 경험이 있다며 다 아는 것처럼 안일한 마음으로 방심하지 말고 첫 면접이라고 '난 안 될 거야'라는 마음을 가져서도 안 된다.**

면접은 준비하면 된다. 단, 준비의 방향이 '말하기에만' 집중되어 있고 내용의 충실도가 떨어지면 합격은 어렵다.

면접은 첫째, 자기소개, 지원 동기 등 기본적인 답변을 철저하게 준비해야 한다. 둘째, 각 기관에서 공지된 전형에 맞추어 전략적, 집중적으로 준비하는 것이 중요하다.

> 선생님! 저는 말하는 것은 정말 자신 있어요. 고객 응대 알바도 많이 해 봤고 어른들도 저를 무척 좋아하세요. 그리고 사실 아버지 소개로 현직자분도 주말에 만나고 와서 대화를 나누었는데 저 정말 잘한다고 하시더라고요. 물론 현재 그 회사에서 중요하게 생각하는 것도 많이 들어서 완벽하게 준비가 됐어요.
>
> —2019년 하반기 한전계열사 지원자 K

자신만만해 하던 한전계열사에 지원한 학생은 제대로 준비하지 않고 들떠 있다가 결국 1년의 노력이 수포로 돌아가는 것을 본 적이 있다.

공공기관의 면접은 NCS 도입 이후 방향성을 갖게 되었다. 면접 당일 배정된 심사위원 성향, 해당 기관의 성격에 따라 들쭉날쭉해서 마치 복불복과 같았던 지난날의 면접과는 확실히 달라졌다. 물론 사람이 하는 일이므로 면접관이나 면접자의 컨디션에 영향을 받는 것을 부정할 수는 없다.

하지만 NCS 면접의 포인트나 발표면접이나 상황면접 등 각 기관이 추구하는 면접의 의도를 파악해서 준비한다면 누구나 면접에서 합격을 맞이할 수 있을 것이다. 단, 철저한 준비와 집중력과 긴장감을 갖고 겸손한 태도를 잃지 않는 것은 가장 기본이자 최종합격을 가르는 중요한 부분이다.

본 챕터에서는 면접을 위한 기본적인 답변 구성과 공공기관에서 공통적으로 많이 시행되는 전형 그리고 지원자들이 공통적으로 어려워하는 부분들을 기출문제와 함께 살펴보고자 한다.

02 면접 준비 과정

　면접은 말 잘하기 대회에 출전하는 것이 아니다. 면접을 통해 의사소통이 잘 되는 우리 회사의 직원을 뽑고 싶은 기업의 채용 과정이다. 소위 말해 말귀를 잘 알아듣는 사람을 추려 내는 과정이다.

> **면접**
> ⇨ 말 잘하는 사람을 뽑는 과정(×)
> ⇨ 일 잘하는 사람을 뽑는 과정(O)

> 일을 잘한다는 것은 의사소통이 잘 되는 사람이다.
> 의사소통이 잘되려면 직무에 적합한 역량과 해당 조직(공사)에 대한 지식과 이해도를 가지고 있어야 한다.

　기본적으로 면접을 준비하는 과정을 몇 가지 단계로 나누어 보면 다음과 같다.

1단계 직무기술서를 준비한다.
2단계 직무와 회사(해당 조직)에 대한 공부를 한다.
3단계 1~2단계를 바탕으로 '기본답변'을 만든다.
4단계 '기본답변'을 암기한다.
5단계 제출한 서류(자기소개서, 교육사항)를 다시 읽어 본다.
6단계 기출문제를 기준으로 모의면접 연습을 한다.
7단계 녹음된 오디오, 녹화된 비디오를 보며 목소리의 크기와 외모 등을 점검한다.

기본답변이란

자기소개, 강점, 약점, 지원동기, 팀워크 발휘 경험, 인상 깊은 책, 포부 등 자신의 경험과 생각을 드러낼 수 있는 필수 내용이다. 발표면접, 상황면접, 토론면접 등의 구조화면접의 경우에도 기본적으로 자기소개 등의 자신의 경험을 정리한 답변을 준비해야 한다.

3단계 기본답변을 만드는 것이 가장 많은 시간이 소요되며 6단계 를 반복적으로 연습하는 것이 많은 도움이 된다. 시간이 없다는 이유로 3~4단계 를 준비하지 않고 6~7단계 만 반복하면 실전면접에서 어느 정도 말은 할 수 있으나 고득점을 받을 수 있는 확률은 매우 낮다.

면접은 필기시험과 다르게 배수가 매우 적다. 필기시험은 3배수에서 100배수까지 매우 많은 인원을 뽑으므로 일정 범위 안에 들면 되는 경우가 많다.

하지만 면접은 2배수에서 10배수 정도, 서울대병원의 경우는 1차에서 30배수를 뽑기는 했지만 2차 면접에서는 2배수로 확 줄였다. 그래서 면접은 상위권을 차지하는 것이 매우 중요하다. 심지어 필기점수가 반영되는 채용의 경우 필기점수가 낮았지만 면접으로 역전하는 지원자들도 꽤 많이 보았다.

직무와 관련한 질문에 직무강점, 직무관련경험, 직무관심도를 보이면 된다. 조금 버벅거리거나 생각하는 시간으로 인해 침묵이 잠시 흐른다 하여도 답변에 직무기술서를 바탕으로 한 단어들이 빈출되어 직무연관성이 높은 내용이면 높은 점수를 받을 수 있다. 조직생활, 해당조직의 주요사업, 공공기관의 특성에 관한 질문에 알맞은 답변을 해야 합격할 수 있다. 단순히 기계처럼 말의 분량만 많다고 해서 절대 합격하는 것이 아니다.

주의해야 할 점은 앞서 이야기한 면접 단계에서 **7단계**부터 하는 것은 절대 안 된다는 것이다. 정제되지 않은 자신의 모습을 처음부터 모니터링하게 되면 긴장한 자신을 더욱 위축하게 만들어 긴장감만 높이고 제대로 된 답변은 하지 못하는 자충수에 빠지게 된다.

만약 자신이 말주변이 없고 남 앞에서 긴장을 많이 하는 사람이라면 가장 빠르게 개선할 수 있는 방식이 바로 '자신의 자기소개서를 큰 소리로 읽기'다. 누구나 자신이 원하는 것을 얻고자 하는 자리에 가면 긴장되고 떨릴 수밖에 없다. 사람마다 그 강도는 다르지만 면접과 같은 일종의 시험에서는 오히려 약간의 긴장감은 약이 될 수 있으니 긴장감 자체를 두려워하지 말고 할 수 있는 것들을 준비하자.

● **말하기 긴장도가 높은 지원자의 준비사항**

❶ 면접관은 자신보다 전문가이다.
⇨ 자신감 장착

❷ 약 3~5m 앞의 사람에게 들릴 수 있는 음량으로 말한다.
⇨ 큰 소리

❸ 10분 동안 신문기사를 읽거나 자기소개서를 읽어 본다.
⇨ 집중력 강화

❹ 스터디를 통해 낯선 사람 앞에서 말하는 연습을 한다
⇨ 긴장도 연습

❺ 녹음한 자신의 목소리를 들으며 익숙해진다.
⇨ 실전감각 익히기

면접관은 지원자보다 전문가이다. 어차피 학문이나 직무, 조직 관련 내용은 면접관이 지원자보다 많이 알고 있는 것이 당연한 이치다. '틀릴까봐 두려워서, 맞는 답변인지 확신이 없어서'라는 걱정 때문에 주춤주춤하다가 말할 기회를 잃거나 과장된 말을 하는 경우가 있다.

물론 면접 전에 직무기술서를 바탕으로 자신의 전공과 해당 기관에 대한 기본적인 지식은 충분히 숙지해야 한다. 단, 지원자 입장에서 어차피 면접관이 나보다는 경험도 많고 인생의 선배라는 것을 이해하고 아는 만큼 대답하면 되는 것이다.

하지만 예외가 있다. 지원자의 경험을 담은 답변일 경우 스마트하게 대답해야 한다. 이제까지의 자신의 경험은 지원자 자신만 알고 있다. 면접관은 다양한 경험을 한 사람을 뽑고자 하는 것이 아니라 경험을

통해 어떠한 성장을 이뤄온 사람인지를 확인하고 싶을 뿐이다.

더불어 자기 자신의 경험도 제대로 말하지 못하는 사람에게 어떻게 회사의 예산을 맡기고 국민의 안전을 책임지는 중차대한 업무를 맡길 수 있겠는가? 자기소개, 업무강점, 어려움을 극복한 경험, 팀워크를 발휘한 경험 등의 기본답변을 경험 중심으로 탄탄하게 준비해야 하는 이유가 바로 이것이다.

3~5m 앞의 사람에게 들릴 수 있는 만큼의 소리를 내는 것, 긴장도가 높을 때에 가장 중요한 부분이다. 면접을 한 번이라도 본 사람들은 알겠지만 면접관은 나와 약간의 거리감을 두고 앉아 있다. 경력직이나 외국계의 경우 채용인원이 적고 개별 인터뷰로 심층적인 업무사항을 확인하므로 가까운 거리에서 할 수 있지만 신입공채의 경우는 다르다.

1 대 다(多), 다 대 다 등 모두 면접관이 채점하고 있는 사항과 준비된 서류 등이 지원자에게 보여서는 안 되므로 거리를 두는 것이다. 그런데 많은 지원자들이 너무 떨린 나머지, 틀린 답변을 하거나 실수를 하지는 않을까 하는 노파심과 떨리는 목소리에 오히려 더욱 긴장하기에 작은 목소리로 말하거나 점점 작은 목소리를 내게 된다. 시쳇말로 '기어들어 가는' 목소리로 답변을 하는 것이다.

하지만 목소리가 작으면 안 들리고, 안 들리면 점수를 줄 수가 없다. '목소리가 작으면 크게 하라고 말씀하시겠지'라고 생각했다면 단단한 착각이다. 자격증 시험에서 OMR 카드에 체크를 하지 않았다고 그 한 명에게 얼른 하라고 속삭이는 것은 일종의 부정행위로 간주될 수 있다. 정답을 OMR 카드에 옮기는 것까지가 시험에 포함된 일련의 과정이기 때문이다.

산 정상에서 소리를 지르듯 큰 소리를 내라는 것이 아니라 공간의 상황을 인지하고 상대방이 들릴 수 있도록 노력해야 한다는 것이다.

스터디를 할 수 있다면 낯선 사람들과 함께 2~3번의 실전연습으로 누군가 앞에서 말하는 연습을 하자. 특히 자신이 혼자 고민하고 연습하는 사람이라면 스터디를 구하고 약속을 정하는 과정의 에너지를 소모할 필요는 없다. 단 자신이 사람들 앞에서 말을 많이 해 본 경험이 없다면, 스터디가 집중적으로 연습하는 데에는 도움이 될 것이다.

반드시 기억해야 할 것은 스터디 내 구성원들 사이의 피드백에 크게 좌지우지되지 말자는 점이다. 어차피 신입사원 수준의 답변이고 피드백일 뿐이다. 우리의 타깃은 10년차 이상의 전문가이자 나보다 10살 이상 많은 사람일 확률이 높다. 그들의 눈높이와 원하는 포인트는 신입사원이 되기도 전인 스터디 구성원들의 의견과는 다를 수 있다. 스터디원의 의견을 참고하는 정도는 괜찮지만 자신의 기준과 소신이 흔들려서는 안 된다.

떨리는 마음은 아무것도 해결해 줄 수 없다. 걱정은 그 어떤 해답도 될 수 없다. 지금 할 수 있는 것을 하는 것, 지금 바꿀 수 있는 것을 연습하는 것이 모든 지원자들에게 동일하게 주어진 면접까지의 시간을 잘 활용하는 방안이다. 정답은 없지만 해답은 있는 면접에 대한 전략을 구체적으로 살펴보자.

03 면접을 좌우하는 1분 자기소개 & 지원동기

어떤 면접이든 기본답변은 자신의 최고 자산이자 무기가 된다. 무조건 준비하는 것이 맞다. 구조화된 면접만 준비하다가 자신의 경험과 의견을 묻는 기초적인 질문에 말문이 막혀 아쉽게 탈락하는 학생들을 꽤 많이 보았다.

예를 들어 발표면접 전형이라는 안내를 보고 '발표만' 준비를 하게 되면 발표 후 질의응답을 적절히 대처할 수 없다. 발표면접, PT면접을 마친 후 진행되는 질의응답은 대개 [직무적합도]와 [조직이해도]를 벗어나는 질문이다.

특히 발표와 관련한 지식의 타당성과 논리성, 해결방안의 실현가능성을 묻는 경우도 있지만 이런 종류의 질문은 모르거나 확신이 서지 않으면 현재 상황에서 아는 만큼 말하고 '기회를 준다면 조금 더 공부해서 진행해 보고 싶다'라고 말하면 된다.

하지만 '발표에서 말한 전략을 실행할 수 있는 준비를 해 왔는가?'라는 종류의 [직무적합도] 질문은 기본답변에서 준비한 자기소개나 강점을 활용하면 얼마든지 자신 있고 설득력 있게 답변할 수 있다.

기본답변은
① 자기소개(직무 강점 포함)
② 지원동기(회사 관심도 포함)
③ 업무 강점 or 성격 장점(직무 중심으로)
④ 업무 약점(어려운 일을 극복한 경험, 인생에서 가장 힘들었던 경험)
⑤ 입사 후 포부
⑥ 인상 깊게 읽은 책
⑦ 학교생활 중 즐거웠던 일(팀워크 중심으로)
⑧ 마지막 한마디

● **자기소개**

1분 자기소개는 면접을 준비하기 위한 가장 기본 단계이다. '자기소개를 시키지 않는다고 하던데'라며 기출이나 후기만 보고 자기소개는 준비하지 않고 기발한 아이디어를 필요로 하는 문제에만 매달리면 결국 가장 기본적이고 중요한 것을 놓치게 된다.

만약 자기소개를 시키지 않는 회사라고 후기에 정평이 나 있다고 하더라도 [직무적합도] 질문에 얼마든지 활용할 수 있는 것이 바로 '직무 중심의 자기소개'이기 때문에 반드시 준비해야 한다.

그럼 어떻게 준비해야 할까?
첫째, 1분 자기소개와 지원동기를 구분하자.

- 자기소개 - 직무에 맞추어
- 지원동기 - 회사/기관에 맞추어

두 가지를 분리해서 준비한다면 활용할 수 있는 범위가 넓다. 물론 지원동기를 담은 자기소개를 하라고 요구하는 경우도 있지만 일단 자기소개와 지원동기를 명확히 정리해 두면 충분히 응용할 수 있다.

자기소개는 반드시 직무에 맞춰야 한다

NCS 블라인드 채용에서는 제한된 면접 시간 동안 최대한 많은 직무 적합 단어가 빈출되는 것이 좋다.

그 이유는 첫째, 면접관 입장에서 학교나 전공, 이제까지의 기본적인 배경지식을 알기가 쉽지 않으므로 구두로 이를 알려 주는 것이 좋기 때문이다. 서류전형이나 자기소개서에 상세하게 적었더라도 간단한 브리핑을 하듯 정리하는 마음으로 준비해야 한다.

둘째, 심사위원도 NCS 직무기술서 및 기관 내의 표준에 맞게 지원자를 평가해야 하기 때문이다. 두 번째 이유가 가장 중요한 부분인데, 심사위원 즉 면접관들도 대부분 면접관 교육을 받게 된다. 직무에 적합한 단어, 직무와 관련한 경험이 나오면 큰 점수를 주고 그렇지 않은 내용들이 나오면 낮은 점수를 주는 것이다.

예를 들어 코레일 운전직의 경우

> **1번 지원자**
>
> 안녕하십니까! 저는 촛불 같은 지원자 김철도입니다.
> 촛불처럼 저를 태우는 마음으로 희생정신을 발휘하여 코레일의 철도 서비스를 고객에게 제공할 각오가 되어 있기 때문입니다. 촛불은 자신을 태움으로써 빛을 내고 주변을 따뜻하게 합니다. 저도 항상 성실하고 열정적인 모습으로 촛불처럼 대한민국의 철도의 미래를 밝히겠습니다.
> 저는 학과의 과대표로 리더십을 발휘하며 학우들을 위해 항상 열심히 일했습니다. 앞으로도 뽑아만 주신다면 코레일의 운전직으로 최선을 다하겠습니다. 감사합니다.

> **2번 지원자**
>
> 안녕하십니까! 지원자 이기차입니다. 저는 저를 두 가지로 소개드리겠습니다.
> 첫째, 철도운전과 기지 내 차량운전을 위한 기본기를 쌓았습니다. 철도 차량 기능 및 운전에 대한 지식을 공부했고 기동/제동/운전보안장치와 차량의 속도 및 고장 조치 방법을 실습을 통해 훈련해 왔습니다.
> 둘째, 규정과 매뉴얼을 준수하는 태도를 길렀습니다. 군에서 운전병으로 근무하며 규정에 맞게 정확한 업무를 수행하는 것이 다른 동료 및 관계자와 업무를 할 때에 안전상 얼마나 중요한지 배웠습니다.
> 앞으로 이 두 가지 역량을 바탕으로 코레일 운전직으로서 안전 운행하겠습니다. 감사합니다.

두 지원자 모두 이렇게 자기소개를 준비했다면 좋은 점수를 받았을 것이다. 만약 이 자기소개로 스터디를 했다면 모두 잘했다는 피드백을 받았을 것이다. 그 이유는 둘 모두 내용이 무난하고 분량도 적절하다고 생각했기 때문이다. 그렇다면 면접관 입장에서 높은 점수를 주기 더욱 유리한 답변을 한 사람은 누구일까? 바로 2번 지원자 이기차이다. 그 이유는 직무기술서에 있는 단어가 많이 빈출되었기 때문이다.

필요지식	철도운전	철도 운행과 관련된 각종 법규/지침/규정에 대한 이해, 기동/제동/운전보안장치 등 철도 차량 기능 및 운전에 대한 지식, 차종별 기능 및 장치에 대한 이해, 객×화차 종류/속도/고장조치 방법 등 열차 관련 기초 지식, 열차안전운행을 위한 운행 신호 및 선로 확인과 관련된 기초지식, 열차 장애 및 사고 발생 시 비상조치 요령과 절차에 대한 이해 등
	기지 내 차량운전	철도안전법 및 구내 운전 작업 내규에 대한 이해, 구내 신호 및 선로 확인 관련 기초지식, 차종별 운전실 기기 사용/차량 기동/차량 유치 관련 지식, 기지 내 사고 발생 시 조치 요령과 절차에 대한 이해 등
필요기술	철도운전	컴퓨터 활용능력, 출무 및 열차운행 전 기능 점검과 같은 열차 운행 준비 기술, 차종별 장치 및 작동 기기 조작 기술, 운행 구간별 폐색 방식, 신호현시방식 및 무선전화기 사용, 정거장 내 선로배선, 본선 구조에 따른 제한 속도, 열차방호장치 조작 및 운전보안장치 취급 등 사고 대응에 필요한 기기 조작 등
	기지 내 차량운전	출근부 기록 및 열차운행정보시스템 활용 등 출무 및 작업 준비 실행 기술, 기지 내 차량운전 제한속도 조사 능력, 구내/전차 선로 확인 및 입환신호기 모양 및 색 분석 등 구내 안전 운행 실행 기술, 동력차 운전 취급 기술, 사고 장애 시 조치 및 취급 능력 등

직무수행 태도	규정, 매뉴얼 및 안전수칙 준수, 정확한 업무 수행 및 판단 지향, 고객 만족 및 안전운행에 대한 책임감 있는 태도, 관계자 및 동료에 대한 협력적 태도, 주의 깊은 경청 태도, 문제발생 시 주도적 태도 등

출처 : 직무소개서(한국철도공사 운전직 중)

여러분이 면접관이라면 1번 지원자 와 2번 지원자 중 누가 조금 더 '직무'에 '적합'한 사람이라는 생각이 들까? 물론 희생정신, 리더십, 열정 등의 역량도 공공기관에서 근무할 때에 중요한 부분이다. 공공기관뿐 아니라 학교든 회사든 친구 관계에서든 이와 같은 능력은 필수적이다.

하지만 코레일 운전직에 딱 적합한 사람이냐 라는 기준을 들이댄다면 반드시 그렇다고는 볼 수 없다. 오히려 2번 지원자 가 준비한 내용이 점수를 받을 수 있다.

직무기술서는 자기소개 및 면접 답변을 위한 답안지라고 생각하자. 직무를 경험해 본 사람이 아닌 이상 해당 기관의 직무가 무엇인지 알기 어렵다. 특히 여러분이 경쟁자라고 생각하는 다른 지원자들의 정보 취합 수준도 결국 한계가 생길 수밖에 없다.

NCS 채용 후 공공기관 면접 시 가장 기본적이면서도 중요한 정보는 바로 직무기술서에 담겨 있다. 특히 '자기소개'는 결국 '직무적합도'를 평가하는 요소가 된다.

자기소개를 직무에 맞추면 다양한 질문에 대처할 수 있다

자기소개를 시키지 않는 기관도 많다. 그러다 보니 많은 지원자들이 작년 기출과 후기를 보며 자기소개는 시키지 않으니 준비하지 않아도 되겠다고 생각하는 경우가 있다.

자기소개를 정말 소개팅 나가서 하는 소개처럼, 아이돌이 하는 기발한 소개처럼 생각하다 보니 자기소개는 필요 없다고 생각하는 것이다. 하지만 자기소개를 직무에 맞추어 준비를 하면 활용할 수 있는 범위가 정말 많다.

> Q1 ○번 지원자는 이 직무를 위해 어떠한 준비를 해 오셨나요?
> Q2 공통질문으로 지원한 직무에 자신이 적합하다고 생각하는 이유를 답변해 주시기 바랍니다.
> Q3 지원한 직무는 앞으로 어떤 일을 하게 될 것이고 자신은 이 직무를 잘 할 수 있는 사람이라고 생각합니까?

위의 질문들이 모두 다른 질문이라 생각하는가? 절대 그렇지 않다.

위의 질문들은 [직무적합도]를 체크하는 질문이다. 즉, 직무기술서에 있는 [필요지식] 및 [기술의 단어]들이 직관적으로 나오면 좋은 점수를 받을 수 있는 것이다.

만약 여러분이 자기소개를 직무에 맞추어 준비를 했다면 위의 세 가지 질문에 자기소개의 내용을 활용하면 된다.

일반적으로 위의 질문들은 같은 방향의 질문들이므로 끈질기게 같은 종류의 질문이 반복해서 나오는 경우는 드물다. 만약 자신이 위와 같은 질문을 반복적으로 받은 경험이 있다면 그것은 의도를 파악하지 못하고 추상적인 내용만 답변했을 확률이 높다.

자기소개 만드는 법

> **자기소개** **직무에 특화(직무와 관련한 전공/인턴 활동 등)**
>
> 안녕하세요. 지원자 ○번입니다. 저는 저를 두 가지로 소개드리겠습니다.
> 첫째, (직무표에 있는 필요지식/기술 or 전공 관련 이야기)
>   (구체적인 사례 한 가지 집중)
> 둘째, (인성이나 직무수행태도 관련 한 가지)
> 위의 두 가지 역량을 바탕으로 ○○○에서 열심히 하는 사원이 되겠습니다.

    분량은 워드 파일로, 글자크기 10포인트로 약 6~7줄의 분량이면 된다. 이때 소요 시간은 약 1분 정도이다. 단 두 가지로 나누는 이유는 만약 30초 이내로 짧게 자기소개를 하라고 할 때 첫째만 활용해서 자기소개를 하고 둘째는 일단 남겨두는 전략을 펼치기 위함이다.

한국철도공사 | 운전직

첨삭 1 **직무와 관련 있는 역량이 부족한 경우**

> **BAD**
>
> 안녕하십니까. 사람과 미래를 연결하는 기관사가 되고 싶은 N번 지원자 입니다.
> 한국철도는 100년이 넘는 역사를 이어오며 사람과 물자를 안전하게 전달하고 대한민국의 성장을 이끌어 왔습니다. 저도 이런 공사의 일원으로서 국가 발전에 기여하고 싶은 마음에 운전직에 지원하였습니다.
> 저는 경험으로 터득한 규칙준수성과 컴퓨터 활용능력을 강화하기 위해 전산 활용기술 자격증 등을 가지고 정확한 업무수행과 안전 운행을 통해 한국철도공사의 절대 안전과 고객만족을 실천하는 기관사가 되겠습니다.

체크 ❶ 한국철도공사에 대한 지식보다는 자신의 정보를 드러내자

: **한국철도는 100년이 넘는 역사를 이어오며(×)**

⇨ 기관에 대한 관심도와 지식을 보여 주는 것이 필요하다고 생각할 수 있다. 단, 면접관 입장에서 면접자에게 높은 점수를 주려면 무엇이 필요할까? 지원자가 어떠한 역량을 가졌는지 '자신의 정보'를 알려 주어야 한다.

특히 운전직, 기관사로서 필요한 역량이 드러나지 않은 나열식 답변이 아쉽다.

체크 ❷ 직무역량을 사소한 단어라도 넣자

: 경험으로 터득한 규칙준수성과 컴퓨터 활용능력(×)

⇨ 일반적인 역량과 직무에 적확하게 필요한 역량은 다르다. 직무 기술서에 있는 단어, 관련 직무에 필요한 역량을 정리한 후 자신이 공부한 내용 중 해당되는 것이 있다면 자기소개, 강점 등으로 구성하여 쓸모없는 소리 대신 고득점을 받을 수 있는 단어를 어필해야 한다.

BEST

안녕하십니까. 운전직 지원자 ○번입니다.
첫째, 철도차량 기능 및 운전에 대한 역량을 쌓아 왔습니다.
기계공학을 전동하여 배운 역학적 지식을 기반으로 교육 기관에서 철도 시스템을 익혔고 FTS, PTS 훈련을 통하여 신호 및 선로 확인에 관한 지식과 지적 확인, 환호 응답과 침수, 낙석, 화재 발생 시 조치들을 반복하여 몸이 먼저 반응하게끔 연습해 왔습니다.
둘째, 책임감 있는 운영과 준법정신을 익혔습니다.
의무경찰 시절 버스 운전병이었습니다. 항상 많은 대원들과 움직여야 해서 부담감이 컸지만 지도와 거리뷰를 보며 미리 시뮬레이션을 많이 했고 매뉴얼과 규칙을 준수하는 태도도 길렀습니다. 앞으로 저의 두 가지 역량을 바탕으로 코레일의 꼭 필요한 기관사가 되겠습니다.

한국전력공사 | 일반 행정직

첨삭 2 전달력 없는 단어와 구성

> **BAD**
>
> 안녕하십니까. '끝까지 책임지는' 지원자 ○○○입니다.
> 저는 누구보다 자신 있는 모습으로 과제를 이끌며 리더십을 길러 왔습니다. 글로벌 프로젝트에 참가하여 생소한 개념들을 빠르게 익히려고 했고 팀원들과 힘을 합쳐 큰 상은 아니지만 수상까지 할 수 있었습니다.
> 저는 또한 경영학, 교육학 등을 공부하며 인사 관련한 업무를 할 수 있도록 준비했습니다. 사실 초중고 학교교육을 위한 과목에 집중된 경우들이 많았지만 저는 직무 교육 관련 과목도 열심히 수강하며 차별화를 만들려고 노력했습니다.
> 앞으로도 국민에너지기업 한국전력공사를 위해 끊임없이 노력하겠습니다.

체크 ❶ 명동수가 없다

: 누구보다 자신 있는 모습(×)
: 생소한 개념(×)

⇨ '누구보다 자신 있는 모습'은 좋은 말이지만 정확히 '무슨(What)' 프로젝트를 했는지, '팀원들과 힘을 합쳐' 보다는 자신이 어떤 역할(How)을 통해 임무를 수행했는지를 기재해야 한다.

체크 ❷ 부정적인 단어는 지양하자

: **큰 상은 아니지만(×)**
: **사실 초중고 학교교육을 위한 과목에 집중된 경우들이 많았지만(×)**

⇨ 결과를 말할 때에도 '큰 상은 아니지만 수상'이라는 말은 겸손이 아니라 쓸모없는 말이다. 면접에서 자신에게 주어지는 시간은 매우 짧다. 그 귀중한 시간에 굳이 미사여구를 넣어 낭비해서는 안 된다. '사실 초중고 학교교육을 위한~'은 역시 비교우위를 통해 자신의 노력을 돋보이고자 한 사례다.

글쓰기나 스피치에서 종종 활용하는 방법이지만 면접 답변으로는 적절하지 않다. 대상이 자기 스스로이든 타인이든 비교 대상을 부정적으로 표현하며 자신을 돋보이게 하는 표현은 좋지 않다.

체크 ❸ 접속사보다는 수사를 활용하자

: **저는 또한(×)**

⇨ 자기소개를 비롯하여 답변을 준비할 때에는 접속사를 통한 나열보다는 '첫째, 둘째' 등의 수사를 활용하여 분류하는 말하기로 정리하는 것을 잊지 말자.

> **BEST**
>
> 안녕하십니까, ○번 지원자 ○○○입니다. 두 가지로 저를 소개하겠습니다.
> 첫째, 보고서 기획 및 작성의 역량입니다.
> 20○○년 한미 교류 프로젝트에 참가해 미국 ○○ 주의 신재생 에너지 사업인 바이오 에탄올 에너지 산업을 우리나라에 어떻게 적용할 것인가에 대한 보고서를 작성한 경험이 있습니다. 에너지 산업의 현황분석, 미래 수요 예측 등의 타당성 보고서를 참조하고 교수님께 조언을 받으며 기획서를 제출, 입상을 하는 결과도 얻을 수 있었습니다.
> 둘째, 행정 업무를 위한 기본기를 쌓았습니다.
> 인사행정론, 공공조직관리론, 교육평가 등을 공부하며 전략적 인적자원관리와 역량 모델링 등 조직 내의 인사관리에 필요한 기본 지식을 쌓았습니다.
> 이러한 저의 역량을 바탕으로 한국전력공사 사무직에서 꼭 일하고 싶습니다. 지켜봐 주십시오!

● **지원동기**

지원동기만큼 취업준비생들을 힘들게 하는 것도 없다. 모든 기업마다 특별한 스토리를 갖고 있는 것도 아니고 그렇다고 거짓말 같은 말을 하는 것도 불편하기 때문이다. 하지만 면접관 입장에서 가장 궁금하기도 하고 직관적인 열정을 볼 수 있는 것이 바로 '지원동기'이다.

지원동기는 직접적으로 '저희 회사에 지원하신 이유를 간단히 답변해 주세요'라고 물을 수도 있지만 많은 경우에서 다음과 같이 물어볼 수 있다.

> Q1 1번 지원자는 역량이 굉장히 뛰어난 것 같은데 연봉 더 높은 다른 회사에 가시는 것이 낫지 않나요?
> Q2 전공이나 관심사가 다른 지원자와 조금 다른 것 같은데 굳이 저희 회사에 지원하신 이유가 있나요?
> Q3 저희 회사를 언제부터 알게 되셨고 왜 입사하고 싶다는 생각을 하게 되셨는지 답변 부탁드립니다.

위의 질문은 마치 지원자를 '압박'하는 것으로 받아들일 수 있지만 그렇지 않다. 압박질문의 의도 및 대처법은 따로 다루겠지만 위의 질문들은 압박 질문으로 분류될 수 없는 의도가 정확한 '지원동기'를 묻는 질문이다.

> 지원동기 = 해당 회사에 대한 관심도

이 공식은 진리이다. 해당 업무를 하고 싶은 이유를 묻는 지원동기는 직무 중심의 자기소개 답변으로 응한다면 큰 문제가 없다. 지원동기는 반드시 해당 기관의 사업, 해당 기관이 다른 기관과 같은 차별성 등을 넣어 작성해야 한다.

지원동기 만드는 법

지원동기 | 회사에 특화(해당 기관의 사업/타 기관과의 차별성)
① 두괄식으로 된 해당 기관의 주요업무 키워드를 넣은 한 개의 문장
② 현재 및 과거에 해당 기관이 국가에서 어떠한 역할을 하는 공기업인지 알고 있다는 것을 드러내는 2~3개의 문장
③ 간단히 포부를 드러내는 한 개의 문장

예시 지원동기

① 저는 한국전력공사의 송배전사업 및 신재생에너지 연구 등으로 취약계층을 포함한 전 국민이 안정적인 전기서비스를 누릴 수 있도록 하는 데에 기여하고자 지원하게 되었습니다.
② 현재 한국전력공사는~~
(관련 사업, 신년사/조직도 등을 참고한 조직 내의 미래사업 이슈를 포함)
③ 앞으로 한국전력공사가 국내를 넘어 대한민국을 대표하는 에너지 기관으로서 나아가는 데에 일조하는 사원이 되겠습니다. 감사합니다.

위와 같은 방식으로 구성하면 지원동기는 간단하지만 정확한 방향의 내용을 담을 수 있다.

지원동기는 대부분 비슷할 것이라 생각하여 특이한 스토리텔링을 넣거나, 합격한 선배의 것을 베끼거나, 그럴듯한 내용을 만드는 경우가 있다. 그럴 필요 없다. 면접은 이야기꾼을 뽑는 대회가 아니다. 심금을 울리고 공감을 사는 지원동기가 있다면 진솔하게 자신의 이야기를 풀

어내는 것은 얼마든지 괜찮지만 이 역시 해당 기관의 특성을 이해하고 있다는 취지를 벗어나서는 안 된다.

> **예시** **실제 자신의 스토리가 있는 경우**

> 저는 국립공원관리공단에서 생태계를 보존하고 우리 국토의 아름다움을 유지하는 데에 저의 역량을 꼭 쓰고 싶습니다.
> 어린 시절 방학동안 조부모님의 댁에 있었을 때에 배고픈 멧돼지가 민가로 내려와 할머니가 다치실 뻔한 적이 있었습니다. 다행히 소방대원분들과 국립공원관리공단의 직원분이 오셔서 멧돼지도 구출하고 할머니도 사고를 피하실 수 있었습니다. 당시 할머니께서는 당신이 다치실 뻔하셨음에도 산에 먹을 것이 없어 내려온 멧돼지를 걱정하시며 국립공원관리공단 직원분과 자연환경보전과 멧돼지 등 야생동물의 개체수 보존이 얼마나 중요한지를 이야기하셨습니다.
> 본 경험을 계기로 저는 국립공원관리공단의 역할 및 중요성에 대해 알게 되었고 대학 입학 후 제가 공부한 지식을 꼭 이곳에서 쓰고 싶다는 생각을 갖고 준비하여 지원하게 되었습니다.

만약 이러한 자신의 스토리가 있다면 최대한 1분을 넘지 않는 수준에서 담아내는 것이 좋다. 하지만 우리가 지원하고자 하는 공기업과 공공기관에 모두 이러한 스토리를 갖기는 어렵다. 게다가 위의 사례는 매우 어릴 적부터 관심을 가져왔다는 것인데 실제로 이런 경우는 매우 드물다.

예를 들어 한국동서발전, 한국조폐공사, 기술보증기금 등의 B2B 사업을 하는 공공기관이나 한국해외인프라도시개발지원공사, 서울사회

서비스원 등 설립된 지 얼마 안 된 곳은 오랜 시간의 지원동기를 갖기에 쉽지 않기 때문이다. 이럴 경우 해당기관의 '주요사업'을 이해하고 최근 이슈를 전문지에서 검색하여 분석한 후 내용을 적으면 된다.

예시 인천국제공항공사 | 기계직

> ❶ 국가의 안보와 산업기반을 책임지는 인천국제공항공사에서 제 역량을 쓰고 싶어 이렇게 지원하게 되었습니다.
>
> ❷ 저는 기계공학을 공부하며 특히 ○○○과목의 △△△ 조별 프로젝트를 진행하면서 국가 발전에서 공항의 중요성과 해당 시설의 안전성이 국가 운영 및 산업 발전에 얼마나 중요한지 생각해 보는 계기가 되었습니다. 그 뒤 인천국제공항공사가 이러한 사업을 하고 있다는 것을 알게 되었고 꼭 기여하고 싶다고 생각해서 필요한 것들 준비하여 지원하게 되었습니다.
>
> ❸ 앞으로 기회를 주신다면 대한민국의 안보와 국민의 안전을 책임지는 데에 최선을 다하는 직원이 되겠습니다.

인천국제공항공사는 많은 공기업 준비생들이 가고 싶어 하는 기업 중 하나이다. 비행기를 보며 갖게 되는 로망도 있고 업무적으로도 연봉이나 처우가 좋은 것으로 알려져 있기 때문이다.

하지만 이러한 열망과는 다르게 인천국제공항공사가 하는 사업이 정확히 모르는 경우가 많다. 단순히 공항을 운영하는 것으로 인천국제공항공사가 하는 일을 이해하는 데에 그쳐서는 안 된다. 자신의 직무 및 전공 등과 연계하여 해당 기업이 하는 사업을 이해하고 있다는 내용이 들어가야 한다.

직접적인 단어를 넣어 점수 받기 좋은 답변을 해야 한다는 것이 핵심이다. 뻔한 것을 피하다 오히려 핵심을 놓치는 안타까운 실수를 하지 않도록 하자.

● **강점과 약점**

강점과 약점은 1~2개 정도를 준비하면 좋다. 강점은 성격적인 강점보다는 직무기술서를 중심으로 한 업무적인 강점과 직무기술서에 있는 [직무수행태도]를 바탕으로 한 인성적인 강점을 준비하는 것이 전략이다.

강점과 약점은 우리가 새로운 전략을 수립하기 위해 기본적으로 체크해 보는 SWOT 분석을 생각하면 쉽게 접근할 수 있다. 꼭 경영학과 출신이 아니더라도 토목, 기계, 전기 및 인문학을 공부한 취업준비생이더라도 SWOT 분석은 알아두면 쓸모 있는 전략도구이다.

SWOT 분석

기업의 내부환경과 외부환경을 분석하여 강점(Strength), 약점(Weakness), 기회(Opportunity), 위협(Threat) 요인을 규정하고 이를 토대로 경영전략을 수립하는 기법으로, 미국의 경영컨설턴트인 앨버트 험프리(Albert Humphrey)에 의해 고안되었다.

SWOT 분석의 가장 큰 장점은 기업의 내×외부환경 변화를 동시에 파악할 수 있다는 것이다. 기업의 내부환경을 분석하여 강점과 약점을 찾아내며, 외부환경 분석을 통해서는 기회와 위협을 찾아낸다.

- 강점(Strength) | 내부환경(자사 경영자원)의 강점
- 약점(Weakness) | 내부환경(자사 경영자원)의 약점
- 기회(Opportunity) | 외부환경(경쟁, 고객, 거시적 환경)에서 비롯된 기회
- 위협(Threat) | 외부환경(경쟁, 고객, 거시적 환경)에서 비롯된 위협

SWOT 분석에서 SW는 자사(본인)의 강점과 약점을 말하고 OT는 외부의 환경에 대한 분석이다. 우리가 익히 들어 알고 있는 이순신 장군의 '지피지기 백전백승'과 그 맥락이 거의 비슷하다고 생각하면 된다.

만약 자신이 뭘 잘하는지, 앞으로 무엇을 더 준비해야 할지 모르겠다면 SWOT 분석 중 SW를 몇 가지 적어 보는 것만으로도 큰 도움이 될 것이다.

- **강점(Strengths) 정리해 보기**
  - 내가 잘하는 것이 무엇인가?
    : 좋은 성적을 받은 과목이 무엇인가?
  - 앞으로 계속 발전시키고 싶은 역량은 무엇인가?
    : 흥미롭게 느낀 과목은 무엇인가?
  - 다른 사람에 비해 이것만은 자신 있다고 생각하는 것은 무엇인가?

- **약점(Weaknesses) 정리해 보기**
  - 개선해야 할 부분은 무엇인가?
    : 낮은 성적을 받은 과목(분야)은 무엇인가?
  - 앞으로 반드시 채워야 할 역량은 무엇인가?
    : 어렵게 느낀 과목(분야)은 무엇인가?
  - 다른 사람과 반드시 협업해야만 잘할 수 있는 영역은 무엇인가?

위와 같은 구체적인 질문을 통해 자신이 공부했던 과목이나 영역을 반추해 본다면 좀 더 쉽고 디테일한 강점과 약점을 찾아낼 수 있을 것이다. 강점과 약점이 없는 사람은 없다. 이는 매우 상대적인 개념이기 때문이다.

- 아… 솔직히 자랑할 만큼 그렇게 잘하는 것은 아닌데…
- 다른 애들도 전공수업 들으면 이 정도는 다 하는데…

특히 강점의 경우 '그렇~게까지 잘하는 것은 아닌데'라는 마음, '혹시라도 해당 부분에 대해 질문을 받았을 때 제대로 답변을 하지 못하면 어쩌지'라는 생각 때문에 강점으로 선정하는 것을 망설이는 경우가 있다. 강점은 현재 회사에서 업무를 하기 위해 준비된 것들 중 본인이 생각하기에 잘하는 것, 몇 개 중에 더 나은 것이면 된다.

Best가 아니더라도 Better면 된다.

강점

강점을 성실함, 열정, 끈기, 소통력 등의 평이한 단어로 준비하는 것은 좋지 않다. 성실함이나 열정 등은 살면서 매우 중요한 부분이기는 하지만 '직무에 적합한 사람'이라는 것에 대한 채점을 하기는 어렵다.

면접관도 NCS의 표준에 맞추어 일정 수준의 교육을 받고 국가직무역량기준에 맞추어 구성된 채점표에 맞추어 판단을 해야 한다.

면접관의 판단을 쉽고 직관적으로 할 수 있도록 하는 것이 '의사소통역량'에서 좋은 점수를 받을 수 있는 방법이다. 구체적인 예시를 통해 이해해 보면 누구나 합격에 가까워지는 면접 답변을 준비할 수 있다.

강점의 내용을 활용할 수 있는 경우는 '○○번 지원자부터 자신의 강점이 무엇인지 답변해 주세요'와 더불어 다음과 같은 경우에도 활용할 수 있다.

> **Q1** 지원한 직무와 관련하여 다른 지원자에 비해 차별화된 역량은 무엇이 있습니까?
> **Q2** 이루기 어려운 목표를 가지고 오랫동안 준비해서 성취를 해 본 경험이 있습니까?
> **Q3** 자신을 뽑아야 하는 이유는 무엇입니까?

위의 질문들은 모두 다른 질문으로 생각할 수 있지만 그렇지 않다. 물론 위의 세 가지 질문에 각각 모두 다른 답변을 할 수 있는 경험이 있고 면접장에서 순발력 있게 이야기를 구성해 답변할 수 있다면 더할 나위 없을 것이다.

그러나 면접은 시험이다. 요행을 바라거나 순간의 순발력에만 기대는 것은 도박과 같은 것이다. 짧게는 3개월 길게는 2~3년의 수험생활을 하는 지원자 입장에서 취업의 마지막 관문인 면접을 복불복처럼 대처하는 것은 정말 어리석은 방안이다. 경험이나 본인의 역량과 관련된 것은 준비한 후 활용해야만 한다.

차별화된 역량, 성취경험, 자신을 뽑아야 하는 이유는 모두 '다른 지원자보다 일을 잘할 수 있는 사람인가' 또는 '우리 기업에 잘 적응하고 선배들에게도 도움이 될 수 있는 역량이 무엇인지 알고 있는가'라는 의도의 질문이다. 이와 같은 질문에 '성실함, 열정' 등만을 답변한다면 면접의 목적과 취지에 맞지 않는 것이다.

강점은 직무기술서의 [필요지식]과 [필요기술]의 역량으로 준비하자.

• **중소벤처기업진흥공단(해외사업/경영일반)**

필요지식	경영기획	핵심성공요소, 경영자원, 산업동향, 예산×재무×관리회계, 기업가치 평가지표, 전략적 제휴, 합작투자 등 경영계획 수립에 필요한 지식 등
	예산	예산 운영×관리 지침 및 규정, 실적 분석을 위한 재무 및 회계지식, 계정과목 정의/분류, 사업단위별 업무내용·손익구조, 원가구성요소 이해 등
	해외진출 지원	해외 시장정보, 해외시장조사목적 이해, 시장진입전략 방법 및 자원조달, 해당국의 경제동향, 시장 환경, 환율 등에 대한 이해, B2B사이트 이해, 해외전시회 및 박람회 이해, 무역 법규 및 실무지식, 무역 비즈니스 외국어 습득, 해당국가의 비즈니스 관행 이해 등
	해외 유관기관 네트워크	해외현지 기업환경, 현지 중소기업 지원정책, 해당 국가의 정치 및 경제 환경에 대한 이해, 문화적 차이에 대한 이해 등
필요기술	경영기획	경영환경 분석, 사업별 자원배분, 핵심가치/자산/역량 등의 분석, 예산관리 산출/배분/적용, 손익분기점(BEP) 분석, 사회조사방법론, 기획서/보고서 작성기술 등
	예산	회계프로그램/스프레드시트 활용, 재무제표 분석, 민감도 분석, 시나리오 작성, 계획 대비 차이 분석, 환경분석기법 활용 능력, 현업 담당자에게 세부예산 수립기준 전파, 인력/사업 수요 예측 등
	해외진출 지원	통계자료 검색/분석, 보고서 작성기술, 시장분석력, 외국어 활용 능력, 스피치 능력, 커뮤니케이션 능력, 프레젠테이션 능력 등
	해외 유관기관 네트워크	협상기술, 정보분석 능력, 외국어 활용 능력, 해당 국가의 비즈니스 매너 실행능력, 커뮤니케이션 능력 등

해당 직무에 필요한 역량을 전부 할 줄 아는 지원자는 매우 드물다. 감히 단언컨대 [필요지식]을 전부 잘하는 지원자는 현실적으로 없다. [필요지식] 중 잘하는 것 한 가지를 선정하자. 주의할 점은 자기소개에서 활용한 [직무역량]을 또 선택하면 준비하는 이유가 없다. 직무 중심의 자기소개에서 활용한 역량을 제외한 또 다른 역량을 선정하자.

다음의 예를 살펴보자.

> A 저의 강점은 경영자원에 대한 이해가 있다는 것입니다.
> B 국내 스타트업의 실태와 육성지원이 필요한 산업을 선정하는 공모전에 참가한 적이 있습니다. 당시 국내 중소기업 및 스타트업의 SWOT 분석과 BCG 매트릭스를 통해 경영환경 분석을 했고 1개의 유니콘기업을 선정하여 재무제표를 분석하고 관련 통계 자료를 바탕으로 보고서를 작성한 경험이 있습니다. 특히 저는 엑셀을 활용하여 100여 개 기업의 현황을 정리했고 해외 사례와 결합하여 트렌드를 예측하는 데에 기여했습니다.
> A' 앞으로 중소벤처기업진흥공단에서 경영환경 분석을 통해 보고서 작성과 커뮤니케이션을 열심히 하는 직원의 모습 보여 드리겠습니다.

바로 NCS 채용에서 고득점을 받을 수 있는 강점 답변이다.

> **직무기술서의 [필요지식] 중 본인이 자신 있는 하나를 선정한 후**
> ⇨ 해당 지식과 관련성이 있는 필요기술을 매칭하여
> ⇨ 본인의 경험을 넣는 것

약점

강점과 대비되는 포인트로 '약점'을 준비해야 한다. SWOT 분석을 통해 약점을 정리했다면 그 부분을 활용하면 된다.

스스로 약점을 파악하고 이를 개선하기 위해 노력하는 것, 앞으로의 계획을 구성하는 것은 이제까지 여러분이 해 온 성장과정의 일부분이다. 즉, 어려울 것도 없고 거창할 것도 없으면 과장이나 포장을 해야 할 것도 없다는 것이다. '약점×단점'에 대해 말하기 전에 반드시 짚고 가야 할 것이 있다.

'강점 같은 약점, 장점 같은 단점은 없다'

사람은 누구나 약점을 갖고 있다. 단, 그것을 드러내면 감점의 요인이 될 것이라고 생각하고 '강점 같은 약점'을 만들어 내고자 애쓰게 된다. 말 그대로 없는 것을 '만들어 내려고' 하다 보면 결국 진정성이 부족한 면접 답변이 된다.

많은 사람들이 '진정성' 있는 답변을 해야 한다, 담백하게 임해야 한다고 하면서도 결국 약점이나 단점에서는 그럴 듯한 약점을 만들어야 한다는 모순된 지적을 하고 있다. 그러다 보니 취업준비생 입장에서는 사회생활을 많이 해 보지 않은 터라 조금은 맥락에 맞지 않는 답변으로 오히려 자가 당착에 빠지는 경우가 많다. 이를 해결하기 위해 명확한 약점과 단점을 정리해 두는 법을 알아보자.

첫째, 약점과 단점을 구분하자.

약점과 단점은 혼재되어 사용하기는 하나 엄밀하게 말하자면 약점은 부족한 부분, 특히 업무나 학업 시에 본인이 잘 하지 못하는 것을 약점이라 일컫는다.

단점은 잘못된 점, 결함 등과 유의어로 사용된다. 단점은 성격이나 일상생활에서의 잘못된 점으로 통용된다.

면접에서는 성격이 좋은 사람도 필요하지만 일을 잘하는 사람을 뽑는 과정이다. 우선적으로 '약점'을 준비하는 것이 좋다.

면접관이 약점을 물어보는 것은 면접자의 못하는 부분을 공격하거나 곤란하게 만들기 위함이 아니다. 현재 NCS 채용 과정은 그 정도로 저차원적인 수준도 아니고 면접관의 개인적 취향이나 주관적이고 감정적인 기준으로 사람을 채용하지 않는다.

약점을 묻는 것은 '현재 자신의 상황과 역량을 객관화할 수 있는지'를 체크하는 것이다. 스스로의 역량을 객관화하는 과정은 자기개발과 자기관리에 있어 아주 중요한 부분이다. NCS 기본능력 중 [자기개발능력]에 해당되기 때문이다. 현재 자신의 좌표를 알고 어느 방향으로 개선하고 발전해 나가야 하는지 알고 그 방향으로 노력하는 것은 업무 및 삶에 있어 매우 중요하다.

직무기술서의 [필요지식] 중 본인이 자신 없는, 부족한 하나를 선정한 후

⇨ 그 역량을 잘 하지 못해 어려움을 겪은 점과 좋지 않은 결과를 도출한 점은 무엇인지
⇨ 해당 역량이 앞으로 업무 시 왜 필요하다고 생각하는지
⇨ 이제까지 어떻게 개선해 왔는지 또는 앞으로 어떻게 개선해 나갈 것인지

둘째, 약점은 곧 실패했던 경험, 어려움을 겪었던 경험과 연결된다.

약점이나 단점만큼 어렵게 생각하는 질문이 바로 '이제까지 살면서 가장 큰 실패를 했던 경험은?' '살면서 어려움을 극복하고 좋은 성과를 내 본 경험은?' 등과 같은 것이다.

조별 과제를 하며 어려웠던 경험, 봉사활동이나 아르바이트를 하며 겪었던 실패 사례 등은 그렇게 심각하고 높은 수준의 실패가 아니라고 생각해서 소재로 잘 활용하지 않는 경우가 있다. 하지만 신입 공채 기준으로 2~30대 수준에서 얼마나 큰 실패나 좌절을 경험해 볼 수 있겠는가?

기본적으로 이러한 질문의 의도 역시 '약점'을 묻는 의도와 다르지 않다. 상황을 객관적으로 인지하고 이를 해결할 수 있도록 어떠한 노력을 해야 하는지 스스로 판단하고 적절한 계획을 세워 빠져나올 수 있는지가 NCS 채용에서 중요한 포인트이기 때문이다.

약점은 곧 나를 어려움에 빠뜨리게 할 수 있다. 나의 부족함으로 인해 팀이 어려움을 겪거나 개인적인 생활에서도 계획대로 이루어지지 못하는 순간이 있기 때문이다.

> 제 약점은 '통계 프로그램을 잘 다루지 못한다'라는 것입니다. 프로그래밍 과목에서 100여 개가 넘는 실험 데이터를 제한 시간 안에 분석하지 못해 과제를 완료하지 못한 경험이 있습니다. 엑셀로 처리하여 빠른 시간 안에 방대한 자료를 처리할 수 있는 것을 일일이 확인하고 수동으로 정렬하는 바람에 교수님이 제한한 시간 내에 의미 있는 결과를 도출하지 못했습니다. 프로그램의 패턴을 파악하고 이를 통해 알고리즘을 설계해야 했지만 기본적인 통계 프로그램을 운영하지 못했던 것입니다. 그 이후 저는 겨울방학 동안 온라인 강의를 들으며 엑셀을 습득했고 R함수 등에 관심을 가지게 되었습니다.

예를 들어 위와 같은 방식으로 답변을 준비한다면, 이는 약점이 될 수도 있지만 실패했던 경험, 부족한 점을 보완하여 좋은 성과를 얻은 경험 등에도 활용할 수 있다. 꼭 활용하지 않더라도 약점을 이야기할 때에 훨씬 설득력 있게 자신의 경험을 풀어갈 수 있게 된다.

약점은 잘못이 아니다. 약점을 모르거나 회피하는 것이 잘못된 것이다. 여러분은 능력보다는 가능성이 더 높은 사람들이다. 약점을 겸허히 인정하는 것, 약점으로 인해 어려움에 봉착해 본 경험을 바탕으로 더 나은 방향으로 발전해 나가려는 태도가 정말 중요하다.

셋째, 약점을 극복해 왔던 과정, 개선해 나갈 계획을 포함하자.

꼭 학문이 아니더라도 우리가 살아가면서 계획을 세우는 일련의 과정은 이와 매우 유사하다.

예를 들어 새해가 되어 살을 빼고 싶다거나 건강한 몸을 갖고 싶다는 목표를 세우게 되면 어떻게 해야 할까? 우선 체중을 측정하거나 인바디, 건강검진 등을 통해 현재 내 몸을 체크할 수 있는 수치들을 점검하게 된다. 본인이 현재 100kg인데 건강상의 문제로 병원에서 80kg까지 체지방을 감량하라고 했다면, 우리는 20kg을 감량하기 위해 어떻게 해야 할지 방법과 계획을 세우게 된다.

이때 100kg의 체중 때문에 겪었던 어려움, 예를 들어 무릎 통증, 높은 당 수치로 인한 각종 약 복용 등을 상기시켜 본다면 목표를 세운 명분이 확실해진다.

이제까지 겪었던 어려움은 앞으로 건강한 삶을 살고 본인의 업무를 잘 해내기 위해, 부모님의 걱정을 덜어드리기 위해 그리고 행복한 미래를 위해 본인이 반드시 극복해야 할 부분이다. 운동하기, 식단조절하기, 규칙적인 생활하기, 매일 일기 쓰기 등의 구체적인 행동을 통해 우리는 성장하고 또 발전하게 된다.

약점은 '약한 점'이다. 회사 입장에서는 약한 부분을 정확히 알고 겸허히 받아들여 이를 앞으로 어떻게 개선할 것인지 생각하고 있는 지원자를 원한다. 약점이 없는 지원자를 원하는 것이 아니다. 어떻게 하면 약점을 들키지 않을까? 하고 생각하는 1차원적인 생각과 남을 속이려는 생각은 공기업 취업에서 독이 될 수 있다.

무엇보다 이제 직장인으로 사회에 진입하려는 성숙한 태도를 가진 사람을 뽑고자 하는 회사 입장에서 '강점 같은 약점'으로 두둔하는 학생 같은 마인드, 어린 아이 같은 마인드는 마이너스 점수가 될 것이다.

예시 피해야 할 약점

❶ 하나에 집중하면 다른 것을 놓치는 경향이 있다. 이를 극복하기 위해 메모를 하며 놓치지 않기 위해 노력하고 있다.

왜 안 될까?

첫째, 회사는 혼자 일하는 곳이 아니다. 둘째, 회사에서는 절대 하나의 일만 하는 경우는 없다. 한 군데에 집중력 있게 업무할 줄 아는 모습을 보여 주면서도 앞으로 여러 가지 일도 할 수 있다는 것을 보여 줄 수 있는 것이 '강점 같은 약점'이라고 생각할 수 있다.

하지만 회사에서는 하나의 프로젝트나 업무를 위해 한 개 이상의 부서, 부처, 지자체 및 이해관계가 맞물려 있다. 꼭 집단이 아니더라도 한 명이 모든 일을 단독으로 해야 하는 경우는 드물다. 향후 경력이 쌓인다면 가능할 수 있지만 신입사원에게 그러한 상황을 맡기는 경우는 매우 적다.

대부분 팀워크를 하거나 동시다발적으로 다양한 업무가 같이 움직이는 상황에서 하나에 집중하다가 다른 것을 놓칠 수도 있는 신입사원을 대하는 주변 동료들은 어떤 마음일까?

일을 하다가 실수하는 것이 내 약점이라고 굳이 말하는 것은 조직생활에 대해 이해가 부족하다는 것을 드러내는 초보적인 마인드를 가진 사람으로 비춰질 수 있기 때문에 추천하지 않는다.

❷ 급한 성격으로 빠르게 일을 하며 실수하는 경향이 있다. 이를 극복하기 위해 일의 우선순위를 정하고 급하고 중요한 일부터 차근차근 진행하는 습관을 가지려고 노력하고 있다.

> **왜 안 될까?**
>
> 위의 예시와 같은 강점 같은 약점을 선정한 학생들이 정말 많다. 물론 빠르게 행동하는 것은 업무에서 매우 중요한 부분이다. 제한된 시간 자원을 채우기 위해 인적자원이나 예산자원을 활용해야 하는 순간이 있기 때문이다.
> 하지만 '급한 성격'이라는 단어 자체가 매우 유아적이고 감성적인 단어이다. 공공기관의 일원으로 개인의 성격적인 부분 때문에 일을 그르칠 수 있는 사람은 적절하지 않다. 게다가 이 때문에 실수를 잘 저지르는 것이 약점이라니 면접관 입장에서 절대 좋은 점수를 줄 수 없다.

위의 두 가지 약점이 실제 자신의 성격일 수 있다. 솔직하고 진정성 있게 말하는 것이 좋다며 모든 것을 드러내거나 목적에 맞지 않는 말을 할 필요는 없다.

약점은 고해성사가 아니다. 면접에서의 약점과 관련한 질문은 오히려 '성장 가능성이 있는 사람'이라는 인상을 줄 수 있는 기회일 수 있다. 이 좋은 기회의 질문을 머리를 긁적이며 사과를 하고 걱정을 안겨주는 시간으로 허비할 것인지, 직무에 대한 이해도를 갖고 있다고 어필하며 NCS 자기개발능력에 알맞은 답변으로 고득점을 가져갈 것인지는 자신의 판단에 맡기겠다.

04 압박면접/꼬리/후속질문 대처법

- 후기를 보니 압박이 심했다고 하더라고요.
- 제가 답변한 것 중에 추가로 계속 꼬리 질문이 들어올까 봐 걱정돼요.
- 틀린 답변을 해서 더 어려운 후속 질문을 받으면 어떡하죠? 머리가 하얗게 될 것 같아요.

면접 준비를 할 때 보편적이고 공통적으로 많이 하는 걱정과 우려이다. 특히 자기소개나 포부 등의 답변을 준비할 때에 괜히 아는 척했다가 또는 모르는 분야인데 관심 있다고 했다가 집중 포화를 받으면 어떡하냐는 걱정 때문에 답변 자체를 매우 추상적으로 만들어가는 경우도 많다. 하지만 추상적인 답변이 오히려 면접을 더욱 어렵게 만들 수 있다.

그렇다면 우리가 걱정하는 압박면접이나 꼬리질문 등은 어떻게 대처해야 하는 걸까?

압박면접은 '모르는 질문'에 답변하는 것이 아니다. 압박면접이란 면접에서 지원자에게 지속적인 질문과 본인의 답변에 대한 깊이 있는 질문을 통해 지원자 본인의 답변에 모순이 없는지를 파악하고 답변하는 태도를 확인하는 것이다.

그렇다면 다음과 같은 질문은 압박면접일까?

❶ **한국남동발전**
협력사와 업무 중 안전수칙을 지키지 않는 협력사 직원에게 어떻게 행동을 개선하도록 지침할 것인가?

❷ **국민연금공단**
본인이 지원한 직무와 지역 외에 원하지 않는 업무나 지역으로 발령이 난다면 어떻게 할 것인가?

❸ **한국국제협력단**
업무 강도에 비해 급여가 적고 지루한 페이퍼워크가 많다는 불평이 있는데 이에 대해 ○○번 지원자는 어떤 생각을 갖고 있는가?

❹ **국민체육진흥공단**
생활체육을 통해 국가경쟁력을 높일 수 있는 방안에 대한 프로젝트를 맡게 된다면 어떤 아이디어를 낼 수 있을 것이라 생각하는가?

❺ **한국환경공단**
환경공단의 역할을 10대에게 홍보한다면 어떻게 할 수 있을까?

위의 질문들은 면접에 임하는 지원자 입장에서는 매우 당황스럽고 어려운 질문일 수 있다. 하지만 그렇다고 해서 이런 종류의 질문들이 압박면접에 포함되는 것은 아니다. 그 이유는 ❶에서 ❺까지 모두 우리가 예측할 수 있는 수준의 문제이기 때문이다.

❶~❸은 각 기관의 특성을 담은 직무상황 질문의 전형적인 예이다. 한국남동발전의 경우 협력사와 업무를 하는 경우가 매우 많고, 산업의 특성상 안전에 대한 이슈가 매우 중요하다는 것은 면접 준비 과정에서 반드시 숙지하고 대비해야 하는 부분이다.

❷의 국민연금공단의 경우 전국 단위의 업무를 해야 하는 기관이다. 한국전력공사, 한국도로공사, 국민건강보험공단 등 지역에 많은 지사를 두고 서비스를 하는 공기업에서는 빈번하게 출제되므로 필수적으로 준비해야 한다.

❸의 한국국제협력단(KOICA)의 기출문제는 KOTRA나 aT공사 등 무역이나 해외 사무소와 빈번하게 업무를 해야 하는 기관에서 자주 나오는 질문이다. 많은 지원자들이 해외 어느 특정 지역에 나가 일하고 싶다, 어릴 때부터 해외에서 생활을 하며 글로벌한 업무를 하고 싶었다고 말한다. 해당 기관이 국외 사업에 많은 부분을 차지하고 있다고 단편적으로 생각하기 때문이다.

하지만 국외 사업을 하더라도 업무 중 대부분은 사업 운영의 타당성을 검토하는 기획서를 만들고 사업 운영의 현황을 보고하는 보고서를 만드는 것이다. 사업이 완료되었을 때에는 나면 이를 공유하고 보고할 수 있는 최종 보고서 등을 양식에 맞게 만들어야 한다. 회사 업무의 처음과 끝은 문서작업이라 해도 무리가 없다.

그럼에도 불구하고 국외사업에만 몰두하여 글로벌 역량, 해외체류 경험에만 비추어 직무 분석을 하다 보면 ❸과 같은 질문이 압박면접처럼 느껴지는 것이다. 전혀 예상하지 못한 질문일 수 있기 때문이다.

❹와 ❺는 조직이해도를 묻는 질문이다. 절대 압박면접이라고 볼 수 없다. 조직이해도 중 해당 기관의 최근 사업, 주요사업을 이해하고 있는지 이에 대해 얼마나 준비되어 있고 관심을 가져왔는지 직관적으로

알 수 있는 질문이다.

이와 같이 직무적합도와 조직이해도를 묻는 매우 기본적인 질문임에도 불구하고 앞의 기출문제들을 압박면접이라고 여기는 이유는 '나의 대답이 뭔가 문제가 있었나? 왜 나한테만 이런 질문을 하는 것이지?', '뻔한 답변 말고 독창적이고 기억에 남을 수 있는 답변을 해야 하는데 어떡하지?'라는 생각이 먼저 들기 때문이다.

NCS 면접 시 대부분의 질문은 지원한 해당 조직의 특성을 이해하고 직무에 대한 준비가 얼마나 되어 있는지 체크하는 기본적인 부분이 많다. 기본적인 것을 묻고 확인하는 과정임에도 불구하고 잘못된 정보와 심적인 불안감 때문에 기본을 놓치는 경우가 많다.

그렇다면 우리가 준비해야 할 압박면접과 꼬리질문은 무엇이며 어떻게 대처해야 할까? 대처법과 그 의도를 이해하게 되면 압박면접과 꼬리질문은 두려워할 대상이 아니다.

● **대처법 1 | No 하지 말고 Yes, 쿠션어를 활용하자**

압박질문이나 꼬리질문에는 일단 '쿠션어'를 기억하자. 만약 유리와 유리가 부딪힌다면 어떻게 될까? 그대로 깨지거나 산산조각이 나서 다시 되돌리기 어려울 것이다. 하지만 유리 사이에 충격을 완화하는 쿠션이 있다면 부딪히더라도 산산조각이 나는 정도는 아닐 것이다.

사람 간의 말도 그렇다. 의견이나 생각이 부딪힐 수는 있지만 관계가 틀어지거나 감정이 상하면 안 된다.

면접에서도 결국 사람간의 의사소통력을 보는 것이기 때문에 감정적으로 말하기 보다는 유연하고 부드럽게 대처하는 능력이 매우 중요하다. 그 방법이 바로 '쿠션어'라고 할 수 있다. 말 사이에도 쿠셔닝(Cushioning)을 넣어 차분하게 대처하는 것이다.

예시 쿠션어 사용

- 네~ 그렇게 생각하실 수 있습니다.
- 네~ 그 말씀도 일리가 있습니다.
- 네~ 그 부분에 저도 일정부분 동의합니다.

면접 상황의 활용

Q 방금 ○○번 지원자의 자기소개에서 건축회사에 다녔다고 했는데 혹시 무슨 문제가 있어서 퇴사한 것인가요?

A1 아니요. 그런 게 아니라(당황스러운 나머지 얼굴이 찡그려지며) 당시에 너무 야근도 많고 워라밸이 맞지 않아서 장기적인 관점에 봤을 때 퇴사를 결심하게 된 것이지 무슨 문제가 있었던 것은 아닙니다.

A2 네~ 그렇게 생각하실 수 있습니다. 단, (쿠션어로 나의 감정을 진정시키고 차분하게 미소를 띤 얼굴로) 예전부터 제가 배운 것들로 조금 더 가치 있고 더 많은 분들에게 도움이 될 수 있는 업무를 하고 싶다는 생각을 이루기 위해 이렇게 도전하게 되었습니다.

앞의 질문은 지원자 입장에서 당연히 당황스럽고 머리가 하얗게 될 수 있다. 마치 내 답변이 잘못되었던 것 같고, 들키고 싶지 않았던 부분을 들켜버린 것 같아 어떻게든 상황을 반전시키고 싶은 생각이 든다. 또는 면접관이 당시 나의 상황이나 입장도 모르고 임의로 저렇게 판단한다는 생각에 억울한 마음까지 들게 된다.

이런 마음에서는 절대로 긍정적인 리액션이 나올 수가 없다. 이런 마음이 들었는데 그 순간 평정심을 찾아 의연하게 쿠션어를 쓴다는 것은 연기자나 웬만한 내공의 소유자가 아닌 일반적인 사람에게는 참 어려운 일이다. 그렇다면 어떻게 해야 할까?

이렇게 생각해 보자.
면접관이 지원자의 답변을 듣고 이에 대해 궁금증이 생겨 또 다른 질문을 한다는 것은 지원자의 답변을 잘 들었다는 것이다. 또 수업 시간에 선생님께 질문을 한다는 것은 수업을 잘 들은 것이다. 수업을 잘 듣지 않으면 무슨 이야기를 했는지 알 수 없을 뿐더러 질문은커녕 관심도 생기지 않게 된다.

면접관도 마찬가지다. 면접관이 꼬리질문이나 후속질문을 한다는 것은 지원자의 답변을 잘 들었다는 것이다. 지원자의 답변을 듣고 궁금한 점이 생겼다는 것은 해당 지원자에게 관심이 있다는 것이다.

여러분이 미팅이나 소개팅 등 사람을 처음 만나는 자리에서 상대방에게 호감이 가면 대답을 주의 깊게 듣게 되고 궁금한 점이 생겨 지속적인 질문을 할 가능성이 올라가게 된다.

면접도 마찬가지다. 면접관이 지원자에게 관심을 갖는다는 것은 지원자 입장에서는 매우 좋은 시그널이라 해석할 수 있다.

하지만 대부분 취업준비생들이 면접 현장에서 압박질문이나 꼬리질문을 받게 되면 이를 공격이라고 생각하는 경우가 많다. 공격을 받으면 인간은 본능적으로 방어를 하거나 같이 공격을 하려는 반사 반응이 나오게 된다.

면접 시 답변을 할 때에도 질문 자체를 '공격'이라고 받아들이는 순간 우리 생각의 알고리즘은 '아, 내가 공격을 받았네? 나도 이 공격에 맞는 방어나 공격을 해야겠다'라고 무의식중에 생각하게 된다.

이렇게 되면 면접관의 의도와는 전혀 상관없이 면접자 입장에서 강력한 논리와 반박으로 답변을 하고자 한다. 이는 결국 뒤에 나오는 질문에까지 영향을 끼쳐 결국 해당 면접을 순조롭지 못하게 마무리하게 된다.

압박면접은 절대 공격이 아니다. 격투기 싸움에서 링 끝으로 몰아 밖으로 떨어뜨리려는 나쁜 의도가 있는 질문이 아니라는 것이다. 그럼 우리는 어떻게 받아들이고 생각하면 될까?

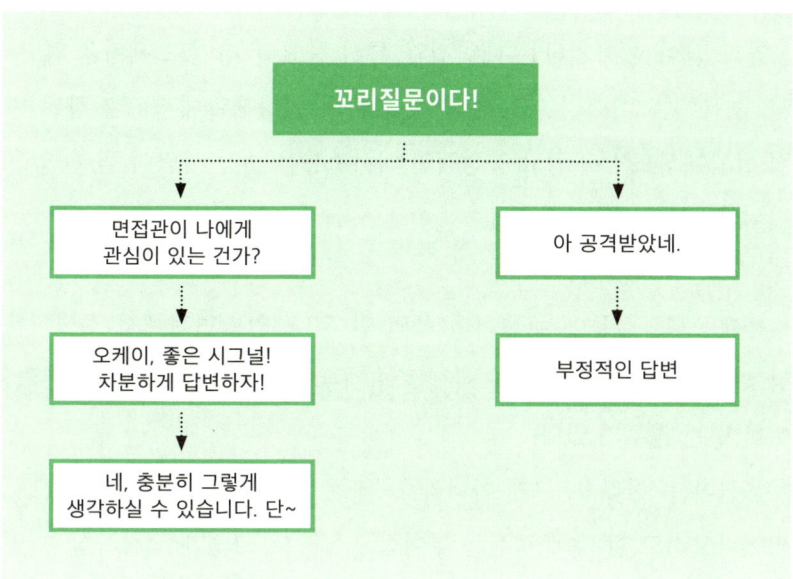

주의해야 할 점은 첫째, "네, 그렇게 생각하실 수 있습니다. 근데요~"라고 역접으로 이어가서는 안 된다는 것이다. "네, 그 말씀도 맞는데요, 제 말은 그게 아니라요~"라는 형태로 이어가면 쿠션어를 한 효과가 전혀 없다. 우리가 쉽게 말하는 '말대꾸'의 한 종류로만 느껴진다. 쿠션어 후에는 반드시 '단!'이라는 조건부 접속부사를 활용하여 이어가는 것이 바람직하다.

네~ 그렇게 생각하실 수 있습니다. 단, 제 생각에는 ~~~한 부분이 있었다고 생각하여 그렇게 답변 드렸습니다.

앞과 같이 이야기하는 대화법과 특히 중요한 마인드 세팅을 해 보자. 처음에는 어렵지만 1~2번만 연습하면 일상생활에서도 긴장된 면접 상황에서도 부드럽고 긍정적인 의사소통을 하는 사람이 될 수 있을 것이다.

둘째, 모든 질문에 쿠션어를 쓰면 안 된다. 압박면접에서 쿠션어를 강조하다 보니 잘못 이해한 학생들의 경우 면접관의 모든 질문에 쿠션어를 넣는 경우가 있다.

쿠션어는 '아니요. 그게 아니라요~'라는 부정적인 단어가 입 밖으로 튀어나오려고 할 때에 정신을 부여잡고 '아~ 네 그렇게 생각하실 수 있습니다'라고 대처하라는 방법이다. 절대 모든 질문에 사용하지 말자.

쿠션어 사용은 쿠션어 문장을 '암기하는 것'이 중요하지 않다. 취업을 준비하며 다급해진 마음, 꼭 입사하고 싶은 간절한 마음 때문에 면접 상황에서는 별것 아닌데도 몹시 당황하고 어렵게 느낄 수 있다.

이러한 정황을 봤을 때에 쿠션어를 사용하고, 쿠션어를 사용할 수 있는 마인드를 장착하는 것이 결국 지원자 입장에서 다른 질문에도 자신의 역량을 차분하고 자신 있게 발휘할 수 있는 방법이 되기 때문에 강조하는 것이다.

NCS 능력에서 가장 중요한 것 중 하나인 '의사소통능력'은, 지원자가 자기소개나 강점 등에서 '저는 소통력을 길러 왔습니다'라고 말한다고 높은 점수를 받을 수 있는 것이 아니다.

압박면접이나 꼬리질문 등의 당황스럽고 어려운 순간에 평정심을 갖고 대처하는 면을 보였을 때 면접관이 의사소통력, 긍정적인 사고방식 등이 있다고 판단하여 좋은 점수를 줄 수 있는 것이다.

● **대처법 2 | 허들(Hurdle) 질문은 아는 만큼 대답하면 된다**

직무 면접을 준비할 때에 반드시 알고 있어야 하는 부분이 허들 질문에 대처하는 것이다.

직무 관련 질문 중 전공 질문은 한국전력공사, 한국수자원공사, 예금보험공사 등에서 주로 많이 나오는 질문 유형이다. 사실 긴장되는 상황에서는 어제 일상적으로 했던 일도 잘 생각이 나지 않는데 대학교나 고등학교 때에 배웠던 것이 바로 생각나기가 쉽지가 않다.

그래서 이러한 전공 질문의 비중이 중요한 기관의 경우에는 반드시 전공 관련 주요 용어나 이론 등을 간단히 복습하며 리마인드하고 가야 한다. 직무면접, 전공 질문을 본다는 공지가 없는 기관이라도 KEO중 K(Knowledge)인 지식에 대한 부분은 준비를 해야 한다.

전공 질문에 대처하는 가장 좋은 방법은 직무기술서의 필요기술과 지식의 단어들을 읽어 보고 대충 넘기지 말고 하나씩 상기하며 차분히 정리하고 입으로 말해 보는 연습을 하는 것이다.

기본적인 준비가 되어야 허들 질문에 대한 대처를 할 수가 있다. 허들 질문은 말 그대로 계단식 질문이라고 생각하면 된다. 물론 나열식으로 2~3개의 전공 관련 용어 확인 및 생각을 물어보는 경우도 있지만 허들 식으로 단계를 높여 가면서 더욱 깊이 있는 질문을 하게 된다.

허들 질문 유형의 결과는 대체로 면접자가 답변을 하지 못하는 수준까지 가야 멈추는 경우가 있다. 즉, 몇 개의 질문을 이어서 받았는데 3~4번째에서 답변을 제대로 하지 못했다고 해서 잘못한 것은 아니라는 것이다. 오히려 몇 개의 깊이 있는 질문을 받았다는 것은 전공과 직무에 대한 일정 수준의 전문성과 실력이 있다는 평가를 받게 될 확률이 높다.

전공 질문의 경우 계속 관련된 질문을 받게 되면 머릿속으로 '이 전 답변에 문제가 있었나? 아, 오래 되서 생각이 잘 안 나는데 그게 들킨 건가?'라는 불안한 생각이 맴돌 수 있다. 하지만 이 글을 읽으며 앞으로 그러한 불안감은 떨치기 바란다.

허들 질문 역시 면접에서 좋은 시그널이다. 물론 첫 번째 허들부터 넘지 못한다면 이는 전혀 의미 없는 질문이 된다. 사전에 면접을 준비할 때 자신의 전공, 직무에 관련한 기본적인 지식을 숙지하고 복습하며 말하는 연습을 하고 난 후 실전에서 닥칠 수 있는 상황에 대해 대비하자는 차원의 트레이닝이다.

지식에 대해 연속적인 질문을 받는 압박을 받았다거나 질문 폭격을 받았다며 위축되지 말자! 허들을 하나씩 넘는 것을 보며 어디까지 수준이 되는지 확인하고 실력을 체크하고자 하는 면접관 차원의 노력이라고 가볍게 생각하며 대처해야 한다.

● **대처법 3 | 자소서 관련 질문은 최대한 준비하자**

자기소개서의 가장 중요한 용도는 면접에서 얼마나 양질의 질문을 받을 수 있느냐의 것이다. 자기소개서의 제목, 첫 번째 문장(Core Sentence)을 매우 중요하다고 강조한 것도 면접 상황에서 면접관이 빠르게 인지하고 관련된 질문을 할 수 있도록 하는 트리거(Trigger) 역할을 할 수 있게 만들기 위함이다.

자기소개서를 보고 질문하는 것을 두려워하는 경우도 있다. 하지만 생각해 보면 면접관 입장에서 눈앞에 있는 지원자의 답변이나 태도가 호감이 갔을 때에 자기소개서 및 제출한 교육사항, 자격증 입력 사항 등에 조금 더 관심을 갖고 눈여겨보는 것이다.

압박질문/꼬리질문 대처법과 마찬가지로 자소서를 바탕으로 한 질문이 나오는 것은 나에게 관심이 조금이나마 있다는 반증이다. 면접에서 관심을 받는 것은 꽤 좋은 시그널이라 생각해도 된다. 결국 면접은 멘탈 싸움이다. 제한된 시간 동안 당황하거나 기에 밀리지 않고 나의 페이스를 잘 찾고 유지하며 내가 할 수 있는 최선을 하는 것이 가장 중요하다.

자소서 관련 질문은 면접 준비 시에 자신이 제출한 자소서를 반드시 미리 읽어 보며 각 문항에서 출제될 수 있는 문제를 1문항당 3~4개 정도를 생각하면서 준비하면 된다.

단, 자소서 질문을 완성하고 준비하기 위해서는 다음과 같은 순서를 지키는 것이 좋다.

> **면접 준비를 위한 올바른 과정**
>
> ❶ 회사분석, 관련 산업 동향의 자료를 모으고 숙지한다.
> ❷ 자기소개/지원동기/포부/강약점 등의 기본답변을 작성한다.
> ❸ 제출한 자기소개서(교육사항, 경력사항 등)를 읽고 예상할 수 있는 질문을 각 문항당 3개 정도 적어 본다.
> ❹ ❶~❸의 내용을 바탕으로 기출문제 및 유형별 문제를 갖고 모의면접을 진행한다.
> ❺ 모의면접은 1차. 오디오녹음을 통해 목소리의 음량, 질문과 답변의 호응여부를 확인한다.(2~3번 반복하는 것이 좋다.)
> ❻ 모의면접 2차는 비디오 녹화를 통해 자신의 모습, 표정을 함께 모니터링하고 개선한다.

많은 취업준비생, 지원자들이 ❹부터 무작정 연습하는 경우가 많다. 인터넷이나 도서 등의 기출문제를 최대한 많이 모아 그 부분을 연습한다. 기출문제는 당연히 도움이 되지만 자신만의 답변과 자료가 준비되지 않는 상태에서는 불안감만을 가중시킨다. 아직 구구단도 외우지 못했는데 방정식과 함수를 보며 '어떡해, 어떡하지~ 하나도 못 풀겠어~ 난 망했어!'라고 하는 격이다.

먼저 ❶~❷의 탄탄한 자신만의 답변을 준비한 후 세 번째로 자소서에 대한 질문을 정리하고 면접관 입장에서 궁금해 할 수 있는 부분을 역지사지로 생각해 보자. 이러한 일련의 과정을 준비한 후 모의고사를 보듯 모의면접을 진행하면 좋다.

압박면접 및 꼬리질문/후속질문은 언제든 나올 수 있다. 하지만 절대 감정적으로 대처해서는 안 된다. 면접은 전문가의 세계로 가기 위한 첫 번째 관문이자 공식적인 대화 채널이다. 공식적 대화라는 것은 일정 수준의 격식을 갖추고 준비를 해야 한다는 것이다.

여러분이 면접을 준비하는 것만큼 기업 입장에서도 더 나은 인재를 채용하기 위해 생각보다 많은 준비를 한다. 특히 공공기관의 경우 한 명의 잘못된 인재가 조직 전체에 피해를 입히거나 나아가서는 행정부의 이미지, 국가 업무에도 영향을 줄 수 있게 된다. 그래서 국가 차원에서도 체계적이고 현업에 도움이 될 수 있는 NCS라는 채용 기준을 제정하고 배포하며 관리하게 된 것이다.

NCS 면접은 면접관이나 기관 내부의 주관성, 편견을 배제하자는 노력이다. 물론 사람이 하는 일이므로 일정 부분 해당 면접관의 주관이 개입될 수는 있다.

하지만 개인의 성격, 취향, 감정을 섞어서는 안 된다는 것을 면접관들도 교육받고 있으며 이를 객관화하기 위해 NCS 주요 능력을 정리하여 채점표를 만들어 진행한다. 결론적으로 압박 질문이 지원자가 잘못하거나 면접관의 마음에 들지 않아서 하는 '공격'이 절대 아니라는 점이다.

면접은 대화다. 대화는 자연스럽고 긍정적으로 진행되어야 한다. 대화가 되는 사람을 우리는 '의사소통능력'이 있다고 평가한다. 의사소통능력을 가진 지원자는 어느 조직이든 선호한다. 말이 통하지 않는 사람, 공격적인 사람만큼 일하기 어렵고 불편한 사람이 없기 때문이다.

여러분은 면접장에서 과연 어떤 모습으로 비춰지기를 바라는가? 역지사지의 입장으로 생각해 보고, 압박면접에도 의연하고 당당한 지원자로 높은 점수를 받을 수 있도록 준비하자.

05 직무면접

직무면접은 '해당 직무에 대한 이해도를 알아보는 것'을 말한다. 즉 직무에 대한 이해도와 적합성을 보여 주는 과정이다. 면접 공지에서 '직무면접'이 있을 것이라는 언급이 없더라도 모든 NCS 면접에서는 직무면접이 포함되어 있다고 생각해야 한다.

> **직무면접은**
> **첫째** 직무와 관련한 지식을 묻는 경우
> **둘째** 직무 관련 경험을 묻는 경우
> **셋째** 직무 상황에 대한 대처 능력을 묻는 경우로 나눌 수 있다

각 직무면접을 어떻게 준비하고 대처할 수 있는지에 대해 알아보자.

먼저 공통적으로 준비해야 할 사항이 있다. 자신이 지원한 직무에 대해 자신이 생각하고 정의 내린 '해당 직무란?'이라는 질문에 답할 수 있어야 한다. 직무를 한 문장으로 요약할 수 있다는 것은 본 직무에 대해 정확히 알고 있다는 것이다.

모르는 사람은 어렵게 설명하고 잘 아는 사람은 쉽게 설명한다는 말이 있다. 즉, 잘 모를 때는 오히려 장황해지고 어려운 단어만을 나열하게 된다. 하지만 많이 생각해 보고 고민했을 때는 좀 더 쉽고 직관적인

단어들로 자신의 직무를 정의할 수 있을 것이다.

직무기술서를 바탕으로 해당 직무에서 가장 중요한 역량 혹은 해당 회사의 중요한 업무를 자신이 생각하는 우선순위 세 가지로 정리해 보자. 단순히 홈페이지에 있는 내용을 암기하거나 남의 답변을 베껴오는 것은 차별화에 좋지 않다. NCS 면접은 직무기술서를 바탕으로 했을 때에 좋은 점수를 얻을 수 있다.

좀 더 심화하기 위해 지원 직무가 다른 산업이나 기관의 동일 직무와 어떤 업무의 차이가 있을지를 생각해야 한다. 한국전력공사의 사무직과 건강보험심사평가원의 사무직에는 업무 역량 및 중요도의 차이가 반드시 있을 것이다. 이를 이해하는 것은 직무적합도가 높은 답변을 할 수 있는 가장 중요한 출발점이 된다.

● **직무와 관련한 지식을 묻는 경우**

직무와 관련한 지식은 KEO(지식-경험-의견) 중 지식(Knowledge)에 해당되는 것이다. 관련 지식을 사무직이라고 모두 행정과 경영학을 처음부터 할 것은 아니며 전기직이라고 하여 전기학, 역학 등을 모두 알아야 하는 것은 아니다. 지식의 기준점은 [직무기술서-필요지식/필요기술] 파트이다.

한국전력공사(기출변형)

송배전/전기/IT	사무행정
· 퓨리에 급수란 · 맥스웰 방정식이란 · 정전차폐 방법 · 임피던스/리액턴스 · 변압기의 역할 · 배전용 변전소 역할 · 수용률, 부하율, 부등률 · 전선의 구비조건 · 송전선로 구성요소 · 플레밍의 법칙(왼손과 오른손) · 앙페르의 법칙 등	· SWOT 분석/4P · 노동법/근로기준법의 정의(법률 직렬) · MBO · BSC에서 프로세스 관점이란 · 옴부즈만 제도 · 최저임금/통상임금 포괄임금 · 다면평가 · B2C 산업과 B2B 산업의 차이 · 기업의 사회적 책임이란? · 기능조직 사업부 조직 매트릭스 조직 · 1차 2차 3차 산업혁명과 4차 산업혁명의 차이 · 님비 핌피 바나나 현상

한국전력공사는 최근 3년간 지속적으로 직무면접을 진행해 왔다. 기술직의 경우 스크린면접(모니터에 전기 결선이나 배치도 등의 기호가 포함된 도면을 주고 이를 해석하는 능력을 보는 것)이 포함된 그룹도 있고 그렇지 않은 그룹도 있었다. 도면을 보고 해석하는 능력은 안전과 직결되는 현장에서 대처해야 하는 기술직의 경우 필수적인 부분이다.

행정사무직의 경우에도 단답형으로 관련 질문을 한 사람당 2~3개 정도 하였다. 경영학을 기준으로 보았을 때에 마케팅(경영기획/전략) 파트, 인사노무 파트, 재무회계 파트로 나뉠 수 있다. 법무사와 노무사, 회계사 등의 전문 직렬을 별도로 채용하는 경우가 있기 때문에 인사노무와 재무회계 파트의 경우 일반 행정사무직 지원자들에게는 깊이 있는 질문을 하지는 않는다. 단, 기본적인 인사노무에 관련한 업무와 재무회계 이론은 직무기술서의 [필요지식], [필요기술] 부분을 참조하여 개념 정리는 해 두어야 한다.

● **직무와 관련된 경험을 묻는 경우(BEI면접)**

직무 관련 경험은 직접 경험과 간접 경험으로 나눌 수 있다. 경험을 묻는 다양한 방법 중 최근 금융공기업을 중심으로 행동사건면접(Behavior Event Interview, BEI)의 구조화된 기법을 활용하여 진행하는 경우가 많다.

BEI면접이라는 타이틀을 두지 않더라도 대개의 경험을 묻는 질문을 BEI 맥락에 따라 진행하거나 지원자 입장에서는 이를 바탕으로 경험을 정리하면 유리한 입장에서 답변을 만들 수 있을 것이다.

과거 어떤 경험을 했을 때 어떻게 대처했는지를 단계별로 묻는 방식으로 구체적이고 상세하게 평가를 할 수 있다는 측면에서 다양한 기업에서 이를 채택하고 있다. 앞서 말했듯이 BEI면접은 경험면접, 상황면접 및 AI면접 등 형식은 다르지만 측정하고자 하는 포인트가 같은 경우 이와 같은 구조화된 면접을 진행하게 된다.

면접관들은 자기소개서를 바탕으로 질문을 주거나 NCS 채용 기준에 맞추어 지원자들의 역량을 평가하기 위해 노력한다. 단순히 개인적인 취향에 맞는 지원자를 가려내는 것이 아닌 직무를 위해 준비된 지원자를 뽑기 위해 면접관 입장에서는 자세한 정보를 얻기 원한다. 그러나 단순한 인성면접이나 상식면접 등 기존의 방식으로는 구직자의 역량을 정량적으로 평가하기 어렵기 때문에 왜, 어떻게, 어디서 등에 기반을 두어서 질문을 구조화시켜 채용하는 데에 공정성을 기하고 현장에 투입할 경우 적합한 인재를 최대한 뽑기 위해 노력한다.

BEI는 이런 구조화된 면접의 한 예시로 과거의 실패 혹은 성공 등의 경험을 묻고 이를 구체적이고 세부적으로 나누어 추가 질문을 하며 구직자의 역량을 측정하는 방식이다. BEI면접은 꼬리질문이나 후속질문으로 생각할 수 있다. 크게 다르다고 할 수는 없지만 개인의 경험을 조금 더 구체화, 도식화하기 위해 순차적으로 물어본다는 차원에서 조금은 차이점이 있다.

만약 사무 직무에 지원한 A가 과거 공공기관이나 중소기업에서 사무직 인턴을 했던 경험이 있고 당시 민원 업무에서 80점의 만족도를 받은 적이 있다고 말했다. 그럼 면접관은 어떤 민원을 처리했는지, 민원을 처리하며 가장 어렵게 느꼈던 점은 무엇인지, 그 부분을 해결하기 위해 어떠한 역량을 활용했는지 등을 파악한다. 이는 직무에 대한 경험을 묻는 전형적인 구조화면접이다.

직무경험면접은 일반적으로는 지원자가 제출한 자기소개서 및 교육사항, 자격증 등의 제반 사항을 바탕으로 질문하게 된다. 최근에 추가된 흐름으로는 면접 시작 전 대기 장소에서 별도의 에세이를 작성하게 하고 이를 기반으로 면접을 진행하는 기관(신용보증기금 등)들도 생겨나기 시작했다. 또는 간단한 인성검사와 같은 체크리스트를 주고 평가한 뒤 그 결과를 바탕으로 면접을 보는 경우(은행권)도 있다.

직무면접 중 직무 관련 경험, 직무 관련 학교생활에 대한 경험을 묻는 BEI면접의 주안점은 '진실성'과 '신뢰도'라고 할 수 있다. 경험을 부풀리거나 없는 사실을 자신의 성과로 포장한다면, 해당 경험을 구체적으로 묻는 면접관은 이미 그 부분을 간파하게 된다.

● 직무 상황에 대한 대처 능력

직무상황에 대한 대처능력은 기존에는 롤플레잉(Role Playing, RP)면접이나 인바스켓 면접 등의 사례가 있다. RP면접은 민원응대가 잦은 기관이나 상품과 서비스를 적극적으로 홍보해야 하는 금융권에서 자주 활용된다. 인바스켓의 경우 직무역량을 심화하여 측정하고 싶은 경우 활용되는데 대표적인 기관으로 지역난방공사가 있다. 상황면접의 경우 코레일이 대표적인 기관이다.

먼저 직무상황면접의 가장 기본적이면서도 지원자들이 어려워하는 인바스켓 면접을 통해 직무상황을 예측하는 법, 직무상황면접을 준비하는 법을 체크해 보자.

> **인바스켓(in-basket) 면접이란**
> 관리자의 일상 상황과 비슷한 장면을 설정하고 결재 서류를 인바스켓(미결함)에 넣어 두면 수강자는 그러한 서류에 대하여 차례로 의사결정을 하여 아웃바스켓(기결함)으로 옮겨 넣는데, 비교적 단시간(30~45분)에 다량(20~30통)의 서류를 처리하게 만들어 독해력·판단력·결단력 등을 높이고자 하는 면접이다.

결재서류, 미결함 등의 단어가 매우 생소할 뿐더러 어떻게 진행되는지 알기 어려울 수 있다. 일종의 게임 같은 상황이라고 생각하면 된다.

직무상황을 주고 이에 대해 선택할 수 있는 선택지 혹은 자신의 생각을 정리하고 답변하도록 하는 것이다.

① 제한된 시간동안 준비시간을 준다.(20~40분)
② 직무와 관련한 상황(Situation)과 몇 가지 과제(Task)를 준다.
  - 과제(Task)는 2~3개로 각각의 문제일 수 있고 2~3개의 상황을 조합해야 될 수도 있음(업무 상황, 주어진 직무, 유관부서, 협력업체 및 기관, 민원 등)
③ 답안 작성 후 제출하고 면접실로 이동하여 본인의 제출 답안에 대한 질의응답이 시작된다.(이는 BEI 구조화면접처럼 상황을 구체적이고 세부적으로 나누어 질문하게 된다)

기출문제

상황

약 세 가지의 서류가 주어짐
 - 부서별 담당직원의 직무와 직급, 연락처와 요청사항
 - 부서별 요청사항(현장과 관리직으로 나뉘는 경우도 있음)
 - 가용할 수 있는 자원(작업 스케줄표, 해당 분기의 예산안, 추가 채용 가능한 인원 등)

> 문제 ❶
>
> 앞으로 한 달 후 시작되는 현장 안전점검을 위해 협력사, 부서간 사전회의를 진행해야 한다. 가능한 일정을 제시하시오.
> (직원들의 요청사항과 직무에 따라 해당되는 일자와 제외되는 일자를 나눌 수 있음)
>
> 문제 ❷
>
> 현장안전점검을 위한 예산 및 추가적으로 필요한 인원을 확정하시오.
> (각 부서, 직무마다의 요청 추가예산, 추가인력이 있고 이를 바탕으로 한정된 자원 안에서 이를 조율하고 배치해야 함)

　직무면접의 상황을 묻는 것은 KEO의 O(Opinion,의견)에 해당된다. 의견이나 생각은 정답이 있을 수 없다. 방향성은 존재하겠지만 정확한 답을 원하는 종류의 면접은 아니다. 의견은 조직이해도와 조직생활에 대한 준비태도를 볼 수 있는 부분이다. 인바스켓 면접 형식의 경우 직무 상황을 디테일하게 주고 이를 어떻게 판단하는지 보는 것이다.

　이를 위해 주어진 상황에서 첫째, 업무의 우선순위를 정하고 둘째, 주어진 자료와 활용할 수 있는 자원(데이터)을 판단하고 마지막으로는 답변을 정리하게 된 자신의 선택에 맞는 명확한 근거를 제시하는 것이 중요하다.

　최근 직무면접은 단순한 단답형에서 구조화된 평가, 직무상황과 매우 밀접한 형식으로 진행되는 롤플레잉 면접이나 인바스켓 면접 등으로 매우 다원화되고 있다.

NCS 채용이 2015년에 시험 도입되고, 2017년 본격 도입되면서 단순하고 일괄적이었던 공공기관의 면접 방식이 해가 거듭될수록 다양하고 다채로워지고 있다.

물론 각 면접마다의 전략은 있고 앞으로 더욱 다양화될 것임은 분명하다. 하지만 변하지 않는 사실은 '직무면접'의 경우 KEO(지식-경험-의견)를 벗어나는 경우는 거의 없다고 보면 된다는 것이다. 직무적합도와 조직이해도를 통해 NCS 직무역량을 평가한다는 대전제는 동일하기 때문이다.

결론적으로 직무면접은 꼭 직무면접을 본다는 공지와 언급이 없더라도 항시 포함될 수밖에 없는 면접이다. 해당 직무를 이해하기 위해 다음과 같은 준비를 하자.

직무면접 준비사항
1. 직무기술서의 [직무수행내용], [필요지식], [필요기술], [직무수행태도]를 숙지하자.
2. 해당 직무를 하게 되면 부딪히게 될 의사소통 대상자는 누구일지 생각해 보자.
3. 직무 수행 시 어려운 점, 갈등상황, 제한된 자원은 무엇이 있을지 생각해 보자.
4. 직무와 관련한 최근 트렌드와 산업 이슈를 체크해 보자.
5. 직무와 관련한 나의 경험을 구체적이고 세부적으로 정리해 보자.

직무면접은 모든 면접의 근간이다. 기본적인 면접이지만 취업준비생 입장에서는 두려울 수 있다. 하지만 NCS 채용에서는 '직무기술서'를 참고하고 자신의 경험을 담백하고 우직하게 표현한다면 가장 쉬운 면접이 될 수 있다.

06 상황면접

　NCS 면접에서 상황면접은 크게 두 가지로 준비하면 대부분의 문제들에 대처할 수 있다. '사람'과 부딪히는 의사소통형 문제와 '사건/사고'와 부딪히는 문제해결형 문제가 그것이다.

　상황면접의 기출문제를 보면 매우 어렵거나 처음 보는 생소한 상황이라 전반적으로 난이도가 높은 면접이라고 이해하는 경향이 있다. 당연히 그럴 수 있다. 직무나 조직에 대해 학문적으로 접근하고 홈페이지나 신문기사 등 간접적인 접근의 한계성이 있었기 때문이다.

　이를 크게 두 가지로 나누어 이해하고 머릿속에 기억해 보자. 그리고 면접장에서 질문을 받았을 때에 현재 내가 맞닥뜨린 상황이 '사람'과의 의사소통인지, 사건이나 사고를 해결해야 하는 '문제해결' 상황인지에 따라 나누고 아래의 답변을 적용하면 당황하지 않고 차근차근 답변을 풀어 갈 수 있다.

'사람'과 부딪히는 상황

나 vs 상사(상사와 부딪힐 때)

질문	**한국토지주택공사(기출변형)** 상사가 업무적으로 부당하거나 비효율적인 지시를 한다면 어떻게 할 것인가? **금융감독원(기출변형)** 기존 업무 경험이 있는 N번 지원자는 나와 의견이 맞지 않는 상사와 업무를 할 때에 어떻게 대처하겠는가?
답변	일단 따르겠습니다. 왜냐하면 상사가 그런 지시를 하시는 데에는 이유가 있을 것이라 믿기 때문입니다. 단, 문제가 생길 수 있는 소지가 있다면 사내규정이나 업무 매뉴얼을 한 번 더 살펴보고 관련된 내용을 정리하여 별도로 상사에게 보고 드리며 말씀드리겠습니다.

>해설

면접 상황에서 면접자는 면접관에 비해 해당 업무 연차나 해당 기관에 대한 전문성이 적을 수밖에 없는 것이 당연하다. 특히 신입사원 면접이라면 (아무리 기존에 타 회사의 업무 경험이 있더라도) 결국 자신이 지원한 회사에서는 신입으로 처음부터 시작하는 것이다. 신입사원이 상사와 부딪힌다는 것이 조직생활에서 얼마나 자주 일어나는 일일까? 현실적으로 가능한 부분일까?

대한민국이 보수적이고, 공공기관은 서열이 정확해서 이러한 답변을 해야 하는 것일까? 그렇지 않다. 이것은 기존 업무 방식에 대한 인정 여부라고 생각해야 한다.

부당한 지시인지 아닌지 임의로 판단하는 것이 조직의 전체적인 업무 흐름에 벗어날 수 있다. 일단은 나보다 업무에 대해 조금이라도 알고 있는 사람의 말을 믿고 진행하는 것이 조직생활의 기본적 태도라고 할 수 있다.

자칫 이런 답변이 수동적이라고 생각할 수 있겠지만 '저는 잘 모르니 그냥 시키시는 대로 하겠습니다' 형태의 답변이 아니면 된다. 앞의 답변을 할 때 주의점은 답변의 순서를 정확히 인지하고 활용해야 한다. '무조건 따르겠다', '일단 뭐든지 믿고 따르겠다' 식의 막무가내 답변은 안 된다.

공공기관은 한 명의 뛰어난 인재도 중요하지만 국가 전체 시스템을 잘 운영하고 확장해 나갈 수 있는 인재가 더욱 필요하다. 예를 들어 서부발전, 인천국제공항공사, 인천항만공사, 한국철도공사 등 인프라가 주요사업인 공사의 경우 사원 한 명의 잘못된 판단이 큰 사고로 이어질 수 있다. 이를 위해 직무상황에서의 팀 간 협업, 상하 직급 간의 신뢰와 의사소통은 필수적이다. 국민의 생명, 국가산업의 명운과도 이어질 수 있기 때문이다.

문제가 아무리 복잡하더라도 내가 부딪힌 상황이 '사람'이라면, 특히 나보다 직급이 높은 사람이라면 위 대답의 순서를 지키는 것이 면접에서 높은 점수를 받을 수 있는 가능성을 높일 수 있다.

나 vs 타 부서 직원/동료(동료/타 부서 직원과 부딪힐 때)

질문	한국전기안전공단(기출변형) ○○번 지원자는 현장 팀 직원으로 예산 팀 팀장과 의논하고 있는데, 현장 팀의 기존 예산을 50%로 줄인다고 한다. 이것은 기존 회의에서 결정한 사항과 다른 데 이럴 때 어떻게 상대방을 설득시킬 것인가?
답변	일단 왜 그러한 변경이 생겼는지 상대방(예산 팀)의 자초지종을 경청하겠습니다. 그 후 저희 팀의 상황, 내부적으로 결정된 것들을 객관적인 수치를 바탕으로 정확하게 전달드리겠습니다. 그럼에도 불구하고 의견이 좁혀지지 않는다면 저희 팀 팀장님이나 팀 선배님께 빠르게 의견을 구하고 다시 조율하고 설득할 수 있도록 진행하겠습니다.

해설

회사 생활을 하다 보면 회사 내부적으로 부서 간 협업할 업무가 많고 그만큼 부딪힐 수 있는 확률도 높다. 이럴 때에는 과연 어떻게 대처한다고 해야 조직생활에 적합한 인재로 보일 수 있을까?

우선 이러한 질문을 받았을 때에 빠르게 판단해야 하는 것이 나의 팀 상사인지 아닌지 여부를 잘 구분해야 한다. 물론 다른 팀 상사도 나의 선배이기 때문에 의견에 따르는 것이 맞다. 하지만 위와 같은 상황은 아무리 예산 팀 '팀장'이라고 하더라도 나는 우리 팀(현장 팀)의 대표선수로서 타 부서의 직원과 의견을 조율해야 하는 상황인 것이다. 무조건 따를 수는 없다는 것이다. 그렇다고 하여 싸우거나 논리적으로 반박하는 것도 조직생활을 하는 데에 적절하지 않다. 일단 동등한 입장에서 의견을 조율해야 한다면 가장 중요한 것이 '경청'을 하는 것이다.

자초지종을 듣고 왜 의견 조율이 안 될 수밖에 없는지를 판단하는 것이 신사적인 업무처리 방식이다. 그 후 나의 의견이나 나의 말주변으로 적당히 설득을 하는 것이 아니라 우리 팀에서 결정된 사항이나 지난 회의 등에서 확정된 부분을 자료나 수치화된 것들을 근거로 정확하게 말해야 한다.

그럼에도 불구하고 결론이 나지 않을 경우에는 임의로 판단하거나 임기응변을 하기보다 직무에 대한 지식이 높고 고견을 가진 해당 팀 선배들에게 의견을 구한 후 결론을 다시 조율한다고 하는 것이 알맞은 대처법이다.

> 선생님, 그럼 너무 수동적으로 일을 처리하는 것 아니냐 라고 물어보시면 어떡하죠?

그렇다. 내 의견과 판단이 없어 보이는 답변 때문에 인재상에 있는 도전, 혁신, 리더십 등의 가치에 부합되지 않는 것은 아닐까 걱정될 수 있다. 만약 '수동적인 일처리'로 꼬리 질문을 받는다면 다음과 같이 답변하는 것이 좋다.

> 네~ 그렇게 생각하실 수 있습니다. 단, 제 판단보다는 경험과 경력이 많으신 선배님이나 제가 소속된 팀의 팀장님 의견을 참조하는 것이 맞다고 생각합니다. 빠르게 업무를 처리하는 것도 매우 중요하지만 속도가 설사 조금 느려지더라도 정확하고 신중하게 결정을 하는 것이 중요하다고 생각해서 그렇게 말씀드렸습니다.

쿠션어를 사용하여 답변하며 스스로 차분하게 생각을 정리하고, 선배나 상사에 대한 존중하는 마음과 신입사원으로서의 겸손을 표현한다. 그리고 마지막으로 공공기관에서 중요시하는 업무 절차에 대한 인지를 드러낼 수 있는 문장으로 마무리하는 것이 중요하다.

나 vs 타 회사 직원/협력사 직원(타 회사/협력사 직원과 부딪힐 때)

질문	**한국중부발전(기출변형)** 현장에서 업무를 함께하는 협력사(하청업체) 직원이 자신보다 나이가 훨씬 많은 50대의 업계 베테랑이다. 하지만 우리 조직의 규정에 맞는 안전화, 안전모착용 등 안전수칙을 지키지 않고 있다. 나이가 많으시고 이제까지 안전 문제가 없었다는 이유로 ○○번 지원자의 지시를 따르지 않을 때에는 어떻게 조치하겠는가?
답변	일단 왜 그렇게 하시는지(안전수칙을 지키지 않는지) 상대방(협력사 직원분)의 자초지종을 경청하겠습니다. 그 후 저희 회사의 상황, 내부적으로 결정된 것들을 매뉴얼이나 사내규정을 근거로 정확하게 전달 드리겠습니다. 그럼에도 불구하고 의견이 좁혀지지 않는다면 저희 팀 팀장님이나 팀 선배님께 빠르게 의견을 구하고 다시 조율하고 설득할 수 있도록 진행하겠습니다.

> 해설

문제가 굉장히 복잡하게 들릴 수 있지만 '무엇과 부딪히고 있는가'를 잘 생각해 보자. 지금 나와 부딪히는 상대가 '안전모'인가? '안전수칙'인가? 둘 다 아니다. 지금 당신이 부딪힌 상황, 부딪힌 상대는 협력사 직원이다.

비록 협력사 직원이 본인보다 나이가 많거나 업계 경력이 많더라도 일단은 함께 일하는 동등한 입장이라고 생각하며 대처하는 것이 맞다. 본인 역시 우리 회사를 대표로 협력사 직원과 함께 일하고 있는 상황이기 때문이다.

나이가 많으신 분을 예우해 드리는 것, 협력사/하청업체(최근에는 갑질 이슈로 인해 하청업체라는 단어를 많이 사용하지 않는다.)와 원활하게 업무하는 것은 매우 중요한 부분이다. 단, 회사의 직원으로서 외부의 업무 동료들과 일을 할 때에 당황하지 않고 우리 회사의 대표격으로 책임감 있게 일을 진행할 수 있는지를 보여 주는 것이 중요하다.

앞서 살펴본 상황 2번의 답변과 본 상황의 답변은 매우 유사하다. 그 이유는 상황 1과는 다르게 상하관계보다는 수평적 관계의 업무처리라는 점이 동일하기 때문이다. 차이점이라고 하면 상황 2번은 조직 내부의 동료와 부딪히는 것이고 상황 3은 조직 외부의 업무적 동료와 부딪히는 것이다.

나 vs 고객(고객/민원은 일반적으로 컴플레인을 요청하는 상황이 주어짐)

질문	**국민연금공단(기출변형)** 국민연금을 수령해야 하는 민원인이 방문하셨다. 그는 장애인으로 연금을 수령 중인 상황이었는데 자초지종을 들어 보니 현재로서는 우리 공단에서는 해결할 수 있는 것이 없다. 민원인은 자신의 장애 급수가 부당하다고 생각하여 연금 액수를 조정해 달라고 하는데 이는 장애 급수를 결정하는 타 기관에 연결시켜 드려야 하는 상황이다. 어떻게 민원인의 민원을 잘 처리할 수 있을까? **한국주택금융공사(기출변형)** 자가를 담보로 주택연금을 수령 중인 노부부가 방문하여 약관에 명시되어있었던 A 항목이 부당하다며 큰소리로 불만을 제기하고 있다. 현재 창구에는 20명이 넘는 민원인이 함께 있으며 그들로 인해 다른 민원인들이 불편함을 내색하고 있는 상황이다. 약관에 명시된 사항에 대해서는 언급하지 않은 채 막무가내로 요구조건만을 주장하고 있는 민원인을 대처한다면 ○○번 지원자는 어떻게 할 것인가?
답변	먼저 민원인의 이야기에 공감하며 마음을 진정시켜 드리겠습니다. 그 후 차나 커피를 대접하며 규정이나 현재 처리방침에 대해 민원인이 이해하시기 쉬운 단어로 설명하며 설득하겠습니다. 설명 후에는 이를 해결할 수 있는 기관을 연결시켜드리거나 제가 해 드릴 수 있는 대안을 알려드리도록 하겠습니다. (그럼에도 불구하고 해결되지 않는다면 선배님께 빠르게 여쭈어보거나 업무 매뉴얼을 다시 찾아본 후 추가적인 업무 절차를 진행하겠습니다.)

해설

민원이 자주 발생하는 기관에서 종종 받을 수 있는 질문이다. 이때 지원자들이 가장 많이 사용하는 단어가 '소통력'이다.

> 제 특유의 소통능력을 발휘하여 이를 해결하겠습니다.

무난하지만 높은 점수를 받기 어려운 답변이다. 해당 형식의 질문을 묻는 이유는 소통력이나 순발력보다는 해당 지원 직무가 맞닥뜨릴 수 있는 업무 상황에 대해 아는지를 체크하고자 함이다. 즉, 해당 회사가 민원상대가 많은데 이를 얼마나 효율적이고 적절하게 지원할 수 있는지를 묻는 것이다.

민원상황, 고객응대 문제에서 주요 포인트는 '친절한 고객을 어떻게 응대하겠느냐?'는 절대 나오지 않는다는 것이다. 고객이 친절하면 직원 역시 친절하게 업무 매뉴얼에 맞추어 응대하면 된다. 민원상황의 문제는 대게 '악성민원, 블랙컨슈머' 등의 응대하기 어려운 상황을 주게 된다.

이때 가장 중요한 것은 흥분하거나 화가 나 있는 민원인을 진정시키는 일이다. 감정이 격앙되어 있는 민원인의 이야기를 하염없이 경청할 수는 없다. 업무 시간과 공간이라는 제한된 조건이 있기 때문이다. 그렇다고 민원인이 원하는 것을 무작정 다 들어 줄 수는 없다. 공공기관에서는 하나의 잘못된 선례가 일으킬 수 있는 파급효과가 클 수 있기 때문이다.

마지막으로 무조건 선배님이나 팀장님께 조언을 구하는 것도 좋지 않다. 일단은 민원인을 최대한 자신이 책임지고 마무리할 수 있는 근성을 보여 주는 것이 필요하다.

만약 이 부분이 어렵게 느껴진다면 자신이 입사하고 싶은 공기업이나 민원인이 많이 발생하는 국민건강보험공단, 국민연금공단 등의 민원창구에 방문하여 실제 직원들이 하시는 업무 응대상황을 보는 것도 한 방법이다.

'사건/사고'와 부딪히는 상황

'안전' 이슈가 부딪힐 때

질문	**한국철도공사(기출변형)** 작업 중 1분 30초 후 위험 상황이 발생할 수 있다는 경고음이 울렸다. 같이 근무 중인 상사가 대피하지 않고 계속 작업 중이라면 당신은 이를 어떻게 상대방이 기분 나쁘지 않게 해결하겠는가?
답변	일단 작업에서 안전은 최우선으로 해야 하는 가치라고 생각합니다. 1분 30초는 인지하고 대피하기에 넉넉한 시간이 아닐 수 있으므로 빠르게 선배님께 말씀을 드려 함께 대피하거나 말씀드릴 여유가 없는 시간이라면 지체하지 않고 일단은 물리적인 힘을 가해서라도 무조건 작업 현장에서 빠져나올 수 있도록 하겠습니다.

해설

한국철도공사, 한국수력원자력, 남부발전, 남동발전을 비롯한 우리나라의 각종 인프라를 책임지는 회사들에서 많이 나오는 질문이다.

앞의 질문에서 윗사람과 부딪히는 상황 중 '선배, 자신보다 높은 사람'과 부딪히는 상황으로 혼돈할 수 있다. 하지만 그 어떤 상황에서도 안전은 양보해서는 안 되는 가장 최우선 가치로 생각해야 한다.

그러므로 질문의 요지가 현재 사람인지, 사고가 발생할 수 있는 위험한 상황인지를 빠르게 판단하고 '안전'의 이슈가 중심에 있다면 크게 고민하지 말고 '사고가 발생하지 않을 수 있는 상황을 만드는 것'에 집중해야 한다.

사기업이나 여타 조직들도 안전사고가 발생해서는 안 되지만 공공기관은 '안전사고'에 매우 예민하다. 공공기관이 다루는 기기 및 인프라는 자칫 국가적 재앙 수준으로 사고가 발생할 수 있기 때문이다.

이는 국가 경제 발전과 무엇보다 국민들의 안위를 위협할 수 있는 부분이어서 공공기관의 기술직 직무 면접에서 빈출되는 질문이다. 관련한 업무 및 조직에 면접을 준비 중이라면 반드시 숙지하고 이미지 시뮬레이션을 통해 몰입 훈련을 해 보는 것이 좋다.

화재, 자연재해 등의 '사고'가 발생하는 경우

질문	**한국수력원자력(기출변형)** 현장 감독 중 한참 업무가 진행되는 건물에서 화재가 발생했다. 이때 현장 담당자로서 어떤 절차로 이를 해결할 것인가?
답변	먼저 인명피해가 나지 않도록 작업 중인 작업자를 빠르게 대피시키겠습니다. 그 후 119에 연락과 동시에 2차 사고가 발생하지 않도록 매뉴얼에 따라 주변 작업자, 행인 등 일반인을 대피시키겠습니다.

해설

본 질문의 요지는 '인명피해'가 발생하지 않도록 대처하는 태도가 중요하다. 입사 후 당연히 해당 회사의 업무 매뉴얼과 사내규정에 맞도록 교육을 받을 것이다. 단, 기본적이고 상식적인 수준에서 화재나 자연재해 등 인명과 관련한 상황일 때에는 우왕좌왕하거나 책임자가 책임을 피하기 위해 혼자 빠져나오는 등의 행동을 해서는 안 된다는 것을 확인하는 과정이다.

특히 면접의 상황에서 이러한 질문이 나오면 당연한 수순임에도 불구하고 막상 언어로 풀기가 쉽지 않다. 우리나라의 경우 몇 가지 큰 안전사고를 겪으며 안전사고에 대한 철저한 대비와 국민의 생명권을 지키는 것이 더욱 강조되어 왔다. 그러므로 이를 사전에 숙지하고 크게 당황하지 말고 하나씩 차분하게 답변으로 풀어나갈 수 있도록 연습해보자.

윤리적 문제가 발생하는 경우

질문	**한국국토정보공사(기출변형)** 프로젝트를 위해 외부업체인 B회사와 미팅을 하게 되었다. 미팅 후 자신이 대접하겠다고 점심을 함께 먹자는 B회사의 사장님 제안이 있었다. 하지만 프로젝트 기간 중에는 외부업체와 점심을 먹는 것이 안 된다고 거절을 한 후 팀 동료와 함께 근처 김치찌개 식당에 갔다. 우연히 그 식당에는 B회사 사장님이 식사 중이었고 간단히 눈 인사 후 식사를 하고 계산을 하려고 보니 B회사 사장님이 이미 계산을 하고 갔다는 것을 알게 되었다. 이는 B회사에게 점심 접대를 받은 것으로 간주되어 사내규정에 어긋날 수 있는데 이럴 때는 어떻게 처리할 것인가?
답변	먼저 사내 매뉴얼과 규정을 정확하게 재확인해 보겠습니다. 확인 후 B회사 사장님께 전화나 미팅을 통해 사내 매뉴얼을 기준으로 사장님의 행동이 본 회사의 규정에 어긋남을 정중하게 말씀드리겠습니다. 그리고 나서 규정에 맞게 순차적으로 환불 등의 조치를 취하도록 하겠습니다. 이와 동시에 팀장님께 보고하여 이를 공유드리도록 하겠습니다.

해설

공공기관은 청렴도를 매년 평가하고 이를 사내외 홍보에 크게 활용할 만큼 매우 중요한 척도로 자리 잡게 되었다. 특히 몇 년 전 김영란법이 시행된 후에는 더욱 청렴한 태도가 강조되고 있다.

하지만 면접에서 이와 같은 질문이 나오면 학생 신분으로 생각하고 그동안 행동해 온 입장에서는 어떻게 풀어가야 할지 매우 어렵게 느껴진다.

윤리, 청렴 등의 단어는 사람을 경직되게 만들기도 한다. 그렇다고 면접에서 '안 된다, 저는 그런 상황을 안 만들겠다' 등의 상황 자체를 부정하는 답변을 하는 것은 좋지 않다.

윤리나 청렴, 공직자의 태도 등과 관련한 상황 질문이 나오면 최대한 자신의 상식 수준에서 답하면 된다. 단, '업무 매뉴얼을 바탕으로, 사내 규정이나 청렴 지시서를 기준으로' 등의 업무적인 단어를 활용한다면 더욱 좋은 점수를 받을 수 있다.

기본적으로 올바른 가치관을 가진 사람을 선호하는 것은 당연지사이고 자신이 상황에 따라 이리저리 임의로 처리하지 않고 회사의 방침과 매뉴얼에 맞추어 행동하겠다는 의지를 보여 주면 비교적 안정적으로 답변할 수 있게 된다.

상황면접은 순발력으로 접근하면 절대 고득점을 받을 수 없는 면접이다. 상황면접이라는 것은 지원한 직무에 대한 이해와 지원 회사의 조직 특성을 최소한이라도 이해해야 답변할 수 있기 때문이다.

'어떤 상황이 발생할지 내가 어떻게 알지?'라는 마음으로 안일하게 생각하거나 포기하는 마음보다는 기본적으로 발생할 수 있는 상황을 사람과 관계, 사건/사고로 구분해서 시뮬레이션해 보면 좋다.

07 발표/PT면접

발표면접은 NCS 채용 도입 전에도 공기업 사기업을 막론하고 많이 도입된 면접 형태이다. 하나의 주제에 대해 짧은 시간 안에 지원자의 직무역량과 회사에 대한 관심도를 체크할 수 있는 가장 심플한 면접 형태이기 때문이다.

단, 면접관과 회사 입장에서는 시간적 자원이 많이 소요된다는 점, 많은 인원을 심사할 경우 제한된 시간에 많은 면접관을 배치해야 한다는 비용적 부분의 부담이 있다. 그럼에도 불구하고 발표면접을 보는 이유는 정말 '발표'를 잘하는 사원이 필요해서일까?

발표면접의 의도는 크게 세 가지로 나뉜다.

- 첫째 직무 지식과 해당 조직의 사업에 대한 이해도를 체크하기 위함
- 둘째 공공기관은 기획력과 자원활용능력이 중요
- 셋째 해당 기관을 대표하여 유관기관, 협력업체, 민원응대 등의 소통을 할 수 있는 사람인지를 확인하는 과정이 필요함

발표면접은 다음과 같은 방식으로 진행된다.

> ❶ 자료를 배포한다.(자료를 배포하지 않고 질문만 주는 경우도 있음)
> ❷ 문제가 제시된다.
> ❸ 문제에 대한 문제해결방안, 대안을 넣은 발표 자료를 작성하도록 한다.(일반적으로 백지를 주고 그곳에 내용을 적도록 함. 컴퓨터로 작성 후 프린트해서 보게 하는 경우도 간혹 있음)
> ❹ 제한된 시간(약 2분~5분/1인)동안 심사위원(면접관) 앞에서 준비한 내용을 발표한다.(준비한 내용을 볼 수 있는지에 대한 여부는 각 기관마다 상이함)

기존에 학교에서 발표하던 방식과는 조금 다른 것을 알 수 있다. 학교에서 과제를 하거나 공모전 등에 참가할 때에는 자료를 정리한 후 컴퓨터를 활용하여 PT를 제작하는 것도 중요한 과정 중 하나였다.

하지만 시간적 물리적으로 한계가 있는 면접이라는 상황에서는 모두 PC를 제공한 후 파일을 작성하기는 어렵다. 그뿐만 아니라 발표 면접의 포인트는 PPT(MS PowerPoint)를 잘하는 사람을 뽑고자 하는 의도는 적다. 업무나 기관에 관련한 이슈를 문제로 제시하고 이에 대한 '해결방안'을 얼마나 구체적이고 논리적으로 제시하는지를 보는 것이 주요한 사항이다.

● **발표면접 점수 체크 포인트**

> ❶ 문제의 핵심, 해결방안의 중요성을 파악했는가
> ❷ 짧은 시간 안에 자료를 모두 읽고 유의미한 포인트를 짚어낼 줄 아는가
> ❸ 논리적인 방법으로 문제를 해결하는 힘이 있는가
> ❹ 배경지식을 얼마나 갖고 있는가
> ❺ 기본적인 전달력이 있는가

문제의 핵심, 해결방안의 중요성을 파악했는가

문제를 풀려면 문제가 무엇인지 알아야 한다. 발표면접을 진행하다 보면 '문제가 뭔지 알고 있나?'라는 생각이 들 만큼 횡설수설하거나 자료 분석에만 몰두하고 있는 지원자들이 굉장히 많다.

해결방안이나 대안, 자신의 생각을 담기 위해서는 현재 문제점이 무엇인지 자신이 생각하는 이슈의 포인트가 무엇인지를 발표 첫 부분에 정확하고 심플하게 언급하는 것이 매우 중요하다. 문제를 파악했다는 것은 이 문제를 해결하는 것이 전체 맥락에서 얼마나 중요한 것인지를 알고 있다는 의미가 된다.

짧은 시간 안에 자료를 읽고 유의미한 포인트를 짚어낼 줄 아는가

자료가 사전에 제시되는 KOTRA, 한국자산관리공사 등의 기관에서는 짧은 시간 안에 많은 양의 자료를 숙지하는 것도 가점 포인트가 된다. 업무를 하다 보면 매우 방대한 자료를 빠르게 훑어보고 앞으로 기획에 있어 주효한 포인트를 추려내어 보고서나 기획서로 만들어야 하

는 상황이 많다. 그 부분을 압축적으로 체크해 보고자 하는 것이다.

여기서 주의해야 할 점은 첫째, 자료분석에만 치우쳐서는 안 된다는 점이다. 많은 학생들이 자료 분석에만 시간을 쏟은 나머지 정작 가장 중요한 해결방안 없이 발표를 마무리하는 경우가 많다.

짧은 시간 안에 긴장된 상황에서 자료를 집중해서 읽는 것만으로도 버거울 수 있지만 정신을 똑바로 차리자. 제시된 문제를 해결하기 위한 과정에서 본 자료를 어떻게 활용할 수 있는지 생각하며 준비시간동안 발표 자료를 작성해야 한다.

둘째, 자료의 텍스트만 읽지 말아야 한다. 우리가 공공기관이나 여타 기업에서 보는 자료는 교과서나 소설책처럼 글만 있는 자료가 아니다. 경제 동향이나 추이를 담은 그래프, 표, 이미지 등이 복합적으로 담겨 있다.

하지만 대부분 어떻게든 한 번이라도 글을 읽어내야 한다는 강박 때문인지 글만 보고 해결방안을 도출할 때에 유용할 수 있는 시각적 자료를 전혀 보지 않는 경우가 많다. 동일한 자료에서 차별화된 내용을 담아 고득점으로 면접에 합격하기 위해서는 접근 방식이 달라야 한다.

논리적인 방법으로 문제를 해결하는 힘이 있는가

남을 설득하기 위해 논리적인 접근이 중요하다는 것은 누구나 알고 있는 사실이다. 발표면접에서 주어지는 준비시간은 기관마다 다르지만 아무리 길어도 1시간을 넘지 않는다. 통상 30분 내외의 준비 시간이 주어지는데 이때에 논리를 맞추어 기획하고 문제 해결방안을 생각해 내기란 현실적으로 쉽지가 않다. 긴장이 되는 상황일 뿐더러 예측하지 못했거나 알지 못하는 부분의 질문이 나올 때에는 더욱 그러할 수밖에 없다.

이를 위해 본 챕터에서는 크게 세 가지 정형화된 프레임으로 발표면접의 준비 방안을 소개할 것이다. 답변의 정형화를 통해 면접 전 반복적인 연습을 하고 실전에 가서는 주제에 따라 자신이 준비한 것 중 적절한 프레임을 대입하면 좋다.

다시 한 번 강조하지만 면접은 시험이다. 시험은 유형이 있는 것이고 이 유형에 맞추어 제한된 시간 동안 누가 더 효율적인 결과를 내는가가 점수에 영향을 끼치게 된다.

발표면접이 두렵다고 하여 지금 당장 논리력 학원을 다닐 수 있는 것도 아니며 다닐 수 있더라도 짧은 시간 안에 실력이 향상되기 어렵다. 그렇다고 포기하라는 말은 절대 아니다. 발표면접에 대한 개념을 정확히 이해하고 '논리적 접근'을 주제별 답변 정형화라는 프레임으로 접근한다면 발표/PT면접에서 고득점을 받을 수 있을 것이다.

배경지식을 얼마나 갖고 있는가

발표면접의 문제는 대부분은 해당기관이 현재 진행 중이거나 앞으로 진행 예정인 사업과 관련된 주제가 출제된다. PT면접은 프레젠테이션을 잘하는 것 자체가 중요한 것보다는 관련 사업에 대해 이해하고 이를 비즈니스적으로 접근하여 기획할 수 있는가를 보는 것이기 때문이다. 전공이론에 대한 주제, 자신을 소개하는 주제 등이 나오더라도 학생이 교수님 앞에서 발표하듯 접근하는 것이 아니라 업무를 한다는 마음으로 공식적인 자리에서 어떻게 논리적으로 정리할 것인가가 중요하다.

어떠한 주제가 나오더라도 결국 해당기관의 관심사, 또는 자신이 지원한 직무에 연관되어 있는 지식이나 이론 등이 주축이 될 것이다. 간혹 사회의 쟁점이 되는 사안이 출제되는 경우도 있지만 이는 토론/토의면접에 더욱 빈출되는 주제이다.

- 발표/PT면접은 아이디어 싸움이 아니다.
- 발표/PT면접은 기획력과 논리력 경쟁이다.

기획력과 논리력을 갖추려면 말하는 연습을 하는 것뿐만 아니라 청자가 관심 있어 할 만한 부분을 미리 숙지하고 배경지식을 갖고 있어야만 한다. 정리하자면 다음과 같다.

첫째 해당 기관이 현재 고민하고 있는 지점 ⇨ 조직이해도
둘째 직무 지식 및 자신의 강점을 어필할 수 있는 지점 ⇨ 직무적합도

발표면접에서 나올 확률이 매우 높다. 발표면접은 학문이나 논문발표의 장이 아니므로 학문적, 이론적 지식 자체가 중요한 경우는 많지 않다. 현재 해당 기관이 가장 관심 있어 하는 부분, 공공기관이 전반적으로 예산을 많이 배치하고 있는 사업 등을 미리 공부해 두어야 한다. 배경지식은 비단 상식만을 말하는 것이 아니다. 관련 기관의 사업, 고

유의 역할, 국가 정책상 반드시 행해야 하는 책임 등을 알고 있는지를 말한다.

하위 능력	정의
주요사업	도시조성사업 도시재생사업 지역균형사업 공공주택사업 주거복지사업 국가정책사업 외 기타사업, 연구기술

LH공사는 최근 3년간 발표면접+토론면접을 함께 진행하는 융합면접을 진행했다. 이때 출제된 질문으로는 조직사업과 관련된 질문이다.

· **LH한국토지주택공사(기출변형)**

> Q (현재 진행 중인 국내 스마트시티 관련 내용의 자료와 함께) 스마트시티를 조성하고 이를 통해 도시 재생을 이루기 위해 해당 직무로서 어떠한 역할을 할 수 있을지 발표하고 토의하시오.

LH공사의 주요사업을 보면 첫 번째가 '도시조성사업'이다. LH공사를 준비하는 많은 지원자가 치우치는 것이 바로 '공공주택사업' 분야이다. 공공주택과 주거복지는 LH공사의 주요한 사업임은 맞지만 최근 4차 산업혁명 시대 및 건물과 도시 사용 가능 연한에 맞추어 재생하는 사업에도 비중이 늘어나고 있다.

환경적 측면, 비용적 측면, 문화 보존적 측면으로 보았을 때에 도시 조성과 도시재생은 현재 매우 중요해지고 있는 사업이다. 더불어 지역 균형사업과 주거복지사업의 경우 주거취약계층에 대한 복지 차원도 있지만 경기둔화에 맞추어 일자리를 창출하고 국토의 균형발전을 이루고자 하는 정부의 방침과도 그 궤를 같이 하고 있음을 알고 있어야 한다.

발표/PT면접을 준비하는 단계에서 말을 못한다고 포기할 것이 아니다. 반대로 남 앞에서 말을 잘하고, 발표수업에 자신 있었고, 공모전 등에서 아이디어가 좋았다고 하더라도 해당 기관이 원하는 솔루션과 관련 지식이 드러나지 않으면 절대 고득점을 받을 수 없다.

해당 기관의 주요사업을 중심으로 왜 주요사업이 되었는지 산업 전반의 역할이 무엇인지를 고민하며 준비하자.

기본적인 전달력이 있는가

여러분이 만약 공기업 직원이 되었다면 어떻게 업무를 하게 될까? 혼자 골방에 갇혀 일하는 경우가 있을까? 업무를 할 때 기본적인 커뮤니케이션은 매우 중요하다.

특히 공기업의 경우 해당 공기업 직원(미래의 나), 정책 관련 행정부 직원(도로교통부, 여성가족부 등), 관련 지자체 직원(서울시/종로구 등의 사업 주체), 지역 기업 담당자 등과 함께 일해야 한다. 또는 해당 공기업의 내부적인 업무라면 타부서와의 협업, 우리 부서 내의 다른 팀원들과 끊임없는 의견 공유와 소통이 필수이다.

이때에 '제가 원래 좀 소심해서요~', '저는 너무 떨려서 팀장님께 보고하는 것을 못해요'라는 상황이 펼쳐지는 것이 가능하겠는가? 말도 안 된다는 것을 느낄 것이다.

우리가 발표/PT면접을 보는 이유는 기본적으로 상식적인 수준의 의사소통이 되는 사람인지를 알고 싶은 것이다. 이를 위해서 다음과 같이 연습해 보자.

> ❶ 자신의 자기소개서를 큰 소리로 읽어 보자.
> ❷ 해당 기관과 관련한 기사를 3m 앞에 사람이 들릴 만큼의 소리로 읽어 보자.
> ❸ 기출문제로 발표면접을 준비하여 자신의 목소리를 녹음해 보자.
> (녹음 장치-스마트폰의 위치는 약 1~2m 떨어진 곳에 두고 해 보자)
> ❹ ❸에서 준비한 내용을 들어보며 명확하게 들리는지 확인해 보자.

평소 떨림이 많거나 남 앞에서 긴장을 많이 하는 스타일이라면 ❶과 ❷를 매일 반복적으로 하다 보면 약 2주 정도만 지나도 조금씩 나아질 것이다. 자신의 목소리가 공간을 채울 만큼의 큰 소리를 내는 것이 어색할 수 있다. 이를 면접 실전 상황에서 처음하면 스스로 어색한 느낌을 넘어 상대방에게도 불안함을 줄 수 있기 때문이다.

'하면 된다'라는 생각보다는 '하면 는다'라는 마음으로 한 단계씩 해 보자. 인생을 살다 보면 도저히 안 되는 일들도 충분히 있을 수 있다. 또는 해도 안 된다는 마음 때문에 도전하고 노력하고자 하는 의지가 쉽사리 떨어질 수 있다. 하지만 확실한 것은 실력은 '하면 는다'. 조금 부족하더라도 지금보다 나아지게 만드는 것이 노력을 하는 이유다.

안 하면 되지도 않지만 늘지도 않는다. 하나씩 하면 어떻게든 어느 부분에서든 실력이 는다. 실력이 늘면 조금씩 자신감이 붙는다. 자신감이 붙으면 하고 싶어지고 훨씬 의욕적인 모습으로 상대방에게 보일 수 있다.

무엇보다 취업 준비를 하며 이곳저곳 서류나 필기시험, 면접에서 불합격 소식을 들으면 정말 하기 싫어질 수 있다. '아… 해도 안 돼. 해봤자 안 돼'라는 마음이 들기 시작하면 걷잡을 수 없이 실력이 곤두박질치게 된다. 이는 취업 준비 시간을 가중시켜 훨씬 힘든 뫼비우스 띠로 들어갈 수 있다.

자신을 일으킬 수 있는 것은 나 스스로다. 나 스스로를 일으킬 수 있는 단순한 방법은 '그냥 하는 것'이다. '하면 늘겠지'라는 마음으로 단순하고 가볍게 자신을 동기부여 시켜보자!

● 방법 1 | 해결방안 도출 문제

내부분석	외부분석	해결방안	기대효과
현황	외적요인	대안/전략/솔루션	

- ~~ 방안을 도출하시오
- ~~ 전략을 발표하시오
- ~~ 대안을 말하시오

 방안이나 전략, 대안을 도출하라는 문제는 발표/PT면접의 최빈출 문제이다. 이때 많은 지원자들은 '뭔가 남다른 아이디어, 확실히 차별화된 내용'만에 집착하게 된다.

 하지만 방안이나 전략 등의 솔루션을 도출하라는 문제는 아이디어 자체만을 평가하는 것이 아니라 이를 도출해 내는 과정도 평가한다는 점이다.

내부 분석	현황(현재상황) ·사업현황 ·자사현황 ·자료분석	⇨ 반드시 문제점 도출 (발표 시 '문제'라는 단어보다는 '보완이 필요한 부분, 부족한 점'이라고 표현)
외부 분석	거시적인 상황/환경 ·산업 현황 ·인구통계학적 트렌드 ·해외 동향 등	
방안/대안	(기대효과를 기반으로 한) ·첫째 ·둘째	대안은 두 가지로 나누고 본 항목을 설명하는 데에 가장 긴 시간을 할애하는 것이 좋다.
기대효과	·공익적/공공성 측면 ·수익적 측면	공기업의 경우 수익적 측면이 없다면 공공성 측면의 대한 두 가지를 언급하는 것이 좋다.

이순신 장군님께서 일찍이 '지피지기 백전백승'이라 하셨다. 이 부분을 풀어내어 다음의 4단계로 정형화된 발표 프레임을 가질 수 있다.

내부 분석(현황)

현황은 현재 상황의 줄임말이다. 현재 우리가 무슨 사업을 하고 있는지, 배포된 자료가 있다면 배포된 자료의 현재 쟁점은 무엇인지에 대한 현재 나의 좌표를 정확히 알고 있는지가 중요하다.

이 단계에서 가장 중요한 것은 '문제점 도출'이다. 현재 전혀 문제가 없는데 왜 새로운 기획과 전략이 필요하겠는가. 하지만 많은 면접 지원자들이 이 단계에서 단순히 자료 분석만을 나열하거나 현재 알고 있는 상황을 구구절절 설파하는 경우가 많다. 현황을 분석하는 이유는 뭔가 부족한 점이 있는 것을 끌어내어 그 부분을 해결하기 위한 방안이 이러하다고 논리적인 구조를 만들기 위함이다.

단, 해당기업의 사업이나 구조 등에 대한 문제일 경우에는 '문제점'이라는 단어를 사용하는 것보다는 '부족한 점' 또는 '보완이 필요한 부분'이라는 단어로 완곡하게 표현하는 것이 좋다.

결론적으로 내부 분석은 지피지기에서 '나'를 무엇으로 둘 것인지 설정하는 과정이다. '나'라는 주체가 반드시 개인일 필요는 없다. 기업일 수도 있고 과거-현재-미래의 현재일 수도 있다. 가장 중요한 것은 해결책을 도출하기 위해 어떠한 부분을 문제 상황으로 인식했냐는 것이다.

배가 아파서 병원에 갔을 경우 의사가 묻지도 따지지도 않고 배를 안 아프게 만드는 약을 주는 경우는 없다. 언제부터 아팠는지, 무엇을 먹었는지 등을 묻는 문진과 각종 검사 등을 통해 증상과 검사결과를 결합하여 가설을 설정하고 이에 맞는 약을 처방하게 된다. 문제 상황이 무엇인지 인지하고 이를 해결하기 위해서는 특정약이 필요하다는 가설과 결론을 내리는 것이다.

발표면접도 마찬가지다. 앞으로 여러분이 해야 하는 업무의 대부분도 그렇다. 현재 부족한 점을 인지하고 이것이 왜 문제이며 원인이 무엇인지를 알아야 그 다음에 펼쳐지는 전략을 예산낭비 없이 수립할 수 있는 것이다.

간과할 수 있는 단계라고 생각하겠지만 발표/PT면접에서 가장 중요한 첫 단추가 바로 '현황 분석/내부 분석'이다.

외부 분석(산업동향 등)

'지피지기'에서 나를 분석했다면 적을 알아야 한다. 공기업에게 경쟁자나 적이 있지는 않기에 간과할 수 있지만 한 번은 짚어 주면 좋은 포인트가 된다.

'나와 남'의 개념으로 접근하기보다는 거시적인 관점, 산업 전반의 흐름을 점검하는 것으로 이를 활용해야 한다. 우리는 중요한 일에 대해 의사결정을 내릴 때에 '왠지 그럴 것 같아서'라는 단순한 느낌이나 직관보다는 객관적인 데이터 분석을 바탕으로 접근하는 경우가 많다. 특히 이것이 회사 업무나 국가의 정책일 때에는 매우 필수적인 단계가 될 것이다.

예를 들어 '지역 경제를 활성화하는 방안을 도출하시오'라는 주제라면 현재 우리 지역 경제 상황의 문제점을 도출하고 이에 대한 논리를 채우기 위해 거시적인 관점, 외부적인 요인 등을 체크하는 것이다. 'A지역은 1인 가구가 많아지는 최근 트렌드와 부합한다. 출산율이 낮아지고 고령화되는 인구의 최근 인구통계학적 동향에 따라 노인복지 관련 일자리를 위한 교육이 필요하다'라는 방식의 큰 맥락을 보는 방식을 차용하는 것이다.

앞서 말한 '배경지식'이 필요하다는 것이 바로 이 부분에서 힘을 발휘하는 것이다. 관련 산업 동향, 최근 정책의 흐름, 해당 공기업과 유사한 타 공기업의 움직임, 인구 트렌드 등이 이에 해당된다.

최근 대부분의 공기업뿐 아니라 국가 전체가 4차 산업혁명에 맞추어 사업을 재편하고 있다는 점, 양질의 일자리를 창출하고 지역경제를 활성화하고자 하는 것 등은 매우 보편적이지만 생각보다 많은 지원자들이 전혀 언급하지 못하는 부분이기도 하다. 이러한 단어를 사용하여 관심을 드러내는 것이 타 지원자와 차별화되는 방법이 된다.

물론 모르는 것을 아는 척해서는 안 된다. 한 분야와 산업의 흐름에 대해 박사님, 교수님처럼 대단히 높은 선구안을 가지지는 못하였지만 신입사원이 되기 위해 본 기업이 관심 있어 하는 부분에 대해 많은 노력을 해 왔다는 열의를 보여 주면 충분하다.

결론적으로 외부 분석은 지피지기에서 '타인'을 무엇으로 둘 것인지 설정하는 과정이다. 현황을 둘러싼 문제를 해결하는 데에 영향을 끼칠 수 있는 변수가 무엇인지 알고 있고 관심을 갖고 있다는 것을 표현하는 것이 중요하다.

전략/방안/대안(문제를 해결하는 내용)

'백전백승'을 위한 전략이 필요하다. 전략은 현업자만큼 뛰어나거나 전문성이 높을 필요도 없다. 사실 현실적으로 불가능하기도 하다. 그렇다면 어떠한 전략을 준비해야 할까?

(1) 발표/PT면접에서 방안은 두 가지가 좋다

짧은 시간 안에 두 가지 이상의 방안을 생각하는 것은 물리적으로 쉽지 않다. 그렇다고 한 가지에만 몰두하는 것도 아쉬운 부분이 있다. 두 가지는 반드시 다음과 같이 구성한다.

> **첫째** 무엇무엇이다. 그 이유는 ⇨ 1~2 문장으로 구성
> **둘째** 이러이러하다. 그 이유는 ⇨ 1~2 문장으로 구성

두 가지를 위와 같이 정리해서 말하는 것이 좋다. 시간이 길어지는 것에 대해서 너무 부담을 갖지 말고 일단 발표면접에서 가장 중요한 방안을 말하는 데에 시간을 비교적 많이 소요하는 것이 맞다.

(2) 공익적 측면과 수익적 측면으로 나누어 생각해 보자

공기업 사업의 목적과 목표는 공익적인 부분과 수익적인 부분으로 양분화 될 수 있다. 물론 모든 사업이 두 가지의 측면을 만족시키지는 않는다. 공공성과 공익성을 주안점으로 두는 경우도 있고, 수익적인 부분에 힘을 쏟는 경우가 있다. 문제에 따라 다르지만 단순히 '아이디어'를 내는 데만 엉뚱하게 접근하지 말아야 한다. 사실상 사기업들도 최근에는 수익적인 관점과 사회적 책임의 관점을 두루 고려하는 사업을 많이 펼치고 있는 흐름이다.

(3) 반드시 지원자 '스스로'가 해낼 수 있어야만 하는 것은 아니다

방안이나 대안으로 발표했다가 'A라는 방안을 1번 지원자가 할 수 있는 사람인가요?'라고 꼬리 질문을 받을까봐 두렵다는 마음 때문에 아예 언급도 하지 않는 경우가 많다. 단, 자신이 지금 할 수는 없더라도 직무기술서나 해당 기업의 최근 사업, 신문기사, 신년사 등에서 언급된 내용이라면 인용하는 것이 좋다.

"현재 할 수 있는 역량은 없지만 최근 이러한 사업에 많은 예산과 자원을 쏟고 있는 것으로 알고 있다. 앞으로 이 부분에 기여할 수 있도록 자기개발에 노력하겠다"라고 자연스럽게 포부로 이어지면 되는 부분이다.

실현 가능 여부보다는 지원자의 관심 영역이 우리 공기업의 방향과 맞는 것이 중요하다.

(4) 자원관리능력을 활용하자

NCS 능력 중 지원자 입장에서 활용하기 가장 좋은 능력이 바로 '자원개발능력'이다.

자원개발능력은 크게 네 가지로 나뉜다.

시간자원 관리능력	업무 수행에 필요한 시간자원이 얼마나 필요한지를 확인하고, 이용 가능한 시간자원을 최대한 수집하여 실제업무에 어떻게 활용할 것인지를 계획하고 할당하는 능력
예산자원 관리능력	업무 수행에 필요한 자본자원이 얼마나 필요한지를 확인하고, 이용 가능한 자본자원을 최대한 수집하여 실제 업무에 어떻게 활용할 것인지를 계획하고 할당하는 능력

물적자원 관리능력	업무 수행에 필요한 재료 및 시설자원이 얼마나 필요한지를 확인하고, 이용 가능한 재료 및 시설자원을 최대한 수집하여 실제 업무에 어떻게 활용할 것인지를 계획하고 할당하는 능력
물적자원 관리능력	업무 수행에 필요한 인적자원이 얼마나 필요한지를 확인하고, 이용 가능한 인적자원을 최대한 수집하여 실제 업무에 어떻게 활용할 것인지를 계획하고 할당하는 능력

여러분이 목표를 세우고 그것을 달성하기 위해 이제까지 수십 번 넘게 생각해 온 부분으로 활용하기 용이하다. 쉬운 예로 영어 점수를 올려야 한다는 목표를 세웠다고 가정해 보자. 이때 가장 먼저 나의 현재 점수를 확인하게 된다. 내 점수의 문제를 파악할 것이다. '시간이 부족한가? 의지가 부족한가? 영어의 기초가 부족한가?' 등의 문제의식 중 1~2가지 주요한 문제를 우선에 둔다.

만약 영어의 기초가 부족하다는 문제를 도출했다면, 영어 기초가 부족할 때에 다른 사람은 어떻게 하는지를 알아본 후 현재 할 수 있는 방안을 도출하게 된다.

먼저 시간자원을 체크한다. 앞으로 시험이 얼마나 남았는지에 따라 여유롭게 자가 학습방식을 선택할지 빠르게 학원이나 교습의 도움을 받을지를 결정한다. 이를 위해 가용할 수 있는 예산자원이 있는지, 학원에 갈 수 있는 인프라가 되는지 등을 체크하며 자원을 활용할 수 있는 범위에 따라 대안을 도출하고 목표를 달성하기 위한 의사결정을 하게 되는 것이다.

이처럼 문제의 해결방안은 추상적이거나 구태의연한 방법으로 접근하는 것보다 현실적인 방법을 강구하는 것이 좋다. 특히 발표면접의 준비 시간은 매우 제한적이다. 면접은 적당히 커트라인을 넘긴다고 합격할 수 있는 시험이 아니다. 고득점을 받아야 순위에서 밀리지 않고 비교적 안정적으로 합격할 수 있다.

발표/PT면접 시 당황스러운 주제, 모르는 문제, 한 번도 생각해 보지 않은 영역이 출제되었다고 포기하지 말자. 또는 어려운 문제가 나올까 봐 두려운 마음에 과하게 걱정할 것도 없다. 서류와 필기시험의 관문을 통과한 다른 경쟁자들 역시 나와 비슷한 실력을 가졌을 확률이 높다. 내가 당황스러우면 다른 지원자도 충분히 당황스러울 것이라는 마음으로 과한 걱정이나 불안감은 갖지 않길 바란다.
자원개발능력의 네 가지 자원을 활용하여 접근한다면 어떤 문제든 생각보다 쉽게 솔루션을 끌어낼 수 있기 때문이다.

결론적으로 방안/전략/솔루션 등의 해결방안은 조직과 관련한 현황에 대해 얼마나 관심을 갖고 있는지에 대한 평가이다. 반드시 실현 가능하거나, 아주 특이한 아이디어를 원하는 것은 아니다. 논리적으로 문제를 해결해 가는 방식, 학생 수준이 아닌 기업 입장에서 무엇을 해야 하고 공기업은 특히 어떤 부분을 고려하여 사업을 이어가야 하는지에 대한 이해를 보여 주는 것이 중요하다. 발표면접의 본론이자 결론이라고 할 수 있는 해결방안은 문제의식을 갖고 이를 해결하고자 하는 공기업의 역할을 이해하고 직무에 대한 전문성을 보여 주는 것이 중요하다.

기대효과

　기대효과를 목차에 넣는 것은 '조직에서 일할 수 있는 사람으로 준비가 되어 있다'라는 것을 직관적으로 보여 줄 수 있는 가장 좋은 방안 중 하나이다. 아무리 좋은 전략이 있을지라도 그것이 기업에 어떠한 영향을 줄 수 있을지를 생각해야 한다. 굉장히 좋은 아이디어를 냈음에도 'So What?', '그래서 어쩌라는 것인가?'라는 좋은 점, 순기능이 없다면 설득력을 가질 수 없다.

　대부분의 지원자들이 '해결방안'에만 힘을 쏟는 경우가 있다. 당연히 해결방안과 전략을 내는 것이 발표면접의 핵심이기는 하지만 이 부분에만 방점을 찍다 보면 마치 공모전에 출전하여 누가 뛰어난 아이디어를 내는지 겨루는 것처럼 임하게 된다. 해결방안 자체가 뛰어나고 특이한 것도 중요하지만 그 해결방안으로 하여금 우리 조직이 얻을 수 있는 좋은 점, 우리 사회가 얻을 수 있는 순기능이 무엇인지까지 생각할 수 있어야 한다.

　발표면접에서 '기대효과'를 언급하는가 그렇지 않은가에 따라 '학생적인 발표'인지 '사회인으로서 준비가 된 발표'인지를 판가름할 수 있다고 해도 과언이 아니다. 공기업을 비롯한 모든 사회/경제적 조직에서 새로운 전략이나 예산을 투입하게 되는 이유는 기존 문제를 해결하기 위함이다. 기존 문제를 해결했다는 것은 새로운 효과가 발생할 수 있다는 것을 의미한다. 새로운 효과는 기대되는 좋은 효과여야 한다. 부작용이라고 일컫는 Side-Effect의 효과가 되어서는 안 되기 때문이다. 만약 해당 해결방안을 선택했을 경우 역기능이 더 많다면 이 전략은 배제되어야 하는 것이 맞다.

기대효과를 정리하는 방법은 두 가지로 나뉜다.

첫째, 해결방안 두 가지에 맞는 각각의 기대효과로 정리하자.

3단계에서 생각해 낸 해결방안은 각각 그 방안을 실행했을 때에 '좋은 점(Benefit)'이 있을 것이다. 이를 개별적인 기대효과로 정리하면 쉽게 접근할 수 있다. 방안 두 가지—기대효과 두 가지로 두 개의 병렬을 맞추면 발표를 듣고 심사하는 면접관 입장에서는 정리가 잘된 좋은 발표로 판단할 수 있다. 무엇보다도 제한된 시간동안 프레임에 맞추어 생각하는 연습을 하고 실전에 들어가면 비교적 안정적으로 생각을 하고 발표를 할 수 있다.

'기대효과는 딱히 없는…'이라는 생각이 든다면 그 방안은 적절하지 않은 방안일 확률이 높다. 물론 기대효과를 생각하는 연습이 되어 있지 않으면 모든 해결방안에 대한 좋은 점이나 기대되는 효과를 생각하는 것은 쉽지 않다.

평소 해당 조직에 관련 기사를 보거나 사업을 분석할 때에 단순히 암기하듯이 접근하는 것은 좋지 않다. 그 사업을 왜 하는 것인지, 우리 국가적 차원에서 왜 필요한 사업인지, 사회적으로 어떠한 좋은 점이 있을까를 생각하는 차원에서 접근하고 숙지해야 한다.

둘째, 공익적 · 수익적 측면을 고려해 보자.

공공기관의 사업은 공익성과 수익성의 측면에서 이루어져 있다. 당연한 듯 여겨지는 전기, 가스, 수도, 도로, 보험, 연금 등의 서비스를 단순히 수요자 입장에서 접근한다면 발표면접 등에서 좋은 전략을 생각해 내기 어렵다. 당연한 서비스라 여기는 것이 아니라 이것을 공익적 측면과 수익적 측면에서 어떠한 효과를 낼지를 생각해 보자.

결론적으로 기대효과는 자신이 제시한 해결방안에 대한 강력한 논거를 제시하는 과정이다. 공공기관의 역할을 이해하고 이를 사회적 측면과 경제적 측면으로 나누어 생각할 줄 아는 준비가 되어 있다는 것을 표현하는 것이 중요하다.

● **문제해결방안 도출 프레임 사용 시 주의할 점**

질의응답에서 '자신의 역할' 및 '직무역량'에 대한 부분을 준비해야 한다.

해당 기업과 주요사업에 대한 분석만을 하며 준비하면 정작 질의응답 시간에 자신의 직무역량을 묻는 질문에는 아무 대답도 못하고 면접장을 나오는 경우가 종종 있다. 정말 허무한 면접이 되는 것이다.

> **발표 후** **준비가 되어 있지 않을 때**
>
> **Q** 해결방안에서 ABC 전략이 필요하다고 했는데 이를 위해 해당 지원자는 준비가 되어 있다고 생각하시나요?
>
> **A** 아, 제가 딱히 그 전략을 위해 뭔가를 준비한 것은 없지만 일단은 시켜주신다면 무엇이든 잘 할 수 있습니다.

준비가 되어 있지 않으면 무엇을 묻는지 의도도 파악할 수 없고 면접관의 의도와는 전혀 다른 방향의 답변을 하게 된다.

발표/PT면접이라는 공지가 나오면 모두 발표면접의 주제가 무엇이 나올지를 맞추기만을 위해 노력한다. 발표면접의 주제는 해당 기업의 관심분야 및 관련 산업의 현 이슈가 나올 확률이 높다. 이것을 맞추고 방향성에 맞게 준비하는 것도 중요하지만 '자신의 역량'을 기본적으로 잘 답변할 수 있도록 하는 반드시 준비해야 한다.

> **발표 후** **준비가 되어 있을 때**
>
> **Q** 해결방안에서 ABC 전략이 필요하다고 했는데 이를 위해 해당 지원자는 준비가 되어 있다고 생각하시나요?
>
> **A** 네, 저는 ABC 전략을 당장 실행할 수 있는 부분은 부족하지만 이를 위해 크게 두 가지 역량을 준비해 왔습니다.
> 첫째, (필요기술의 역량 중 한 가지)에 대한 기본기를 쌓았습니다. (학과 수업/ 관련 도서 등)을 바탕으로 기본적인 지식을 숙지했으며 특히 (해당 직무와 관련한 프로젝트/과제/인턴 등)을 진행하며 현장에서의 움직임을 배우며 심화학습을 할 수 있는 기회를 가졌습니다.
> 둘째, (직무수행태도의 역량 중 한 가지)의 태도를 길러 왔습니다. (아르바이트/봉사활동/대외활동 등)에서 활동하며 (직무수행태도)에 대한 태도가 얼마나 중요한지 깨닫고 준비해 왔습니다.

이와 같은 답변이 너무 긴 것 아니냐며 반문할 수 있다. 하나의 질문에 평균 40초에서 1분 내외의 답변은 크게 길다고 느껴지지 않는다. 워드 파일을 기준으로 글자 크기가 10 포인트로, 약 7~8줄의 내용에

약 50초 정도가 소요된다.

쓸모없는 말을 늘어놓는다면 듣는 사람 입장에서 '너무 길다, 쓸데없이 장황하다'는 평가를 받겠지만 직무역량을 평가할 수 있는 단어들을 활용하여 약 50초 가량의 답변을 하는 것을 길다고 생각하지는 않는다. 분량 자체도 중요하지만 의미 있는 단어로 채우는 것이 훨씬 중요하다.

● 방법 2 │ 논리 사고력 문제

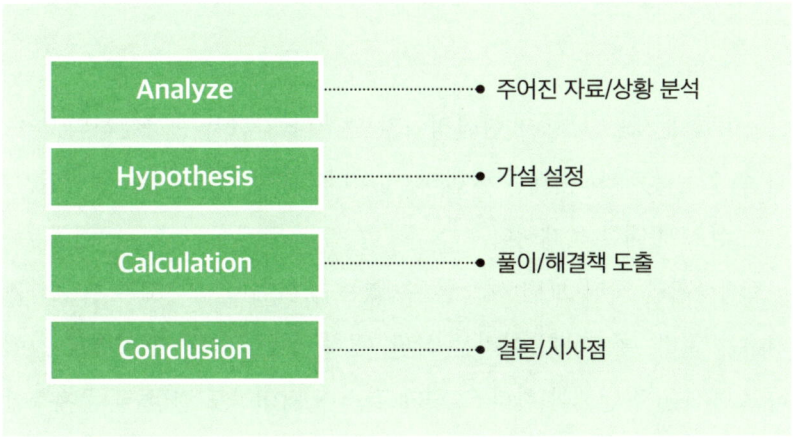

> Q1 A 지역에는 현재 생활폐기물 처리시설 도입이 검토되고 있다. A 지역의 주민들은 이를 격렬하게 반대하고 있지만 당신은 처리시설 도입 및 운영 담당자로서 이를 해결해야 한다. A 지역에 도입할 수 있는 방안을 고안하시오.
>
> ─한국수력원자력 2018 기출 변형

> Q2 80층 빌딩 28층에 샌드위치 가게를 오픈했다. 하지만 현재 매출이 매우 저조한 상태이다. 28층 샌드위치가게를 폐점하지 않고 6개월 이내의 수익분기점을 넘길 수 있는 방안을 도출하시오.
> ―K 기업 2017 기출문세 변형
>
> Q3 B 도시의 도시재생 사업을 위해 친환경적, 인구통계학적, 지속가능한 발전을 고려한 측면을 만족시킬 수 있는 새로운 도시는 어떻게 구성할지에 대해 구성하여 발표하시오.
> ―한국자산관리공사 2018 기출문제 변형

논리력 문제는 상황이 현실적이지 않거나 자료가 불충분하다고 느낄 수 있는 종류의 문제를 말한다. 일어나지 않은 상황 또는 일어날 수 있는 상황에 대한 문제이다.

조직생활을 하다 보면 예측할 수 있는 범위에서만 문제가 발생하는 경우는 없다. 예측하기 어려운 상황, 변수 등을 고려하여 사업을 진행하고 예산을 집행해야 한다. 그렇게 결정이 되더라도 결국 절대 예측할 수 없는 상황들에 맞닥뜨리게 된다. 이러한 상황에 대해 얼마나 논리적이고 타당성 있게 기획하는가를 보는 것이다.

행정직이나 경영일반의 공통적으로 등장하는 직무필요기술 중 하나가 '사업 타당성 검토'라는 단어이다. 사업 타당성 검토란 해당 사업을 진행했을 때에 예산자원, 시간자원 등의 현재 가용 자원을 고려했을 때에 부가가치를 만들어 낼 수 있는 사업인지, 당장의 성과가 없더라도 장기적인 관점에서 국가와 사회에 도움이 될 수 있는지를 다방면에서 검토하는 단계이다. 이를 위해 재무제표나 미래 산업에 대한 자료 분석을 하는 것이다. 더불어 변수가 될 수 있는 부분들을 가정하여 이에 대해 대비하고 해당 변수가 사업을 실행하는 데에 치명적인 부분이 되지는 않는지를 알고 있어야 한다.

기술직의 경우 자연재해의 사고, 기술검토를 통한 예산 집행을 해야 하는 경우가 훨씬 많다. 예를 들어 도시재생사업의 프로젝트 시 전기직으로 현재 도시에 맞는 전기설비를 어떻게 만들어야 하는지를 기획할 때에 '그냥 왠지 그럴 것 같아서'라는 이유로 설계나 예산을 할당해서는 안 된다. 도시의 인구, 건물의 특성, 사회적 책임에 대한 부분을 두루 고려하여 여러 가지 변수를 넣어보며 최적의 상황을 만들어야 할 것이다.

이러한 논리적 문제가 취업준비생에게 너무 어렵고 생소하게 느껴진다고 볼멘소리를 할 수도 있다. 하지만 잘 생각해 보면 우리는 이러한 의사결정을 너무나 많은 경우에 이미 해 왔다.

> **질문**
>
> 학과에서 MT를 가야 한다고 생각해 보자. 모두가 만족하는 MT장소를 위해 여러분들은 어떻게 의사결정을 할 것인가?

조건	학생회에서 100만 원의 MT비용이 지원됨. MT는 반드시 가야 함. 장소 및 프로그램은 자율에 맡김

답변

단계	내용
1단계 Analyze 주어진 상황 분석	· 우리 학과의 MT를 가야 한다 · 모두가 만족하는 'MT장소'를 정해야 한다. · 우리 학과는 남자 50명 여자 50명으로 이루어져 있다. 단, 몇 명이 참여할지는 미지수이다.
2단계 Hypothesis 가설 설정	· 학과 MT는 봄학기, 4월 중에 간다. · 작년 기준 학과의 70%(약 70명)가 참여한다고 가정한다. · 1박 2일의 일정이며 첫날은 소규모 운동회를 진행해야 한다.
3단계 Calculation 해결책 도출	· **일정** 4월 중에는 중간고사와 겹칠 수 있으므로 4월 첫째 주에 가야 함 ⇨ 만약 4월 1주차에 가지 못한다면 5월 중순 또는 가을 MT로 변동되어야 함 ⇨ 만약 5월 중에는 MT 장소 대여비용이 비싸진다면 ⇨ 1인당 회비를 올려야 함 · **참여인원** 작년 기준 70명이지만 70명 이상이면 식비, 장소 대여비, 교통비 등의 재산출이 필요함 ⇨ 만약 70명 이하라면 작년과 동일, 학생회 지원비 100만원으로 충당가능 ⇨ 만약 70명 이상이라면 1인당 회비를 재 산출할 필요 있음 · **장소** 가설에 따라 ① 70명 기준으로 남녀의 비율에 따라 묵을 수 있는 별도의 공간이 필요함 ② 모두가 만족할 수 있는 정량화된 기준이 필요함 ③ 운동회를 할 수 있는 작은 운동장, 체육관 등을 반드시 고려해야 함

단계	내용
4단계 Conclusion **결론**	· 봄학기, 4월 중 일정이 가능한 장소를 세 가지 체크해 본 뒤 일정을 공지 후 확정해야 함 ⇨ 중간고사 일정으로 인해 일정을 빠르게 공지하는 것이 중요 · 인원과 성비에 따라 장소와 회비가 달라질 수 있으므로 참여 인원을 빠르게 파악하는 것이 중요 · MT장소 결정에는 일정과 참여인원이 가장 중요한 변수임

해설

우리는 일반적으로 여러 사람이 함께 의사결정을 하거나 일어나기 전의 상황을 예측할 때의 앞과 같은 방식으로 진행해 왔다. 정리의 차원에서 네 가지 단계로 구성되었고, 이것이 생소할 수는 있으나 결론적으로 보았을 때에 '무엇이 현 상황을 해결하기 위한 기준과 변수가 되는 것인지'를 끌어내는 매우 중요한 부분이다.

논리력과 사고력을 요구하는 문제에 대해 우리는 앞서 사용한 '해결방안 도출법'을 쓰기에 적합하지 않다. 미시적 거시적 시장과 산업 관점을 보는 것과는 달리 논리력 문제는 앞으로 이 사업에 영향을 미칠 변수를 생각하는 것이기 때문이다.

논리력 문제는 '가설 설정'이 가장 중요하다. 현 상황의 문제에 영향을 끼칠 수 있는 변수가 무엇인지를 알고 있다는 것이 바로 '가설 설정값'을 보면 판단할 수 있기 때문이다. 생각해 보면 우리는 어렵지 않게 이러한 사고방식으로 의사결정을 해 왔다.

Analyze(주어진 자료/상황 분석)

모든 문제는 지피지기 백전백승이라 하였다. 즉, 현재 가용할 수 있는 자원이 무엇인지 그리고 해결해야 하는 문제는 무엇인지를 파악하는 단계이다. 굉장히 뻔한 이야기가 될 수 있지만 문제 상황을 제대로 인식하는 것부터가 문제를 제대로 해결할 수 있는 가장 중요하고 기본적인 단계다. 똑같은 문제가 주어지더라도 해결해야 하는 쟁점을 어떻게 보느냐는 천차만별일 수 있기 때문이다.

수학 문제를 풀 때에도 주어진 숫자와 조건이 무엇인지를 잘 파악해야 내가 알고 있는 공식과 이론 중 무엇을 활용해야 하는지 결정할 수 있다. 예를 들어 '직각 삼각형의 두 직각변 a, b를 각각 한 변으로 하는 정사각형 면적의 합은 빗변 c를 한 변으로 하는 정사각형의 면적과 같다'는 피타고라스의 정리를 활용할 수 있으려면 조건 값 a, b, c 중 최소 두 가지가 주어져야만 한다. 만약 a, b, c 중 한 개만 주어졌다면 피타고라스의 정리를 대입할 수 없거나 또 다른 한 개의 조건을 찾기 위해 노력한 후 이를 대입할 수 있을 것이다.

주어진 자료를 정리하고 상황을 파악하는 것이 매우 단순하고 하나마나 한 작업이라고 생각할 수 있지만 이는 문제를 어떻게 파악하고 있는지 면접관 입장에서 처음부터 판단할 수 있는 매우 중요한 단계라 할 수 있다.

Hypothesis(가설 설정)

가설 설정은 이 문제를 풀기 위해 필요한 '변수'를 설정하는 것이다. 쉽게 생각해서 '만약에 ~~라고 가정하면' 그리고 '무엇무엇이라고 치고(설정하고)' 문제를 풀어 보고자 하면 된다.

> **Q1** A 지역에는 현재 생활폐기물 처리시설 도입이 검토되고 있다. A 지역의 주민들은 이를 격렬하게 반대하고 있지만 당신은 처리시설 도입 및 운영 담당자로서 이를 해결해야 한다. A 지역에 도입할 수 있는 방안을 고안하시오.
>
> ─한국수력원자력 2018 기출 변형

이 문제의 가설을 설정해 보자.

> **가설 ❶ 만약 지역주민들의 반대가 안전상의 이유라면**
> ⇨ 해결방안
> 폐기물 처리 시설이 안전검증을 받았다는 점, 동일한 시설이 타 지역 또는 해외 특정 도시에서 전혀 문제없이 구동되고 있는 점 등을 수치화하여 공유한다.

> **가설 ❷ 만약 지역주민들의 반대가 재산권 때문이라면**
> ⇨ 해결방안
> 생활폐기물 처리시설은 부동산 시세에 큰 영향을 끼치지 않는 사례를 찾아 볼 것, 처리시설 도입이 오히려 지역 일자리를 만들고 소득수준을 늘릴 수 있다는 점을 강조할 것, 폐기물 처리시설 도입으로 국가차원에서의 지역예산을 확보할 수 있고 이는 우리 지역의 복지시설, 기타 환경시설에 대한 투자로 이어질 것이라는 보고서를 공유한다.

현재 주어진 문제와 자료로 생각해 볼 수 있는 범위, 예측해 볼 수 있는 상황을 '가설'이라는 프레임으로 정리하는 것이다.

문제를 감성적, 추상적으로 접근하는 것은 발표면접에서 전혀 좋은 점수를 받을 수 있는 가능성이 없다. 가설을 설정하며 문제의 해결방안을 찾아가는 접근은 매우 논리적이고 체계적으로 보일 수 있다. 실례로 한국수력원자력과 삼성 계열사의 경우 발표/PT면접이라 하지 않고 '창의력'면접이라는 말로 대체하여 진행하고 있다.

여기서의 '창의력'은 발명과 같이 없던 것을 새롭게 만들어 내는 기발한 아이디어라고 생각할 수 있겠지만 오히려 '창의력'은 '사고력, 논리력'과 맞닿아 있다. 기본적인 문제, 실제 생활에서 일어날 수 있는 문제들을 납득할 수 있는 수준에서 '논리적'으로 풀어가는 것이 창의력 면접에서 측정하고자 하는 바이다.

> 창의력면접은 '발표'에만 치우칠 수 있는 면접의 부족한 부분을 보완하기 위함이다. 이과 계열의 채용이 많은 한수원이나 삼성전자 등에서는 창의력이라는 단어를 통해 논리적인 사고와 접근방식을 보려고 하는 출제 경향을 읽을 수 있다.

Calculation(풀이/해결책 도출)

해결방안(Solution) 대신 풀이(Calculation)라고 표현한 이유는 가설에 따라 풀이가 다를 수 있기 때문이다.

앞의 지역주민 반대 주제에 대한 것을 간단히 살펴보아도 알 수 있다. 어떠한 가설을 설정하느냐에 따라 그 해결방법과 준비해야 하는 방안이 달라지는 것이다.

특히 이과 계열 지원자의 경우 풀이는 매우 중요하다. 이 풀이 단계에서 자신이 알고 있는 과학적, 수학적 이론과 논리를 활용하면 아주 큰 점수를 얻을 수 있다. 물론 직무와 관련한 필요기술과 필요지식에 국한되는 것은 당연한 이치다. 아무리 똑똑한 사람이라도 자신이 지원한 직무와 전혀 무관한 논리를 많이 활용하는 것은 크게 설득력이 없기 때문이다.

전기, 토목, IT 등의 기술직 지원자들의 경우 '왠지 그럴 것 같아서'라는 직감적인 근거로 접근하는 것은 절대 안 된다. 실험이나 프로그래밍을 할 때 만약 우리가 수십 년간의 경험과 경력이 있는 사람으로서 이럴 때에는 이러한 이론을 활용해야 한다는 감각적 판단이 옳을 가능성이 있겠지만, 아직 신입사원이거나 사회 연차가 10년 이하인 사람이 그렇게 판단하는 것은 옳지 않다.

실상 수십 년간의 경력이 있는 베테랑일지라도 논리적인 접근과 판단 없이 자신의 감으로만 업무를 결정한다면 대한민국 국민의 생명권과 국토의 명운을 책임질 수 있는 공공기관의 업무 특성상 굉장히 위험한 업무 방식일 것이다.

경영기획이나 행정직의 경우는 크게 다르지는 않다. 풀이 과정에서 직감적으로 접근하는 것은 고득점을 받기 쉽지 않다. 이 과정에서는 경영 경제과목에서 배운 이론들을 접목하면 좋은 점수를 받을 수 있다.

신뢰감이란 눈빛으로 하는 것이 아니라 객관성을 확보했을 때 높일 수 있는 것이다. 학교를 졸업하고 신입으로 지원하는 지원자의 경우 객관성은 자신의 의견만으로 되지 않는다. 유명한 학자의 이론, 정설로 판명된 논리 등을 활용하면 수많은 지원자 중 차별화된 객관성과 이를 바탕으로 한 신뢰도를 얻을 수 있을 것이다.

Conclusion(결론/시사점)

결론은 이 문제를 해결하기 위해 가장 주안점을 두고 체크해야 할 사항이 무엇인지를 말하는 것이다. 앞서 [해결방안 도출] 문제의 경우 결론은 '기대효과'라 할 수 있다. 자신이 생각해 낸 해결방안이 어떠한 기대효과를 줄 수 있는지를 증명하는 것이 전체적인 답변의 신뢰도를 높일 수 있다.

[논리/창의력] 문제의 경우 이 문제를 풀기 위해 설정된 가설이 맞는지, 그 가설을 통해 변수를 찾았는지, 앞으로 이러한 문제를 풀기 위해서 고려되어야 할 점은 무엇인지를 알게 되었다는 시사점을 찾아내는

것이 본 문제 형식의 결론이다.

'시사점'이라는 말 자체가 매우 어렵고 생소하게 느껴질 수 있다. 단, 앞으로 여러분이 조직에 입사하여 일을 하게 된다면 눈앞에 닥친 일을 잘 처리하고 마무리하는 것도 중요하지만 이와 동일한 상황이 반복되었을 때에 시간과 예산 등의 자원을 절약할 수 있도록 정리보고 하는 것도 중요하다. 이를 위해 시사점, 배우게 된 점 등을 발표면접 시 활용한다면 업무보고, 결과보고 등에 익숙한 면접관에게 좋은 점수를 받을 수 있을 것이다.

● **논리력 문제 발표 시 주의할 점**

논리력 문제를 발표할 때에는 '스토리텔링' 형식을 적용해서는 안 된다. 논리력 문제는 분류와 분석이 중요한 부분이다. 경찰이나 소방관 등이 사건이나 현장을 브리핑 하는데 스토리텔링을 걱정하거나 스토리를 만들어서 보고하지는 않는다. 과학자나 의사가 새로운 학설이나 치료법에 대해 학계에 공유할 때에 스토리텔링에 주의를 기울이겠는가?

논리력 문제는 조금 딱딱하게 느껴지더라도 마치 보고서를 제출하듯이 첫째, 둘째 등의 서수를 활용하여 정리하는 방식으로 말을 이어가면 된다.

직접 생각하고 풀어보며 논리력 문제의 프레임을 익혀 보자.

> **Q2** 80층 빌딩 28층에 샌드위치 가게를 오픈했다. 하지만 현재 매출이 매우 저조한 상태이다. 28층 샌드위치가게를 폐점하지 않고 6개월 이내의 수익분기점을 넘길 수 있는 방안을 도출하시오.
>
> ―K 기업 2017 기출문제 변형

문제분석 주어진 상황	80층에 28층에 위치한 샌드위치가게/매출이 저조/6개월 이내 수익분기점을 넘어야 함
가설설정	**힌트** · 80층 빌딩 주변이 2~30대 회사원들이 많을 경우 vs 주변에 노인이 많을 경우 vs 주거 시설이 많고 특히 신혼부부 및 영육아 아이를 양육하는 가구가 많을 경우 · 빌딩의 뷰―경관이 좋을 경우 vs 비교적 고층이지만 주변 건물 때문에 조망권이 없을 경우 · 엘리베이터를 원활하게 이용할 수 있는 경우 vs 엘리베이터 사용에 매우 많은 시간이 걸릴 경우 등 가설을 어떻게 설정하느냐에 따라 전략의 방향은 어떻게 될까?
풀이 문제해결	가설 설정에서 선택한 변수가 샌드위치 가게의 매출과 어떻게 이어질 것인지를 정리할 것
결론 시사점	업무 수행에 필요한 인적자원이 얼마나 필요한지를 확인하고, 이용 가능한 인적자원을 최대한 수집하여 실제 업무에 어떻게 활용할 것인지를 계획하고 할당하는 능력

08 집단면접 – 토론/토의면접

　토론/토의 등으로 진행되는 집단면접은 최근 공기업 면접에서 빠르게 늘어나고 있는 방식 중 하나이다. 단순히 토론을 잘하고 논리적으로 말싸움을 잘하는 것이 아닌 '팀워크'가 중요시 되는 최근 업무 변화에 따른 역량 평가라고 할 수 있다.

　집단면접의 형태도 단순한 토론면접에서 제한된 시간 내에 해결방안을 찾아가는 토의면접, 체육활동이나 보드게임 등 팀 전체 모두가 반드시 참여해야 하는 팀 빌딩 면접 그리고 실제 업무에서 자주 일어나는 상황을 두 개의 팀으로 나누어 진행하는 협상면접 등이 있다.

　집단면접은 면접 유형 중 유일하게 면접자들끼리 서로를 마주보는 시간이다. 다른 면접의 경우 면접심사위원과 면접자가 서로 마주보게 되지만 집단면접은 면접자, 경쟁자들끼리 서로를 마주하게 하고 이러한 모습을 심사위원은 제3자의 입장에서 지켜보며 점수를 준다. 과연 어떠한 면모를 보는 것일까? 여러분이라면 어떤 면접자에게 큰 점수를 주겠는가?

집단면접의 의도는 크게 세 가지로 나뉜다.

> **첫째** 조직 내에서 원만하게 업무를 할 수 있는 사람인가
> **둘째** 업무 시 능동직으로 팀워크를 이끌 수 있는 사람인가
> **셋째** 논리적이고 조화로운 방법으로 자신의 의견을 설득시킬 수 있는 사람인가

● **집단면접의 개요**

일정 준비 시간을 주고 자료를 배포하여 이에 대한 문제해결방법, 대안 등에 대해 팀원 간 의견을 조율하여 최종안을 제출하도록 한다. (면접에 따라 자료를 배포하지 않고 문제만 제시하는 경우도 있다.)

> **집단면접의 핵심포인트**
> ❶ 문제의 핵심을 알고 있는가
> ❷ 짧은 시간 안에 자료를 모두 읽고, 유의미한 포인트를 짚어낼 줄 아는가
> ❸ 상호작용을 원만하게 하는가
> ❹ 배경지식이 어느 정도 있는가
> ❺ 조직 내에 어떠한 캐릭터로 역할을 할 사람인가

평균 6인 1조에서 많으면 12인 1조까지 하나의 조를 이루어 해당 면접일에 처음 만난 팀원들과 의견을 조율해야 한다. 같은 팀이라고는 하지만 결국 모두 '합격'을 염원하는 면접자들이 해당 면접일 처음 만나

'협동'을 하기란 쉽지 않은 일이다. 또는 처음 보는 사람 앞에서 자신의 의견을 내는 것을 두려워하거나 어색해 하는 지원자도 많다. 극단적으로 말을 굉장히 많이 하거나 독단적으로 이끌어가는 면접자가 있거나 끼어 들 타이밍을 찾지 못해 눈치만 보다가 결국 한 마디도 제대로 하지 못하고 나오는 면접자가 있기 마련이다. 집단면접은 이 극단적인 두 스타일의 사람만 아니면 된다.

집단면접 고득점 역량

핵심파악 능력	·주어진 문제와 자료에 대한 제한된 시간 내에 토론/토의 이슈, 핵심, 토론 방향을 정확하게 파악하는 능력
의사소통 능력	·자신의 입장, 팀의 입장을 정확하게 말도 표현하고 전달하는 능력 ·의사소통 시 상대측의 의견을 정확하게 이해하고 경청하는 자세와 태도
설득/협상/ 조정능력	·상대측 논리에 대한 반론과 타당한 논거를 제시하여 토론 분위기를 이끌고 파악할 수 있는 능력 ·목적 달성을 위해 상대를 설득하고 협상, 조정 수위를 조절하는 능력
팀워크/ 리더십	·공동의 목표 달성을 위해 참여자 간의 상호관계, 팀워크의 개념을 인식하고 이끌어가는 능력
업무에 대한 이해	·제한된 조건 하에 통합적 의사결정을 할 수 있는 능력 ·해당 기관과 직무에 필요한 지식을 바탕으로 토론/토의에 임하는 능력

● 토론/토의면접은 절대 TV에 비추어지는 '말싸움'처럼 해서는 안 된다

토론/토의면접의 상황을 여러분이 입사 후 회의, 타 부서와의 업무 협업, 지역기업과의 업무 조율의 상황이라고 생각해 보자. 미디어 속에서 무례한 태도로 상대의 말을 무시하고 자신의 의견만이 맞다고 하는 사람을 보면 눈이 찡그려진다. 미디어에서 국회의원이나 전문가들이 나와서 서로의 말을 자르고 무시하는 태도로 자신의 말만 하는 상황이 된다면 과연 업무를 진행할 수 있을까?

그럼 어떻게 해야 토론과 토의면접에서 고득점을 받을 수 있을까?

토론/토의면접

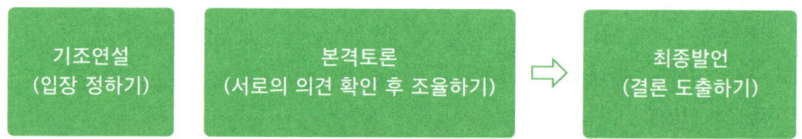

토론면접은 한국마사회, 금융감독원, 코트라, LH공사, IBK기업은행, 서울시설관리공단, 국민건강보험공단 등 정말 많은 공기업의 1차 직무면접, 2차 임원면접에까지 채택하고 있는 방식이다. 각 단계별로 무엇을 준비하고 어필해야 하는지 체크해 보자.

(1) 준비단계

토론면접 등의 집단 면접을 준비하는 방법은 면접 전에 준비하는 것과 면접 당일 면접 장소에서 주어진 시간 동안의 준비로 나눌 수 있다.

- 면접 전 자료 준비 및 주제 리스트업

PT면접과 마찬가지로 집단면접 역시 해당 조직과 관련된 주제가 빈출된다. 해당 조직이 현재 진행 중인 사업이나 앞으로 진행할 사업을 뉴스나 보도자료 등을 통해 사전에 스터디하며 '내가 이 사업의 담당자라면?' 또는 '해당 사업의 해당 직렬에서 일어날 수 있는 일들은 무엇이 있을까?' 등을 고민해 보며 준비한다면 실전에서 나오는 주제들에 대해서도 크게 당황하지 않고 대처할 수 있다.

PT면접과의 차이점은 첫째, 사회적 이슈가 출제될 수 있다는 것. 둘째, 민원 상황에 대한 대처, 협상을 위한 단체 커뮤니케이션 태도 등이 있다. 사회적 이슈의 경우 정치적 이슈가 아닌 사회적으로 공론화되는 것들이 나오는 경우가 있다. 소년법 폐지 찬반, 65세 이상 노인 운전면허증 회수, 디지털 취약계층에 대한 공공서비스 대안 등이 있기 때문에 해당 년도의 사회적 이슈가 되는 것을 꾸준히 익히는 것이 필요하다. 민원 상황의 경우 직접 창구에 찾아가 민원 응대 모습을 보는 것도 도움이 되지만 비대면 서비스가 강화되고 있는 현 시점에서는 어려움이 있을 수도 있다. 단, 해당 조직에서 어떠한 민원이 발생하는지, 고객뿐 아니라 이해관계자인 협력사와의 민원은 무엇이 있을 수 있는지 직무 상황에 대해 시뮬레이션 해 보는 것도 바람직한 준비 방안이다.

- 면접 당일 면접 장소에서의 준비

주어진 문제에 대해 쟁점이 되는 부분을 명확히 하는 것이 중요하다. 그렇지 않으면 단순한 말싸움을 하는 모습을 면접관에게 보이게 되거나, 한마디도 못하고 토론면접을 끝마치게 되는 등의 잘못된 모습으로 아쉬운 면접이 되게 되기 때문이다.

주제마다 쟁점은 다르지만 큰 맥락에서 보았을 때에 사회적 측면, 경제적 측면 등으로 나누어 생각해 보거나 정책적 측면/국민적 측면, 단기적 측면/장기적 측면, 공급자적 측면/수요자적 측면 등 쟁점이 되는 부분을 좀 더 체계적으로 나누어 생각해 보면 짧은 시간 동안 차별화된 의견을 낼 수 있는 방안이 된다.

이렇게 자신의 의견을 정리하며 단순히 적는 것에 그치지 말고 가능하다면 말로 조용히 연습해 본다. 중얼중얼 말로 연습하거나 실제 내가 말을 잘하는 모습을 시뮬레이션하며 짧은 시간 동안 나만의 리허설을 해 보는 것은 효과적인 준비 방법이다. 상대측 의견이나 반론이 나올 수 있는 부분을 예측해 본다. (가능하다면) 정반합의 논리로 결론을 만들어 보면 더욱 유리한 토론/토의를 할 수 있다.

(2) 기조연설

기조연설은 '자신의 입장 또는 팀의 기본적인 의견을 한두 개의 문장으로 드러내는 것'을 말한다. 기조연설이라는 정식의 명칭을 쓰지는 않지만 여럿이 대화를 하거나 하나의 주제에 대해 의견을 모아야 할 때에 가장 먼저 하는 것이 '각자의 입장을 서로 확인하는 것'이기 때문에 다른 면접과 다르게 다수의 지원자가 함께 모여 대화를 나눌 때에는 해당 과정이 있게 되어 있다. 이때 주의할 점은 처음에 기선을 제압한다는 유치한 생각으로 자신이 생각한 모든 의견을 장황하게 말하지 않도록 한다. 간결하게 말하고 향후 본격적인 토론을 하거나 결론을 지을 때에 다른 사람의 의견을 반영하게 자신의 의견을 추가하는 방식으로 하는 것이 '경청'을 보여 주는 하나의 방법이기도 하기 때문이다.

특히 말주변이 없거나 긴장도가 높은 지원자의 경우 앞서 다른 지원자가 자신과 같은 의견을 냈다하여 갑자기 의견을 바꾸거나 무기력하게 앞 지원자와 이하동문이라고 하지 않도록 해야 한다. 하나의 주제에 대해 크게 다른 의견을 내는 것은 쉽지 않기 때문이다. 처음 자신의 의견을 드러내야 할 때에는 앞 사람과 겹치더라도 아예 똑같이 하지만 않는다면 준비한 것을 최대한 성의 있게 말하자. 이와 함께 기조연설 시 나의 의견을 당당하게 말하는 것도 중요하지만 타 지원자의 의견을 잘 들으며 문제의 쟁점이 되는 포인트를 짚어 내자.

(3) 본격토론/토의

- 사회자 유무

토론 시 사회자 유무는 중요하지 않다. 사회자 있다고 하여 활발한 토론이 되고 반대라고 해서 그렇지 않은 것도 아니다. 팀 프로젝트를 한다는 마음으로 팀원 모두가 적극적으로 의견을 낼 수 있도록 노력하자.

- 질문하기—평서문 질문 활용법

한 명의 특정 지원자를 지목하여 의견을 묻는 것보다는 자신의 의견을 말한 뒤 '이에 대해 상대측 의견도 듣고 싶습니다'라거나 '다른 분들 의견은 어떤지 알고 싶습니다'라고 평서문 질문으로 부드러운 리더십을 보여 주자.

- 반박에 대처하기

나와 다른 의견이 나오는 것은 업무를 하며, 토론을 하며 자연스러운 현상이다. 이런 상황에서 상대를 인신공격하여 곤란하게 하거나, 큰소리를 내며 흥분하는 모습은 큰 감정 사항이다. 만약 팀원 중 한 명이 자신을 공격한다면 '쿠션어(네~ 그렇게 생각하실 수 있습니다.)'를 활용하며 포용하는 모습을 보여 주자. 단, 모든 말에 '네, 상대방 의견 잘 들었습니다' 등의 리액션을 할 필요는 없다.

- 발언 기회 얻기/주기

발언을 순서대로 할 수도 있지만 20분 이상 진행되는 토론면접에서 이를 계속 지키는 것은 오히려 비효율적일 수 있다. 자연스럽게 의견을 나누는 과정에서 말을 많이 하는 사람과 그렇지 않은 사람이 있을 수 있다.

자신이 발언을 하는 횟수가 많아진다면 그렇지 않은 지원자에게 '혹시 N번 지원자 생각은 어떠신지 들어볼 수 있을까요?'라며 긴장도가 높아 발언 기회를 갖지 못하고 있는 지원자를 챙기는 모습을 보여주면 좋다. 면접이라는 경쟁 상황에서 이런 면모를 보여 주는 것은 쉽지 않은 일이지만 그 어려운 것을 해 낸다면 면접심사위원도 해당 면접자에게 좋은 점수를 주게 될 것이다.

반면 자신이 한마디도 못하고 있다면 매우 좋은 의견이 아니더라도 반드시 끼어 들어서 발언기회를 만들어야 한다.

'괜히 끼어들었다가 상대의 말을 잘라서 좋은 점수를 받지 못하면 어쩌지?'라고 고민하는 경우가 많은데 아예 끼어들지도 못해서 한마디도 제대로 못하면 감점이 문제가 아니라 기본적인 평가를 받지도 못하게 될 수 있다. 이것은 배려가 아니라 의욕이 없어 보인다는 오해를 받을 수도 있으니 토론/토의면접에 임하게 된다면 정신을 똑바로 차리고 발언 횟수에 주의하자.

- 같은 팀원 돕기

토론/토의면접에서 가장 중요한 것은 '팀워크'이다. 쟁점이 나뉘어 격앙된 토론이 된다면 섣불리 조율하는 것보다는 우리 측 입장을 보완하려는 노력이 필요하다.

우리 팀원이 공격을 받고 있거나, 나와 같은 측 의견을 지닌 팀원이 말하는 데에 어려움을 겪고 있다면 '제가 N번 지원자 의견을 조금 보충하여 말씀드리겠습니다'라고 말해도 된다. 서로 다른 의견을 가진 사람들이 최종적으로 합의를 보기 위해 하는 것이 바로 토론/토의 아닌가? 이를 위해 적당한 수준의 갑론을박은 필요하다.

- 목소리와 눈빛

소리는 당당하게 상대편이 들릴 수준으로 해야 한다. 긴장도가 높거나 말하다가 흥분하게 되면 목소리의 음량이 적절하지 않을 때가 많다. 눈빛 역시 말을 할 때에는 항상 상대편, 정면을 응시하는 것이 중요하다. 준비한 자료를 보며 이야기하다 보면 소통력 점수에서 좋지 않게 평가받을 수 있다.

(4) 최종발언(의견 도출하기)
- 평행선을 긋는 토론토의 지양

서로의 의견만 확인한 채 협상이 마무리되면 어떨까? 장시간 동안 의견을 나눈 보람도 없이 그저 각자의 의견만 떠든 상황이 되는 것이다. 이는 나를 포함한 전체 팀원에게 전혀 좋은 방향이 아니다. 주어진 시간을 보며 의견을 조합하고 정리하여 최종안이 도출될 수 있도록 해야 함을 절대 잊지 말자.

- 경청을 보여 주는 결론

경청은 단순히 상대방이 말할 때에 고개를 끄덕이는 것으로만 보여 주는 것이 아니다. 최종발언 시 상대 측의 의견을 수용했음을 보여 주는 문장을 구성하는 것이 좋다. 이를 위해 토론 중 필기를 할 수 있다면 자신이 알아볼 수 있는 수준으로 최종발언을 위해 필기를 해 두는 것이 좋다.

- 협상이 필요하다면 우선순위 선정 필요

협상에서 우리 쪽이 원하는 것을 100% 모두 얻는 것은 불가능하거나 매우 어려운 일이다. 만약 집단면접에서 서로 협상을 해야 하는 조건이 나온다면 '이것만은 물러설 수 없다'라고 생각하는 우선순위를 팀원끼리 정해 두는 것이 좋다. 그래야만 양보할 것은 내어 주고 우리 측이 꼭 지켜야 하는 부분을 얻어 내는 협상으로 최종의견을 만들어 낼 수 있다.

● **집단면접의 주의점**

- **승패(勝敗) 여부는 중요하지 않다**
  - '승자 = 합격'이라는 생각은 매우 위험하다.
  - 이기는 것이 중요한 것이 아니라 대화를 할 줄 아는 사람임을 증명해야 한다.

- **치밀하고 배경지식을 바탕으로 한 논리 전개**
  - 대부분이 어디서 외워온 듯한 천편일률적이고 단편적인 이야기뿐'이라는 것이 심사위원들의 평가다.
- **모르는 것이 나오면?**
  - '죄송합니다'보다는 '이 부분에 대해 혹시 정확히 아시는 분 계신가요?'라고 질문해도 된다.
  - 결국 문제를 함께 해결해 나아가는 팀워크를 보는 것이므로 모른다고 당황하거나 사과로 스스로를 더욱 긴장하게 만들지 말고 발언의 패턴을 빠르게 다른 이들에게 보내는 것도 방법이다.
- **남의 말을 경청한다는 점을 '보여 주는 것'도 중요**
  - 남의 의견을 들을 때 눈을 맞춰 주고 고개를 끄덕이는 등 제스처를 적당히 사용하면 도움이 된다.
  - 절대 책상만 보고 있지 말 것

집단면접은 토론을 잘하거나 진행을 잘하는 말하는 능력을 보는 것이 아니다. 제한된 시간 안에 타인과 얼마나 의사소통을 원활하게 하여 문제를 해결할 수 있는지가 관건이다. 이 과정에서 직무에 대한 열정, 해당 기관의 사업에 대한 배경지식이 드러날 수 있으니 평소 관련 준비가 필요하다. 다시 한 번 집단면접의 키워드는 반박이나 논리력이 아닌 '팀워크'임을 명심하자.

09 AI면접과 비대면면접의 필수 전략

2018년부터 차츰 도입이 시작된 AI면접은 팬데믹 이후 본격화되었고, 이와 함께 비대면면접 역시 확산되며 면접 방식이 짧은 시간 동안 빠르게 변화하고 있다. 취업을 준비하는 입장에서는 혼란스럽고 부담스러운 것이 사실이다. 하지만 면접을 진행하는 방법과 형식은 변화하더라도 결과적으로 기업에서 채용하고자 하는 인재의 모습을 변하지 않는다는 것이 핵심이다. 방법은 변해도 '직무에 적합하고 조직을 이해한 사람'을 뽑고자 하는 의도는 더욱 뚜렷해지고 있다. 이를 위해 취업준비생의 경우 선제적으로 AI면접과 비대면면접의 차이를 이해하고 이에 맞는 전략을 만들어야 한다.

AI면접과 비대면면접 비교

AI면접	프로그래밍 된 면접 방식에 따라 진행되며 면접 응시자의 표정, 어투, 사용 어휘, 내용 등을 분석하여 합격의 당락을 가르는 방식
비대면면접	기존의 면접 방식을 줌, 웹엑스, 팀즈 등의 비대면 서비스를 통해 진행하는 것으로 면접관과 대화한다는 면에서 AI면접과 구분됨

● **기본답변 준비는 필수이자 핵심**

　일반적인 면접을 준비할 때에도 자기소개, 지원동기와 2~3개의 강점, 앞으로의 포부 등을 준비하는 것은 필수이다. 이는 AI면접 및 비대면면접 시에도 반드시 준비해야 하는 것이다. AI면접의 경우 게임 형식으로 응시생의 반응 속도나 논리력을 체크하는 경우가 있는데, 이 때문에 '게임 영역'에 대해서만 반복적으로 연습한 채 실질적으로 중요한 답변에 대해서는 준비하지 않는 경우를 많이 보았다. 1분 이내, 직무 관련 경험과 지식을 담은 자기소개는 물론이며 직무기술서를 바탕으로 한 강점, 여럿이 함께 힘을 합쳐 좋은 결과를 내 본 경험을 담은 팀워크 강점 등 이 전 챕터들에서 상세하게 말한 '기본답변'을 반드시 준비하는 것이 필수이자 핵심이다.

● **AI면접의 진행 순서**

　AI면접은 회사마다 다르지만 일반적으로 4~5개의 방식으로 나뉜다.

공통 질문	자기소개, 지원동기 등 기본적인 답변을 통해 지원자를 파악하는 방법
반응형 게임	개념, 로직 등으로 설계된 간단한 게임을 통해 반응속도 및 논리도를 측정하는 것
상황 질문	직무상황 및 조직생활에 대한 이해를 측정하기 위한 질문
심화 질문 (랜덤 질문)	각 회사마다 다른 종류의 질문을 출제하거나 변별력을 만들기 위해 출제하는 영역

공통 질문

직무적합도를 측정하는 질문이 많으며 기본적인 음성, 음량, 태도, 직무 관련 단어의 빈출도 등을 체크하는 것을 목적으로 한다.

> **공통 질문 답변 시 주의사항**
> ❶ 보고 읽는 것처럼 보이지 않기 위해 자연스러운 어투가 될 수 있도록 연습하거나 사전에 촬영 및 모니터링을 통해 정교한 연습을 할 것
> ❷ 답변 제한 시간에 잘 맞추어 답변할 것(평균 60~90초)
> ❸ 답변을 마친 후에도 카메라를 응시할 것
> ❹ 회사에서 제공하는 사전 공지 및 주의사항을 철저히 확인할 것

AI면접의 경우 지원자의 표정 등 다양한 비언어적인 부분도 채점 요소가 될 수 있기 때문에 면접 전에 반드시 철저한 준비를 하는 것이 좋다.

반응형 게임

게임 영역은 기존 일반적인 면접과 가장 차별화되는 영역이다. 면접의 게임은 반응 속도나 로직에 대한 이해, 사고력 수준을 보는 논리적 사고(PSAT)의 맥락으로 이해하고 접근하는 것이 옳다. 게임은 다양한 방식이 출제되는데, 대게 컴퓨터를 다룰 수 있는 수준이면 충분히 할 수 있는 방식이라는 것이 중론이다. 단, 짧은 시간 동안 주어지는 지문, 게임의 득점 방법 등을 집중력 있게 이해하고 주어지는 연습 시간을

잘 활용하는 등 다음의 3가지를 주의하여 진행하면 충분히 좋은 점수를 받을 수 있다.

> **반응형 게임 시 주의사항**
> ❶ 게이머(Gamer)를 뽑는 것이 아니니 걱정보다는 집중할 것
> ❷ 연습 게임이 주어질 때 최대한 연습하고 활용할 것
> ❸ '아~C!', '헐!' 같은 적절치 않은 감탄사가 나오지 않도록 긴장할 것

면접은 말하기 대회도 아니고 특히 AI면접은 게임을 잘하는 사람을 뽑는 경연도 아님을 잊지 않아야 한다. 자소서가 공식 문서를 제출하는 것이라면 면접은 공식 미팅, 비즈니스를 논하는 자리 중 하나임을 잊지 않아야 한다. 예를 들어 공기업에서 기자회견을 하거나 정부기관에서 공식 발표 등을 할 때에 말하는 사람이 당황하거나 실수했다고 해서 비속어를 말하거나 적절치 않은 감탄사를 내뱉었다면 어떨지 상상해 보라. 적절하지 않은 수준을 넘어 끔찍한 상황이 올 수도 있지 않을까? 여러분이 면접을 본다는 것은 이제 공식적인 사회인으로 인정을 받느냐 그렇지 않느냐를 가늠하는 자리라는 것을 생각한다면 그 경중은 달라도 의미를 다르지 않다는 것이다. 게임에서 이기는 것보다 중요한 것은 이것이 면접의 한 종류라는 것을 잊지 않는 것이다. 절대적으로 긴장하고 무의식적으로 잘못된 단어가 튀어나오지 않도록 하자.

상황 질문

상황 질문은 지원한 조직에 대한 이해, 직무 중 일어날 수 있는 상황에 대해 얼마나 준비가 되어 있는지를 보는 질문들로 실제 대면 면접에서도 많이 이루어지고 있는 영역이다. 상사와의 갈등, 팀원과의 상황, 고객을 응대하는 태도 등이 이에 해당한다. 상황 질문에 대한 갈래와 이에 대한 답변은 앞 챕터들에 정리되어 있으니 참고하며 연습해 보자. 상황 질문이 AI에 도입된 경우 기업에 따라 일정 수준의 연기가 필요한 경우가 있으나 연기라고 생각하면 어색하고 긴장될 수 있으므로 앞에 대상자가 있다고 생각하고 사회생활을 연습한다는 마음으로 답변하면 좋은 결과를 볼 수 있을 것이다.

> **상황 질문 답변 시 주의사항**
> ❶ 카메라를 잘 응시하고 말할 것
> ❷ 연기가 아닌 실제 직무상황, 현실상황이라 생각하고 말할 것
> ❸ 크고 당당한 목소리로 말할 것

심화 질문(랜덤 질문)

AI면접은 데이터 기반의 면접으로 동일한 질문에 어떻게 다르게 반응하는지에 대한 데이터를 통해 채점을 한다고 알려져 있다. 이와 함께 면접 말미에는 랜덤하게 다른 질문을 출제하여 적정한 수준의 변별력을 주고 있다.

심화질문은 개인적인 질문, 취미나 스트레스 해소 방안 등을 묻거나

직무 및 사회생활에 대한 질문을 묻기도 한다. 여기서 중요한 것은 제한된 시간 동안 크게 망설이지 말고 큰 소리로 자신 있게 말하는 것이다. 웅얼거리거나 망설이는 것은 일반 면접에서도 좋은 점수를 받기 어렵지만 1차적으로 기계적 알고리즘에서 채점을 받게 되는 AI면접의 경우 물리적인 수신율이 떨어지면 고득점으로 이어지는 것이 더욱 어렵기 때문이다.

● AI면접과 비대면 면접의 복장 및 주의사항

AI면접, 비대면 면접 모두 배경은 깔끔한 곳을 선택하고 복장 역시 면접 복장을 착용하는 것이 좋다. 이는 절대적인 조건을 아니지만 기왕이면 금상첨화라는 말처럼 전반적으로 화면이 깔끔하게 보여서 나쁠 것은 없을 것이다.

❶ 화면 배경은 얼굴이 잘 보일 수 있는 곳으로 선택할 것
❷ 인터넷 환경은 사전에 반드시 체크하여 이 때문에 발생하는 불이익이 없도록 준비할 것
❸ 면접을 치르는 동안에는 소음이 들어가지 않을 수 있도록 주의할 것 (카페, 가족이 있는 거실 등은 피할 것)
❹ 복장과 헤어는 일반 면접처럼 깔끔하게 준비할 것
❺ 회사에서 사전에 공지한 면접 주의사항 등을 꼼꼼히 체크하고 주어지는 테스트를 충분히 활용하여 답변이 명확하게 들리고 표정이 정확히 전달 될 수 있도록 함

모르는 질문이 나왔을 때 대처하기

    면접 심사위원은 나보다 전문가일까? 그렇다. 그들은 우리보다 전문가이기 때문에 나를 심사할 수 있는 것이다.

    그럼 내가 모르는 문제는 나올 수 있을까? 그렇다. 당연히 내가 모르는 문제가 나올 수 있다. 그들이 나보다 지적 수준과 업무 경험이 풍부할 테니 충분히 가능하다.

    모르는 질문이란 KEO(지식-경험-의견)의 질문 중 '지식'에 해당되는 질문이다.

    경험은 자신의 경험이므로 최대한 다양한 측면에서 준비해 가고 연습하여 유사한 경험을 묻는 질문에는 딱 맞는 답변이 아니더라도 준비한 것을 답변하면 좋다. 즉, 경험은 모를 수 없는 질문이다. 자신의 경험을 묻는 것이기 때문이다.

    의견 역시 자신의 생각을 묻는 것이므로 평소 생각을 바탕으로 간결하게 답하면 된다. 의견은 ❶ 해당 조직의 사업이나 미래를 묻는 질문 ❷ 조직생활에서 부딪히는 상황에 대한 질문 ❸ 공직자의 태도에 대한 의견을 묻는 질문으로 나뉜다.

    이 세 가지 부분은 면접 준비 시 반드시 준비해야 하는 부분이다. 만약 이 세 가지 영역을 벗어난 의견을 묻는 질문이 나온다면 자기 스스로를 믿고 평소 생각하는 것만큼 또는 현장에서 생각나는 만큼 답해도 무방하다.

'지식'을 모를 때에 답변하는 방법은 다음과 같다.

1. 아는 만큼 대답한다

아는 척이 아니라 아는 만큼 답변하는 것이다. 0과 1 사이에는 0.1, 0.2 등 무수한 숫자가 있다. 내가 1만큼 모른다고 하여 아예 모르는 취급을 받아서는 안 된다. 조금 부족하더라도 0.1만큼 알고 있다면 당당하게 대답하는 것이 좋다.

2. 모른다고 침묵해서는 안 된다

만약 절대 모르는 개념이라고 하면 조금 고민하다가 "죄송합니다. 너무 아쉽게도 그 부분은 잘 모르겠습니다. 한 번 더 기회 주시면 정확하게 답변 드릴 수 있도록 노력하겠습니다"라고 답변을 해 보는 것도 방법이다. 사실 자신의 직무나 전공에 대한 지식 질문에 있어서 아예 어느 분야를 묻는지도 몰라서는 안 된다. 최대한 준비하고 대비해야 한다. 지식을 모른다면 해당 직무에 대해 준비가 안 되어 있음을 여실히 드러내어 면접에서 좋은 결과를 낼 수 없다. 하지만 한 문제 답변 못한다고 무조건 탈락하지는 않는다. 답변이 생각나지 않는다고 심하게 좌절하지 말자.

가장 좋지 않은 태도는 모르는 질문일 때 횡설수설하며 눈빛이 심하게 흔들리며 아무 답변도 못하는 모습이다. 이는 면접심사위원으로 하여금 답답함을 느끼게 할 수 있기 때문이다.

3. 딜레마 질문에는 소신껏 답변한다

'업무 시 과정과 결과 중 무엇이 중요한가?'

'경제에서 성장과 분배 중 어느 것이 필요한 때인가?'

이와 같은 질문은 어떤 대답을 해도 꼬리질문을 받게 되는 유형의 질문이다. 하지만 면접자의 경우 본 유형의 질문을 받으면 '질문의 의도가 뭘까? 무슨 답변을 해야 좋은 점수를 받을까? 괜히 공격받으면 어떡하지?'라는 수많은 생각에 사로잡혀 결국 답변을 못하고 마는 경우가 많다. 답변을 못하면 점수를 조금도 받을 수 없다. 딜레마적인 질문은 결국 본인의 생각이 답이라는 생각으로 조금 고민한 후 근거를 중심으로 답변을 하면 된다.

모르는 질문은 당연히 나올 수 있다. '어차피 모르는 질문 나올 테니 공부해도 안 되겠지'라는 안일한 마음이나 포기하는 태도를 가지라는 것이 아니다. 준비할 수 있는 부분을 최대한 대비한 후 '내가 모든 것을 알 수는 없으니 혹시 모르는 질문이 나오면 겸허하게 대처하자'라는 마음가짐으로 아는 만큼 당당하고 소신 있게 답변하고 오기를 바란다.

04
CHAPTER

합격이 보이는
최종면접

공기업 입사를 바로 눈앞에 두고 진행하는 최종면접. 그 면접에서 위축되지 않고 차분하고 당당하게 합격하는 사람들의 공통점은 무엇일까? 그 내면을 살펴보면 그들도 절대 쉽게 합격한 것은 아니다. 다들 속사정을 알고 보면 길게는 몇 년, 짧게는 몇 일간 정확한 방향성과 집중력을 갖고 준비하게 된다. 이와 함께 평소에 올바른 생각을 하고, 공기업 입사가 사기업에서 일하는 것과 무엇이 다른지 명확하게 인지하고 있는 것이 기본적이면서도 확연히 차이를 갖게 되는 비법이라 할 수 있다.

'인성'이라는 말은 실로 많은 의미를 내포하게 된다. 성격이라 해석할 수도 있고 사고방식이나 됨됨이라고 생각할 수도 있다. 어떻게 해석하든 인성면접과 임원면접에서 탈락했을 때에는 그 여운이 다른 면접에서 탈락하는 것보다 훨씬 크다는 것이 면접을 경험한 학생들의 일반적인 반응이다. 그 이유는 다양하겠지만 무엇보다 거의 합격의 문턱에 다가섰다는 큰 기대감이 있었음에도 불구하고 탈락한다면 그 충격과 상심은 이루 말할 수 없기 때문이다. 특히 최종면접까지 가서 탈락하게 되면 자소서부터 다시 시작해야 하는 상황이라 그 여파는 더욱 클 수 있다. 임원면접, 인성면접 등으로 통상 불리는 최종면접은 어떻게 다르며 우리는 어떻게 준비해야 하는지에 대해 알아보도록 하자.

01 공기업에서 선호하는 세 가지 유형

　공기업은 국가의 정책과 규제 등을 사업화하여 국민들의 삶을 이롭게 하는 역할을 한다. 각 공기업이 운영하는 사업의 내용은 다르더라도 국가적인 사업, 범국민을 대상으로 하는 서비스를 운영하는 공기업이 필요로 하는 인재의 모습은 같다. 즉 공기업 직원들이 일하고 싶어 하고 선호하는 유형이 있다는 것이다. 기본적인 업무를 하기 위한 능력, 직무와 회사에 대한 이해도는 1차 면접이나 역량면접 등에서 모두 평가를 한다.

　아무리 세상이 변화하고 4차 산업혁명으로 로봇, AI 등의 업무 방식이 달라지고 있더라도 결국 일은 사람이 하는 것이다. 사람들을 위한 일을 사람이 처리하고 이는 사람 간에 의사소통을 통해 진행되게 된다.
　이를 위해 모든 공기업은 '인성'이 훌륭한 사람을 선호하고 어떻게 하면 짧은 시간의 면접과정에서 이를 평가할 수 있을지 고민이 크다. 만약 공기업 면접을 준비하는 과정에서 살아남아 합격의 기쁨을 누리고 싶다면 공기업이 선호하는 유형을 이해하고 이러한 모습으로 어필할 수 있도록 준비하고 노력해야 한다.

● **유형 1 | 침착하고 당당한 사람**

공기업 직원 및 임원들은 갑작스럽고 당황스러운 상황에서도 평정심을 잃지 않고 침착하게 대응하는 사람, 자신의 의견에 확신을 갖고 표현하는 사람을 선호한다.

'침착하고 당당한 사람'이라는 두 개의 단어는 얼핏 보면 역설적으로 보일 수 있다. 침착하다는 것은 조용하다, 내성적이다 라는 의미로 쓰이는 경우가 많고, 당당하다는 것은 적극적이고 진취적이다는 의미로 주로 해석되기 때문이다. 하지만 내성적이고 말수가 적다고 해서 무조건 침착한 것도 아니며 말이 많고 활동적이라고 해서 반드시 당당한 사람이라고 귀결 지을 수는 없다. 성격과 태도는 다르다. 인성면접에서는 성격 좋은 사람을 뽑기보다는 태도가 올바르고 기업의 방향과 맞는 사람을 선택하게 된다.

당황스러운 질문에도 크게 흔들리거나 당황하지 않고 침착하게 자신의 의견을 말할 줄 아는 태도는 최종면접에서 매우 중요하다. 공기업이 하고 있는 사업은 대부분 전 국민을 상대로 서비스를 하는 경우가 많은데 생활에 매우 필수적인 전기, 수도, 도로, 가스, 난방, 환경, 연금, 보험 등이 그러하다.

이런 시설을 운영하거나 기획하는 데에 있어서 침착한 태도는 특히 사고가 발생하거나 돌발 상황을 대처할 때 그 빛을 발하는 중요한 능력이다. 예를 들어 기차 운행을 담당하는 직원이 화재, 산사태 등의 자연재해나 차량 내 응급환자 발생 등 갑작스러운 상황에 침착하지 못하게 허둥지둥한다면 기차 안에 있는 수많은 국민들을 비롯하여 이와 연관된 앞, 뒤차량, 주변 시설 등에 막대한 영향을 끼치게 될 것이다.

발전소 운영을 하는 직원이 지진이나 화재 등의 상황에 섣부른 행동을 한다면, 연금 서비스를 기획하는 직원이 업무를 침착하게 처리하지 못해 정확한 연금수령이 되지 못한다면 어떨까? 이러한 상황은 단순히 직원 한 명의 실수에서 끝나는 것이 아니라 국가와 지역사회 측면 그리고 누군가의 인생에 있어서는 재앙으로 이어질 수 있다.

면접 상황에서 사고나 긴급한 상황을 만들기에는 한계가 있으므로 공기업의 인성면접에서는 자신의 가치관이나 경험을 묻는 질문, 때로는 당황스러운 질문을 통해 평가하곤 한다. 이에 불안한 모습을 보이거나 횡설수설하는 태도를 보인다면 면접관 입장에서 지원자를 평가할 때에 '스스로의 생각도 차분하게 말하지 못하는데, 업무를 시켜도 저렇게 불안하고 침착하지 못하게 일을 처리하지 않을까?'라는 판단을 하게 된다.

물론 '평소 성격은 그렇지 않지만 면접이 워낙 떨리고, 남 앞에서 말하는 것이 익숙하지 않은 것뿐이다' 라고 항변하고 싶을 것이다.

하지만 이것이 바로 학생과 직장인의 차이 중 하나이다. '나'는 이런 사람이니 어쩔 수 없어'라는 생각을 갖고 있다면 시각을 조금 바꾸어 생각해 보도록 하자. '나'의 성격도 중요하지만 나의 역할이 앞으로 '우리' 즉 기업의 대표로서 역할을 하게 될 것이라는 생각을 갖고 사회인으로서의 자격을 평가받는 면접에 임해야 하는 것이다.

'나는 내성적이고 말주변도 없는데 그렇지 않아 보이기 위해 포장해야지'라는 마음이 아니라 '나는 비록 내성적이기는 하지만 앞으로 코레일에서 업무할 때에는 코레일의 대표선수답게 침착하게 말할 수 있어! 그런 준비가 되어 있다는 것을 보여 드려야지'라는 자기 암시로 지속적인 멘탈 관리를 하면 면접에서도 침착하고 차분한 태도로 크게 당황하지 않고 대처할 수 있게 된다.

침착하면서도 당당하다는 것은 같은 맥락이다. 국민 대상의 서비스를 하는 공기업의 특성상 복잡다단하고 다양한 종류의 민원을 상대하게 될 것이다. 소리를 지르거나, 안 되는 것을 우기는 민원이 발생되었을 때에 침착하기만 해서도 안 되고 일방적으로 기업의 입장만을 또는 고객의 입장만을 고려해서는 안 된다. '고객이 큰소리로 항의할 경우 대처는?', '함께 일하는 협력사 직원이 사내 규정을 지키지 않고 안전수칙을 무시하고 업무를 할 경우 이를 어떻게 설득할 것인가?' 등의 질문을 묻는 이유가 바로 이것이다. 분위기에 휩쓸리지 않고 침착하고 차분하게 해야 할 말을 하여 상황을 잘 해결해야 하는 것이다.

침착하고 당당한 인재

• 말을 천천히 하자

생각을 하면서 말을 이어가는 것이 외운 듯 답변하는 것보다 좋다. 쉽게 말해 진정성 있고 소신 있게 말하자는 것이다. 가끔 무언가를 생각할 때에 허공을 보거나 눈동자를 굴리는 것이 좋아 보이지 않을까 걱정이라는 학생들이 있다. 눈동자를 굴리는 것 자체가 좋고 나쁜 것을 규정 짓는 것이 아니라 인위적이고 자연스럽지 못한 것이 문제가 되는 것이다. 생각을 해야 하는 순간에는 눈이 조금 허공을 떠돌더라도 '생각'을 해야 한다.
여기서 주의해야 할 점은 자신의 의견을 말할 때조차 상대방의 눈을 보지 못하거나 정면을 응시하지 못하고 어디를 봐야 할지 불안한 눈빛을 보인다면 이는 문제가 될 수 있다. 답변을 할 때에는 정면을 보거나, 면접관을 바라보며 말해야 한다. 말을 천천히 한다는 것은 나무늘보처럼 0.5배속으로 말을 하라는 것이라기 보다는 문장이 끝나고 잠시 쉬어가며 답을 하라는 것으로 이해해야 한다. 생각을 하면서 말한다는 것은 '내가 외운 것이 뭐였지?'라고 암기한 내용을 생각하는 것이 아니다. 면접관의 질문을 이해하고 이에 대해 내가 가진 생각을 정리하면서 말을 하다 보면 말의 속도는 자연스럽게 상대방이 듣기 좋은 템포로 흐르게 된다. 인위적으로 속도를 조절하기 보다는 생각하면서 말한다는 마음을 갖자. 단, 단기적으로 이를 개선하기 위한 방도가 필요하다면 문장이나 문단이 끝날 때에 잠시 숨고르기를 한다는 차원에서 쉬어가게 되면 속도를 조절할 수 있고 이것이 여유 있고 차분해 보이는 인상을 주는 데에 도움이 될 것이다.

• 심사위원(면접관)의 표정에 흔들리지 말자

답변을 하면서 면접관의 표정에 일희일비하면 안 된다. 생각해 보자. 평균 4~50대 이상의 업무 담당자들은 자신의 기분을 드러내지 않고 업무를 객관적으로 처리해야 한다는 것을 오랫동안 연마해 온 사람이다. 이들이 면접에서 그들의 기분과 답변의 만족도에 따라 표정을 다르게 내비추어 보일까? 드라마나 예능에서 비추어지는 상황은 말 그대로 드라마 등의 연기일 뿐이다. 표정이 좋다고 해서 답변을 잘한 것도 아니고 표정이 일그러졌다고 하여 답변이 잘못된 것도 아니다. 면접관의 웃는 표정에 안도하고 흥분하거나 매우 편안하게 말하지도 말 것, 화난 듯한 표정에 주눅 들어 우물쭈물 말하지도 말 것, 침착하고 당당한 모습으로 끝까지 평정심을 유지하는 것이 인성면접에서 중요한 첫 번째 포인트이다.

- **질문을 받고 속으로 2~3초를 센 후 답변하자**

  0~1초 만에 바로 답변해서는 안 된다. 질문이 끝나자마자 빠르게 답변하는 것이 자칫 공격적이거나 불안하게 보일 수 있다. 2~3초는 생각보다 길지 않은 시간이지만 상대방의 질문을 존중하고 답변하는 사람 역시 진중하게 임하고 있다는 것을 무언에 전달할 수 있는 충분하고 필수적인 간격이다. 스터디를 하거나 친구와 함께 질문을 하자마자 또는 질문이 끝나기도 전에 답변하는 시뮬레이션을 해 보면 어떠한 느낌인지 누구나 알 수 있을 것이다.

● **유형 2 | 생각이 바른 사람**

공기업의 인성면접, 최종면접에서 합격하는 사람들의 공통점은 바로 생각이 올바른 사람이라는 점이다. 공기업과 사기업을 막론하고 지금 당장의 이익을 위해 또는 자신의 안위를 위해 전체를 희생시키거나 규정을 무시하는 사람과 함께 일하고 싶은 사람은 없다. 실제로 학교에서 조별과제를 하며 프리라이더를 겪어 본 사람이라면 알 것이다. 공기업에서는 윤리와 청렴, 공직자로서의 태도를 반드시 평가하게 된다.

> 과연 당신은 윤리적이고 청렴한 사람인가?

이에 정확하게 결론을 지을 수 있는 사람이 과연 몇이나 될지 의문이 들 정도로 참 어려운 질문이다. 공기업 면접에서 가장 중요하지민 제일 어려워하는 부분이 바로 이 윤리, 청렴과 관련한 질문이다. 우리는 어렸을 적부터 부모님과 선생님, 학교와 사회에서 '남의 물건에 손대지 마라', '공공장소에서는 공중도덕을 지키고 남에게 폐 끼치는 행동하지 마라' 등의 기본적인 태도를 배우며 살아왔다.

너무 당연한 듯 보이는 것들이 바로 우리 사회의 원칙이자 공기업의 직원으로서 지켜야 하는 공직윤리가 되는 것이다. 공직자의 태도, 공직윤리를 단순히 청렴한 것, 정직한 것이라고 답변하는 경우가 있지만 이는 뫼비우스 띠처럼 동일 반복어로 정의를 내리고 있는 것에 불과하다.

> - 공직자의 윤리란 청렴이라고 생각한다.
> - 청렴이란 윤리적으로 행동하는 것이다.
> - 윤리적인 행동은 공직자의 필수적인 태도다.
> - 공직자의 태도에서 윤리와 청렴은 중요하다.

이를 위해 윤리와 청렴함, 공직자에서 선호하는 올바른 태도를 다음과 같이 정의하겠다. **공직자의 태도이자 윤리적**인 사람이란 다음과 같다.

첫째, 약속을 지키는 사람이다.

약속은 내가 속한 조직과의 약속(규칙/규범)이다. 여러분은 이제까지 자신이 속한 학교, 지역사회, 단체 등에서 지켜야 할 것들을 지키고 지내왔는가? 학교의 등하교시간, 학교 내에서 학우들과 해야 하는 일들, 우리 동네의 분리수거 요일, 납세의 의무를 지키는 것 등이 이에 해당된다. 이제까지 내가 속한 집단, 조직과의 약속을 지켜왔다면 앞으로도 무리 없이 내가 속하게 될 조직에서 조직과의 약속인 원칙, 매뉴얼, 규범을 충분히 지킬 수 있는 자신감을 가져도 된다.

또 다른 약속은 바로 **나와의 약속(양심)**이다. 양심을 속이는 짓은 사람마다 경도의 차이는 있을 수 있지만 보편적인 가치를 지키는 것이다. 자신보다 약한 사람에게 강하게 굴지 않기, 타인이 보는 곳이든 보이지 않는 곳이든 부끄러운 행동 하지 않기 등 대부분 동의할 수 있는 것들이다. 양심에 어긋나는 짓을 하지 않는 것은 당연한 말이다.

이제까지 내가 속한 조직과의 약속, 나와의 약속을 잘 지키고 살아왔다면 앞으로 공기업에서도 공직자로서 문제없이 일할 수 있는 준비가 되어 있다고 할 수 있다.

둘째, 절차를 지키는 사람이다.

절차는 공기업에서 매우 중요한 부분이다. 예를 들어 사기업에서 "고객이 무리한 요구를 한다면 어떻게 할 것인가?"라는 질문을 받는다면 "고객의 요구를 정확히 듣고 이를 만족시켜드릴 수 있도록 최선의 노력을 다하겠다. 고객 만족이 우선이라고 생각한다"라고 답변하는 것이 좋다. 매출과 이미지가 최우선인 사기업에서는 한 번의 잘못된 소문이나 사례가 매출로 직결될 수도 있기 때문이다.

하지만 공기업은 이와 다르다. 고객을 만족시키고 민원을 발생시키지 않게 하는 것도 중요하지만 절차와 원칙을 무시하고 무조건 상황에 따라 다르게 대처하는 것은 안 된다. 자칫 고객을 만족시키기 위해 할 수 있는 것을 하는 것이 임기응변, 순발력이라고 생각할 수도 있겠지만 잘못된 생각이다.

공공기관에서 "고객이 무리한 요구를 한다면 어떻게 할 것인가?"라는 질문을 받는다면 "고객을 일단 진정시켜드리고 무엇을 원하시는지 경청하겠다. 단, 업무 규정이나 매뉴얼에 의거해 해결해 드릴 수 없는 부분이라면 부드럽지만 단호하게 안 된다고 말씀드리겠다"라고 말하는 것이 좋다.

한 번의 잘못된 선례는 해당 공기업의 사업이나 더 크게는 국가적인 시스템에도 영향을 끼칠 수 있는 파급 효과를 만들 수 있기 때문이다. 성과도 중요하지만 성과를 위해 절차를 무시해서는 안 된다.

절차는 많은 사람들이 함께 업무를 하기 위해 만들어 놓은 순서

면접에서 합격하고 싶은 마음은 좋지만 과도한 의욕이나 욕심보다는 스스로를 믿고, 이제까지 약속과 절차를 잘 지켜온 부분들을 생각하며 조금은 느리더라도 명료하고 단순하게 말하는 것이 좋다.

생각이 바른 인재

좌우명, 명언, 고사성어 등을 준비하자

자신의 생각을 경험이나 의견으로 풀어가는 것도 좋지만 선인들의 의견을 참조하는 것도 좋다. '거인의 어깨에 올라선다'는 말이 있듯이 더 나은 사람이 되기 위해서는 선인들이 만들어 놓은 것들을 발판으로 삼는 것이다.
가치관, 직업관, 인생철학, 신념을 따로 만들어 둘 필요는 없다.
단, 누군가 자신의 가치관을 물어보았을 때에 구구절절 말하는 것보다 임팩트 있는 하나의 문장으로 대변하는 것이 훨씬 힘이 세다. 이때에 주의할 점은 너무 흔한 명언보다는 잘 알려지지 않았지만 직관적으로 그 의미를 알 수 있는 것들이 좋다.

예시답안

똑똑한 사람은 혼자 일하고, 현명한 사람은 함께 일한다. 저희 담당교수님께서 늘 강조하신 말씀이 제 신념입니다. 제가 부족한 부분은 선배님이나 팀원들과 채워가고 제가 잘 할 수 있는 부분은 솔선수범하는 모습이 중요하다고 생각합니다. 앞으로 ○○공사에서 현명한 직원으로 함께 일하며 성장하는 모습 보여 드리겠습니다.

'롱런(Long Run), 계속 달리려면 롱런(Long Learn), 끊임없이 배우는 자세를 가져야 한다'라고 저희 아버지께서 늘 강조하셨습니다. 지금 당장의 이익이나 성과가 나지 않는다고 포기한다거나, 반짝 좋은 일이 있다고 해서 배움을 멈추는 것이 아니라 모든 순간이 배울 것이 있다는 태도를 가지라고 가르쳐 주셨습니다. 앞으로 ○○공사에서 늘 낮은 자세로 부지런히 배우고 이를 공사의 발전과 국민을 위해 쓰기 위해 노력하는 초심을 잃지 않는 사원이 되겠습니다.

> 깊은 물은 조용히 흐른다. 저의 좌우명입니다. 하나씩 깊이 있게 채워가고 성장해 가는 것, 다른 사람의 말을 귀 기울여 듣고 이를 겸손한 마음으로 마음에 새기려는 태도를 갖기 위해 늘 노력하고 있습니다. 앞으로 ○○공사에서도 제 좌우명처럼 묵묵히 책임을 다하는 사원이 되겠습니다.

> 내가 이 업무에 적임자라는 생각으로 면접에 임하자.
> 스스로 확신이 없는 사람은 절대 남을 확신시킬 수 없다. 이는 비단 면접뿐만 아니라 세상의 모든 일에 마찬가지이다. 허세를 떨고 오만한 태도를 가지라는 말이 아니다. 떨리고 긴장이 되더라도 인성면접에서는 진정성 있는 모습을 보이면 합격할 수 있다고 스스로 확신을 갖자. 진정성은 진짜 정성들이는 마음에서 나온다. 이 업무가 정말 무엇을 하는 것인지, 내가 이제까지 공부하고 활동해 온 것을 바탕으로 잘 할 수 있다고 자기 확신을 갖는 훈련을 하자. 인성면접과 최종면접에 떨리지 않는 사람은 없다. 이를 이겨내는 방법은 남과 다른 생각과 마음가짐을 갖는 것이다.

● 유형 3 | 조직친화적인 사람

　조직친화적인 사람이란 기존의 조직문화와 시스템에 잘 적응하고 이를 빠르게 수용할 줄 아는 사람이다. 쉽게 말하자면 선배, 상사를 존중하고 원활하게 업무할 수 있는 지원자를 말한다. 서열을 존중하고 겸허하게 행동할 줄 아는 한 명 한 명의 구성원은 공기업의 사업과 서비스를 안정적으로 운영될 수 있도록 만드는 기본 요소이다. 우리 모두를 위해 필수적이다.

　공기업에서 서열과 위계질서는 중요하다. 코레일에서 한 명의 서투른 직원이 운행 중 버튼을 잘못 누르는 것과 같은 실수를 한다면, 한국수자원공사에서 댐을 관리하는 한 명의 직원이 정확히 모르는 부분을 함부로 판단해 댐이 방류된다면, 건강보험공단의 신입직원이 자신이 아는 지식이 옳다고 생각하여 선배에게 물어보지도 않고 임의로 처리한다면 어떤 일이 벌어질까?

이는 사고로 이어질 수 있고, 공기업이 운영하는 사업에서 발생하는 사고는 국가의 명운을 바꿀 수 있을 만큼 어마무시한 결과를 일으키게 된다.

물론 민간 기업에서도 이러한 일이 사고를 불러일으킬 수는 있지만 민간기업의 경우는 대개 해당 기업이 손해를 입거나 고객에게 일정 수준의 불편을 주게 될 것이다. 이는 수습할 수 있는 수준 내에서 벌어지는 일들이며 피해를 보는 사람의 숫자나 금액이 공기업에서의 사고와는 비교할 수 없는 것이다.

조직친화적이라는 단어 자체가 학생 입장에서는 매우 생소할 수 있다. 학교에서는 절대 조직친화적인 사람이라는 종류의 말을 사용하지 않기 때문이다. 서열은 나쁜 것, 상하관계를 강요하는 것은 고리 타분한 것이라 생각할 수 있지만 경험치를 존중하고 각자의 자리에서 체계적으로 업무하는 것은 공기업의 서비스를 안전하게 할 수 있는 가장 중요한 부분이다. 단순히 나이가 많은 사람을 우대하는 것이 아니다. 생물학적 나이(Biological Age)도 중요하지만 사회생활에서는 사회적 나이(Social Age)가 중요하다. 비록 나보다 나이가 어리더라도 사회적 나이가 높다면, 관련 업무에 대한 경력이 높다면 이를 존중해야 하는 것이 성숙된 사회인의 태도이다.

공기업은 체계적인 조직 구성이 흐트러짐 없이 움직이는 것, 잘 맞물린 톱니바퀴가 끊임없이 돌아가는 것이 필수적이다. 안정적인 전기 공급, 사고 없이 안전한 항만/공항 운영, 신뢰감 있는 금융 서비스는 창의력, 순발력, 새로운 아이디어보다 기존의 체계가 흐트러짐 없이 잘 운영될 때 이루어질 수 있다. 핵심 사업이 잘 지속된다는 가정 하에 새로운 경영기획을 하거나 신기술을 도입하는 것이 의미가 있다.

한국전력공사가 국내 가가호호, 기업 운영에 안정적인 전기 공급을 하지 못하고 해외에서 뛰어난 실적을 올린다면 이는 지탄의 대상이 될 것이다. KOTRA가 국내 중소기업의 지원에 예산을 쓰기보다는 대기업이나 해외기업의 운영에 도움이 되는 일을 하는 것은 KOTRA의 존립 이유와 위배된다.

공기업의 특성을 정확히 이해하고 공공성이 무엇인지, 수익성은 어떤 상관관계를 갖게 되는지에 대해 반드시 정리할 필요가 있다. 본질에 충실할 수 있도록 되어 있는 기존의 체계를 빠르게 수용하고 이에 자신의 역량을 잘 맞출 수 있도록 하는 것이 조직친화적 태도를 갖춘 인재라 할 수 있다.

"회사에서 원하지 않는 업무에 배치되면 퇴사할 것인가?", "원하지 않는 지역이나 오지 등에 발령이 나도 잘 할 수 있겠는가?" 등의 질문도 마찬가지이다. 이것을 압박면접이나 나를 공격하는 질문으로 오해해서는 안 된다. 이는 지원자들을 당황시키려고 하는 압박면접이 전혀 아니다. 조직친화적인 태도, 조직생활에 적합한 사고를 지녔는지를 묻는 기초적인 질문이다.

회사에서 원하지 않는 업무를 맡긴다고 그만두거나 하기 싫은 내색을 비추는 것은 매우 어리고 학생적인 모습이다. 이에 적합한 답변은 "일단은 그 업무에서 최선을 다하겠습니다. 왜냐하면 회사에서 새로운 업무에 저를 배치한데에는 이유가 있을 것이라 생각합니다" 또는 "제가 모르는 또 다른 역량을 발견했기 때문이라 생각합니다"라는 방향의 답변이 되어야 한다.

이때에 "저는 외국에서 살다 온 경험이 있어서 적응력이 좋습니다"라거나 "저는 스무 살 때부터 부모님과 떨어져 살며 온갖 고생을 해 보았기 때문에 어디든 가서 고생할 준비가 되어 있습니다"라는 종류의 대답은 높은 점수를 받을 수 없다.

앞 질문의 의도는 조직의 결정을 믿고 따를 준비가 되어 있는지를 묻는 조직친화역량을 평가하는 것이지 개인적인 측면의 적응력을 묻는 것이 아니다. 설사 적응력을 묻는 것이라 하더라도 외국 경험이나 외지에서 독립해서 살아 본 경험보다는 나이가 많으신 분들과 어울려 업무를 해 보거나 알바를 해 본 경험을 말하는 것이 훨씬 유리하다.

조직친화적인 인재

• '나는 신입사원이다' 라는 것을 잊지 말자

신입사원이라면 업무를 하는 도중 모르는 것이 있을 수 있고, 알고 있더라도 조직에서 조금이라도 경험이 있는 사람에게 물어보고, 공유하며 진행시켜야 한다. 면접에서 묻는 다양한 질문들 중에 상황판단과 관련된 질문은 신입사원으로서 겸손한 자세로 답변해야 함을 잊지 말자.

특히 인성면접이 주축이 되는 최종면접의 경우 신입사원으로서 자세를 갖추었다는 것이 좋다. 스마트하고 혁신을 추구하는 인재도 좋지만 공기업에서는 기본적인 역량과 조직친화적인 사고를 가진 사람을 선호한다.

대학 신입생일 때, 고등학교 신입생일 때에 우리는 모두 서툴렀다. 분명 이전에도 학교를 다녔건만 새로운 학교, 새로운 조직에 들어가게 되니 모든 것을 새롭게 배워야 하는 입장이 되는 것이다.

조직친화적인 태도는 복종을 의미하는 것이 아니다. 선배를 존중하는 태도, 내가 틀릴 수도 있다고 생각하는 자세, 섣불리 판단하는 것보다는 조직의 시스템을 믿는 공직자로서의 준비를 의미하는 것이다.

• '쿠션어' 사용으로 부드러운 대화를 이어가자

조직친화적인 사람이란 조직생활에서 매우 다양한 부류의 사람들과 큰 무리 없이 잘 지낼 수 있는 사람을 의미하기도 한다. 이는 크게 모나지 않고 부드럽게 대화를 이어가는 것만 보아도 알 수 있다.

인성면접과 최종면접에서 아무리 자신의 입으로 "조화로운 사람이다.", "친구들과 원만하게 지냈듯이 회사 생활도 무리 없이 할 수 있다."라고 말한들 미래의 선배가 될 수 있는 사람과의 대화를 제대로 하지 못한다면 절대 신뢰감을 줄 수 없다.

'인성'은 하루아침에 이루어질 수 없다. 이제까지 자신이 품었던 생각, 삶의 가치관들이 자연스럽게 묻어나오게 되어 있다. 인성면접을 특별하고 독특한 답변으로 쐐기를 박겠다는 무리한 생각을 해서는 안 된다. 지금까지 잘 살아온 나 스스로를 인정하고 이를 가감 없이 진정성 있게 보여 준다는 마음가짐이 중요하다. 내가 나를 인정해야 남에게 나를 인정받을 수 있다는 사실을 절대 잊지 말자.

02 임원/인성면접 준비법
- 직무면접과의 합집합이다

인성면접, 최종임원면접의 준비는 1차 직무면접 준비에 플러스하면 된다. 최종면접은 1차 면접의 별도 집합이 아니라 합집합이기 때문이다.

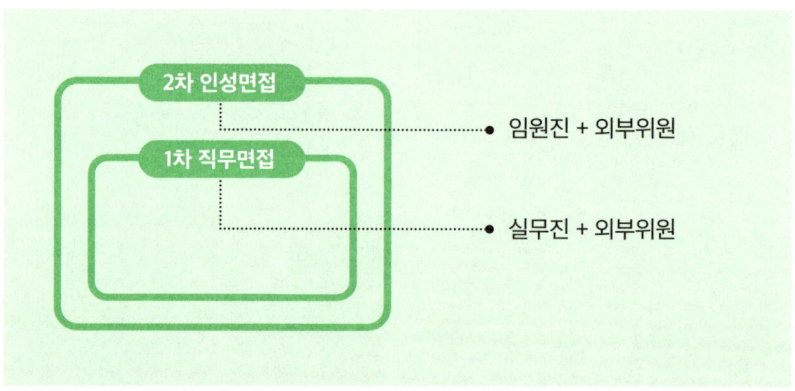

직무면접(1차, 2차로 나뉘어져 있는 전형이라 가정하겠다.)에서 합격했다는 소식을 듣고 최종임원면접을 치러야 하는 상황이 오면 누구나 욕심이 생기게 된다. 욕심이라는 것은 절대 나쁜 것이 아니다. 내 것이 아닌 남의 것을 탐하거나, 노력도 없이 큰 결과를 바라는 것은 잘못된 욕심이지만 내가 준비하고 노력하며 이루고자 하는 것을 갈망하는 것은 매우 바람직한 태도이기 때문이다. 하지만 이 욕심이 과해지면 과욕이 된다. 과욕은 늘 참사를 불러일으키는 원인이다.

최종임원면접이 되면 뭔가 특이하고, 남들이 하지 않는 답변을 해야 할 것 같은 압박감이나 부담감을 갖게 된다. 그래야 더 큰 점수를 받을 수 있을 것 같다고 생각하기 때문이다.

하지만 최종임원면접은 무난하게 치르는 것이 좋다. 무난하게 치르기 위해서는 반드시 차분한 태도를 가질 수 있는 강력한 준비과정이 필요하다.

먼저 실무진면접과 임원면접의 공통점과 차이점을 알아보자.

구분	1차 면접 = 직무면접 = 실무진면접	최종면접 = 인성면접 = 임원면접
공통점	① 직무에 대한 이해 ② 해당 기업에 대한 관심 ③ 자신 있고 바른 태도	
차이점	· 직무/전공/산업에 대한 이해 · 구체적인 질문 - 구체적인 답변	· 가치관, 성격, 좌우명 등 지원자 개별적 특성 중심 · 미래에 대한 질문

최종면접이 인성면접과 다른 부분은 직무 자체에 대한 질문보다는 지원자 개별적인 특성에 집중한다는 점이다.

인성이라는 부분은 단순히 지식이나 암기를 한다고 하여 답변으로 나오지 않는다. 개인의 경험, 평소 생각들이 언어와 표정, 어투 등에 담기게 되어 있다.

이와 함께 조직의 미래에 대해 관심이 많을 수밖에 없는 임원 입장에서는 지원자에게도 미래에 대한 부분을 묻게 될 것이다. "포부는 무엇인가?", "10년 후에는 어떠한 일을 하고 있을 것이라 생각하는가?"

등의 질문이다. 개인적인 소망을 진실 되게 담는 것도 좋지만 말은 듣는 사람에 맞추어 하는 것이 좋다. 커뮤니케이션의 기본은 상대방의 눈높이에 맞추는 것이다.

최종임원면접에서 당신의 미래의 계획을 묻는다는 것은 개인의 자산증식, 워라밸, 대학원 진학 등을 알고 싶다기보다는 우리 회사에 입사했을 때에 그려질 미래를 얼마나 구체적으로 생각해 보았는지를 평가하는 것이다.

최종면접 준비는 1차 면접과 동일한 선상에서 추가하는 형식으로 이루어져야 한다. 1차 면접과 2차 면접을 별개의 것으로 생각하는 것이 아니라 1차 면접, 직무 면접때 준비한 내용에 추가적으로 가치관이나 미래에 대한 부분을 더욱 구체적인 방법으로 준비해야 한다.

최종임원면접에서 추가적으로 집중해야 하는 부분

- 인재상, 비전, 미션 등 회사에 대한 기초적인 지식 정확히 암기
- 자기소개/지원동기 등 1차 면접 시 준비했던 내용 복습하기
- 자기소개서 읽고 질문 예상해 보기
- 내가 이 회사의 사장님이라면 어떤 고민을 하고 있을까? (포부, 계획 등)

반드시 임원면접이 아니더라도 직무면접과 인성면접은 확실히 다른 부분이 있다. 이에 지원자들은 답변 태도나 답변 내용의 구성에도 차별화를 두어야 한다.

직무면접	인성면접
· 스마트하고 명확하게 답변 · 적극적인 태도 · 자세하고 전문적인 언어 사용 · 기존 경험을 바탕으로 한 설득	· 온화한 표정과 부드러운 답변 · 조화로운 태도 · 긍정적이고 친절한 언어 사용 · 미래지향적인 계획을 통한 설득

● **인성면접 준비하기**

나보다 연령이 10살 이상 높은 사람들과 이야기해 보자

최종면접과 직무면접의 가장 큰 차이는 말하는 대상의 연령대이다. 최종임원면접은 1차 면접에서 만난 면접관보다 상대적으로 나이가 많고 직급이 높다.

한 기업이나 단체의 리더가 된 사람은 학생이나 신입사원입장에서는 그 부담이 더 크게 느껴진다. 최종면접에서 별것 아닌 질문에도 당황하고 아는 것도 말로 표현하지 못하고 어리바리하다가 나오는 이유가 바로 이런 상황을 예측하지 못하기 때문이다. 최종임원(인성)면접을 준비하는 지원자의 입장은 크게 두 가지로 나뉜다.

· **자기중심 걱정형**
- 면접 때 떨리면 어떡하지?
- 최종인데 여기서 떨어지면 또 처음부터 공부해야 하는데 어떡하지?
- 나는 직무나 회사에 대해 솔직히 잘 모르는데 들통 나면 어떡하지?
- 학점이 별로 안 좋은데 물어보면 뭐라고 답하지?
- 머리가 하얘져서 아무것도 생각이 안 날까봐 걱정돼.

> **• 과도한 자신감형**
> - 무슨 질문이든 다 대답할 수 있어!
> - 나 인성 좋다는 말 정말 많이 들었어. 준비할 것이 뭐가 있겠어. 그리고 준비한다고 되겠어?
> - 인성은 그냥 있는 그대로를 보여 주는 것이라고 하잖아. 신문기사 좀 읽고 가야겠다.
> - 나의 준비는 완벽해!
> - 다른 기업의 최종면접에서도 붙었었는데 그때처럼 하면 되지~

두 가지 모두 절대 바람직하지 못하다. 인성면접이 있는 그대로의 자신을 진정성 있게 보여 주는 과정임은 맞지만 준비를 하지 않고서 실전에 임해서는 안 된다. 자신이 좋은 인성을 갖고 있기 때문에 당당하게 임하는 것은 좋지만 준비 없이 시험장에 가서는 안 된다. 면접은 말로 하는 시험, 구술시험이다. 이를 위해 어른들과 대화하는 연습이 필요한 이유는 다음과 같다.

첫째, 해당 기업의 리더를 타깃으로 한 답변 구성을 해 보아야 한다. 모든 커뮤니케이션은 대화의 타깃 목적을 염두에 두고 진행해야 한다. 친구들과 대화할 때, 빵집 알바에서 손님을 응대할 때, 교수님과 학우들 앞에서 발표할 때 등 상황과 목적 그리고 듣는 사람이 누구냐에 따라 그 톤앤매너는 달라져야 한다.

이를 위해 연배가 있는 어른들 예를 들어 교수님이나 업계 선배님들과 대화를 해 보는 것이 좋다. 그들의 눈높이에서 선호하는 방향의 답변이 무엇인지를 고민해 보아야 한다.

간혹 스터디를 하다 보면 "제가 지난 상반기에 최종까지 가봐서 아는데요~", "최종까지 갔던 제 친구가 말하는데요~" 라고 말하는 스터디원이 있다. 물론 참고하는 것은 필요하지만 맹신해서는 안 된다. 최종까지 갔는데 합격하지 못했다는 것은 아직 부족하다는 것이므로 당시의 상황, 분위기 등을 듣는 것 까지만 참조하는 것이 좋겠다.

스터디원이나 친구의 말을 듣는 것도 중요하지만 과연 해당 공기업의 사장님, 리더는 앞으로 무엇을 하고자 할지 작년과 올해 신년사에서 강조하고 있는 부분은 무엇인지를 고려하여 답변을 정리해 보아야 한다.

둘째, 50대 이상과 대화하는 연습이 필요하다. 학교생활과 수험생활을 하다 보면 당연히 동년배끼리의 대화가 많게 된다. 동년배 앞에서 말을 잘하는 것과 나보다 연배가 있는 사람, 어른들 앞에서 말을 잘하는 것은 차이가 있다. 나와 다른 생각을 가질 수 있는 50대 이상의 어른들과 대화를 하며 그 분들의 입장에서 가질 수 있는 생각을 들어 보고 답변에 참고하는 것이 차별화된 답변을 만드는 데에 유리한 방법이 된다.

공기업의 공공성, 사회적 역할에 대해 반드시 정립하자

'공기업과 사기업의 차이는 무엇인가?'에 대해 정확하게 답변할 수 있어야 한다.

공기업과 사기업 차이를 물을 때에 80% 이상의 학생이 "사기업은 이윤 추구가 목적이지만 공기업은 그렇지 않다"고 답변하는데 이는 사기업에 대한 이해가 더욱 높은 것으로 보일 수 있다. "공기업이 사기업과 구별되는 가장 큰 차이는 공공성, 사회적 책임이 우선시 된다는 점입니다"라고 답변하는 것이 좋다. 전자는 사기업을 설명했고 후자는 공기업을 설명했다.

반드시 공기업에 대해 잘 알고 있다는 것을 나타낼 수 있도록 공기업을 중심으로 답변해야 한다. 예를 들어 "대한민국과 일본의 차이는 무엇인가"라고 누군가 물었을 때에 "일본 인구는 약 1억 2천만 명이지만 한국은 그렇지 않다"의 대답을 했다면 이 답변만을 보았을 때에 답변자는 한국과 일본 중 어느 나라에 대해 더 잘 안다고 판단할 수 있을까? 어느 나라에 더욱 관심이 있다고 직관적으로 판단하게 될까? 우리가 공기업에 취업하고자 한다면 공기업에 대한 관심과 공기업을 깊게 이해하고 있다는 것을 보여 줘야 한다.

> 공기업이 추구하는 공공성은 무엇인가?
> 사회적 약자/취약계층/소외계층을 포함한 전 국민이 안정적인 서비스를 받을 수 있도록 하는 것이다.

이와 함께 모든 공기업은 우리나라 경제의 활성화에 기여할 수 있도록 하는 것이 기본이자 궁극적인 목적이다. 한 국가의 경제가 활성화 됐다는 것을 알 수 있는 지표는 무엇이 있는지 생각해 보자. 1인당 국민

총생산(GDP)과 실업률이 경제의 현황을 나타내는 정량적 지표이다.

두 가지 중 공기업은 '실업률'을 낮추는 것이 중요한 목표 중 하나이다. 대부분의 공기업의 목표, 비전 등을 보면 '지역 일자리 창출', '양질의 일자리 제공' 등의 단어를 쉽게 찾아볼 수 있다. 최종임원면접에서 나오면 좋은 단어가 바로 '일자리 창출'이다. 자신의 포부나 입사 후 해보고 싶은 업무 등에 대해 답변할 때에는 이 부분을 염두에 두고 준비해 보자. 합격이 확실히 가까워질 것이다.

03 최종면접 기출문제와 예시답안

한국전력공사 2차 최종인성면접(기출변형)

질문	규칙을 지키려고 노력한 경험, 원칙을 지키기 위해 노력한 경험이 있는가?
답변 예시	제가 해외탐방단원 중 해당 기수 회장을 맡았을 때에 원칙을 지켜 모두 안전하게 탐방을 마칠 수 있었습니다. 미국 시카고에 탐방을 갔던 날, 오후 일정에 자유시간이 생겼고 10명의 단원들이 모두 하고 싶은 것이 달라 따로 움직이기를 원했습니다. 저 역시 가 보고 싶은 곳이 있었기에 단원들의 마음은 이해했지만 탐방 수칙 중 9시~18시 사이에는 반드시 단체로 움직여야 한다는 규칙사항이 있었습니다. 단원들은 규칙을 안 지켜도 패널티가 없다며 불평을 했지만 저는 규칙에 따라 움직이는 것이 만약의 상황을 대비해 옳다고 생각하여 최대한 다수결로 의견을 모아 진행했습니다.
후속 질문	사람들의 만족도를 높이는 것도 중요한 일인데 그렇게 꼭 규칙을 지켜야 한다고 생각하는 이유가 있는가?
답변 예시	네, 맞습니다. 만족도를 높이 받아야 하는 것이 맞습니다. 단, 저는 원리 원칙을 지키는 것이 조직이 움직이는 근간이 된다고 생각했습니다. 규칙이나 원칙이 그렇게 정해져 있는 데에는 분명 이유가 있을 것이라 생각합니다. 저희 임의적인 판단보다는 다년간의 데이터를 기반으로 한 규칙을 지켜야 한다고 판단했기 때문입니다.

해설

공기업은 '원리와 원칙'을 우선시하는 답변을 해야 한다. 이 외에도 규정, 매뉴얼 등과 같은 단어로 대체될 수 있으면 만약 정해진 규정이 없을 시에는 선배님이나 상사에게 보고하거나 질문하여 문제를 해결하겠다는 흐름이 좋다.

한국자산관리공사 2차 최종임원면접(기출변형)

질문	공직자로서 청렴한 것이 무엇이고, 자신은 청렴한 사람이라고 생각하는가?
답변 예시	공직자에게 청렴이란 약속과 절차를 지키는 것이라고 생각합니다. 약속에는 제가 속한 조직과의 약속인 규범, 규칙을 지키는 것이 있고 나와의 약속인 양심을 지키는 것이 있다고 생각합니다. 절차는 이제까지 해 온 방식을 존중하는 것이고, 규격화된 절차는 분명 그 이유가 있을 것이라고 생각하여 지켜 왔습니다. 약속과 절차를 지키는 측면에서 저는 청렴한 사람이라고 생각합니다. (미소)

해설

청렴은 공기업에서 반드시 평가해야 하는 항목이다. 청렴, 윤리, 공직자의 태도 등에 대한 가치관이나 신념은 반드시 하나를 정리해서 머리에 넣어두어야 한다. 고사성어나 부모님의 가르침을 활용하는 것도 좋은 방법이 된다.

aT한국농수산식품유통공사 2차 최종임원면접(기출변형)

질문	자신은 리더인가 팔로워인가?
답변 예시	저는 리더라고 생각합니다. 제가 생각하는 리더란 상황이 나아지게 하기 위해 늘 고민하고 노력하는 사람이라고 생각하기 때문입니다. 학교에서 과제를 위해 조모임을 할 때에도 조장이 시키는 것만 하는 것이 아니라 주인의식을 가지고 어떻게 하면 조모임을 효율적이고 빠르게 마무리할 수 있을지를 고민하며 참여했습니다. 조직에서 어떤 위치에 있든 리더의 마음으로 상황이 나아지기 위해 능동적으로 참여하고 생각하는 사원이 되겠습니다.

해설

리더인지 팔로워인지를 선택하는 데에 시간을 많이 소요해서는 안 되는 질문이다. 무슨 답변을 하더라도 꼬리질문을 받을 수 있기 때문에 너무 많이 고민하지 말고 자신의 소신을 잘 정리해서 드러내면 된다. 리더든 팔로워든 각자의 자리에서 충실히 하는 것이 중요하기 때문이다. 단, 리더에 대한 정의를 보편타당하게 제시함으로써 설득력 있는 답변을 하는 것도 좋은 방법이 된다.

LH한국도시주택공사 2차 최종임원면접(기출변형)	
질문	자신을 한 단어로 얘기한다면?
답변 예시	저는 저를 안경 같은 사람이라고 표현하겠습니다. 잘 보이지 않을 때에 도움을 주는 안경처럼 저도 어려움을 겪고 있는 고객에게는 방법을 알려드리고 힘든 업무를 하고 계시는 선배님이나 동료에게는 힘이 되어 주는 사람이 되고 싶기 때문입니다. 앞으로 LH공사에서 고객과 팀원 분들에게 모두 안경처럼 도움을 줄 수 있는 직원이 되겠습니다.

해설

하나의 단어라고 하여 특이하고 특별한 답변이나 추상적인 개념으로 말하기 보다는 쉽고 단순한 사물을 빗대어 답하는 것이 공감을 끌어내는 데에 좋다. 무엇보다 자신이 빠르게 생각하고 말하는 데에 도움을 받을 수 있다. 이렇게 사물, 동물, 컬러, 동화 속 주인공 등을 비유하여 자신을 표현하라는 질문에는 '무엇'을 말하느냐보다는 '어떻게' 말하느냐가 더 중요하다.

해당 사물의 긍정적인 속성을 딱 한 개만 끌어내어 자신의 모습을 대입하면 쉽고 간결하게 답할 수 있다. 예를 들어 면접장에서 당장 눈에 보이는 사물을 정하고 그 사물의 긍정적인 속성을 말하는 것이다.

"저는 저를 의자로 표현하겠습니다. 의자는 사람들을 편안하게 해주고 업무하는 데에도 집중할 수 있게 해 줍니다. 저도 앞으로 LH공사에서 고객에게 편안한 서비스를 선배님들께도 업무에 빠르게 도움이 되는 사원이 되겠습니다"라는 방식으로 답변 연습을 해 보자.

한국도로공사 2차 최종임원면접(기출변형)		
질문		사내 보안문서가 있다. 협력업체에서 협력을 위해 보여 달라고 하면 어떻게 히겠는가?
답변 예시		일단 신입사원으로서 그런 문제를 저만의 판단으로 결정할 수 없기 때문에 먼저 상사께 보고 드리고 조언을 구한 후 행동하겠습니다. 만약 조언을 구할 수 없는 상황이라면 사내규정이나 매뉴얼을 빠르게 찾아보고 이에 대한 내용을 협력업체와 공유하며 사내 보안문서 규정에 따라 행동하겠습니다.

해설

보안문서라는 예민한 단어가 나왔지만 절대 당황하거나 횡설수설해서는 안 된다. 이는 '원리/원칙'을 중시하는 공기업의 전형적인 문제이므로 원칙적인 부분을 고수한다고 해야 한다. 더불어 위의 답변처럼 신입사원이므로 모를 수 있다, 제 판단이 확실하지 않을 수 있다는 가정을 통해 선배님들의 의견을 존중하고 신중하게 업무를 처리하겠다는 면모를 보여 주는 것이 좋다.

소상공인진흥공단 인성면접(기출변형)

질문	지원금 신청 시기를 놓친 소상공인이 민원을 넣는다면 어떻게 대처할 것인가?
답변 예시	민원이 발생하더라도 규정에 맞도록 집행하겠습니다. 만약 민원이 발생했다고 하여 이를 해결해 준다면 잘못된 선례를 남기게 되어 앞으로도 정해진 기한이나 규칙을 지키지 않고 막무가내로 행동하는 사람이 늘어날 수 있기 때문입니다. 단, 소상공인 당사자 분께는 친절하게 안내드리고 다음 지원금 신청 시기를 정확히 알려드려 또 한 번 놓치지 않으실 수 있도록 도움을 드리겠습니다.

해설

공기업은 민원이 발생하는 것이 성과와 연결될 수 있는 사안이라 매우 민감한 주제이다. 하지만 민원보다 상위에 있는 것이 기관의 원칙과 규정이다. 곤란한 상황을 모면하기 위해 규정에 맞지 않게 민원을 처리해 주거나 사정이 불쌍하다고 하여 감정적으로 일을 처리하지 않겠다는 것을 보여 주어야 한다.

공기업 면접
: 기업별 비법 노트

면접 전형은 각 공기업의 특성과 채용 면접 전형이 1, 2차로 나뉘어 치르거나 1회차 면접(하루)에 2~3가지 면접전형을 배치하여 평가하는 경우로 나눌 수 있다. 전형의 형태는 다르더라도 면접에서 체크하고자 하는 사항으로 총 세 가지의 영역인 직무적합도(직무면접/경험면접/PT면접 등), 조직이해도(토론면접/압박면접 등), 인성(인성면접/임원면접 등)을 평가하는 것은 모든 공기업이 대동소이하다.

01 한국전력공사(KEPCO)

한국전력공사는 1차(직무)—2차(인성)로 나누어 면접을 치르게 된다. 장소는 나주 본사에서 치러지거나 각 지역권별로 나누어 보기도 한다. 1차와 2차 면접 사이에는 약 10일 가량의 간격이 있으며 1차 면접 합격자 발표 이후 약 3~5일 정도의 준비 시간이 있다.

1차에서는 전공지식, 직무 관련 지식 질문이 많이 나오고 2차에서는 제출한 서류(교육사항, 자격사항, 경력사항 등)와 자기소개서 기반의 질문이 일반 인성질문과 비슷한 비율로 나온다.

1차 전형 **직무면접**

면접 방식	· 직무역량 및 전문지식을 다대다로 질의응답 하는 방식 · 직무지식과 함께 개별 역량을 평가하는 '경험'과 조직이해도를 평가하는 '상황' 질문이 주로 출제되고 있음 · 블라인드 면접 방식으로 심사 (응시자의 성명, 학교명, 출생지 등 신상을 파악할 수 있는 정보는 제거)
기출변형	① 변전소 견학 경험이 있다고 했는데 무엇을 느꼈는가? ② 상사가 부당한 지시를 한다면 어떻게 대처하겠는가? ③ 목표를 위해 팀을 만들어 운영해 본 경험 (+ 팀원이 무단이탈하면 어떻게 할 것인가?) ④ 성과를 잘 내지만 까칠한 상사와 성과는 미진하지만 부드러운 상사 중 누구를 선택하겠는가? ⑤ 오지에 근무하면 승진의 기회가 있고 도시에 근무하면 승진은 어렵지만 계속 이 곳에서 일 할 수 있다면 당신은 무엇을 선택하겠는가?

| 기출변형 | ⑥ 해당 직무를 자신이 다른 사람보다 잘 할 수 있다고 생각하는 이유는?
⑦ 직무를 위해 자신이 준비해 온 것은 무엇이 있는가?
⑧ 학교생활과 인턴생활의 차이가 무엇이었는가?
⑨ 남들이 시도하지 않는 것을 도전하여 이를 성취한 경험은?
⑩ 열정적으로 노력하여 남다른 성과를 내 본 경험은?
⑪ 인생을 살면서 가장 힘들었던 경험은?
⑫ 자기소개서에 적은 봉사활동 외에 다른 봉사활동은 무엇을 했는가?
⑬ 입사 후 해 보고 싶은 업무는 무엇인가?
⑭ 업무 경험이 있는데, 기존의 회사 직원들은 당신을 어떻게 평가한다고 생각하는가?
⑮ 전공 외 수업 중 가장 기억에 남는 것과 그 이유는? |

※ 한국전력공사 1차 면접은 각 직무별로 기본적인 개념을 묻는 전공 질문을 1인당 2~3개 정도 받게 됨

KEPCO 직무면접 합격 TIP

- 1차 면접은 직무기술서의 필요지식, 필요기술을 중심으로 한 전공, 직무 기본 개념을 반드시 정리하여 준비해야 한다.
- 조직이해도 항목 중 한국전력공사라는 기업에 대한 이해보다 조직생활을 할 때에 무엇을 중시하는지 묻는 질문이 주로 출제된다. 상황면접 중 '나와 상사가 부딪힐 때에 어떻게 대처해야 하는지'에 대한 부분을 반드시 숙지하고 가야 한다.
- 전국권이든 지역권이든 오지 근무, 지역 근무 등을 묻는 질문을 대비하자.
- 자기소개와 지원동기를 직접적으로 묻지는 않지만 '직무'에 대해 쌓아 온 전문성을 평가하는 질문이 주로 나오므로 자기소개 준비 과정을 참고하여 작성 후 이를 활용하는 연습을 해 보자.
- 다 대 다 면접은 현장에서 옆 지원자의 답변이 유창하다면 위축될 수 있다. 평가는 옆 지원자가 하는 것이 아니라 면접위원이 하는 것이므로 평정심을 잃지 말고 끝까지 집중력 있는 모습으로 임하자.

2차 전형 | 종합면접

면접 방식	· 직업기초능력 및 인성을 면접자(1) 대 면접위원(3~4명)의 질의응답 방식으로 약 10~15분 동안 진행 · 1차 면접(40%) + 2차 면접(60%) 합산 고득점자 순 · 블라인드 면접 방식으로 심사 (응시자의 성명, 학교명, 출생지 등 신상을 파악할 수 있는 정보는 제거)
기출변형	① 1분 자기소개 (이에 대한 후속 질문으로 이어짐) ② (자소서 기반) FM라디오 제작 실습 과제에서 무엇을 배웠는가? ③ (자소서 기반) 밴드 동아리에서 갈등을 겪었다고 했는데 이를 어떻게 해결했는가? ④ (자소서 기반) 학교생활 당시 주로 리더 역할을 한 것으로 보이는데, 입사 후 복사나 수리 등의 단순한 반복 업무를 하면 어떻게 할 것인가? ⑤ 조직생활에서의 자신의 장점과 단점은 무엇인가? ⑥ 조직생활에서 자신이 중요하다고 생각하는 것은 무엇인가? ⑦ 상사가 당신의 동료에게만 과도한 업무를 지시한다면 당신은 이를 보기만 할 것인가 아니면 다른 조치를 위할 것인가? ⑧ 신재생에너지 프로젝트 진행 중에 지역 주민들 반대에 부딪혔다. 민원을 받지 않기 위해서는 중단해야 하고 원칙대로라면 민원이 발생하더라도 진행해야 한다. 이럴 때 지원자는 어떻게 이를 해결하겠는가? ⑨ 한국전력공사는 공익성과 수익성 중 무엇이 중요한가? ⑩ 한국전력공사의 10년 후 모습을 어떨 것이라 생각하는가? ⑪ 한국전력공사의 장점과 단점은 무엇인가?(SWOT 분석) ⑫ 마지막 한마디

KEPCO 최종면접 합격 TIP

- 2차 종합면접은 직무, 인성, 조직생활에 대해 복합적으로 질문이 출제된다. 1차 면접 준비답변과 함께 포괄적인 의미의 답변을 준비하자.
- 면접위원 다수(3~4명)에 면접자 혼자 답변하는 방식으로 긴장도가 높을 수 있다. 이 상황을 시뮬레이션하며 준비해 보자.
- 1차와 달리 2차에서는 한국전력공사를 이해하고 있는지에 대한 질문이 많이 나오므로 현재 사업과 앞으로의 계획 등을 확인해야 한다.
- 가치관, 좌우명, 신념, 롤모델 등의 내용을 준비하자.

02 한국철도공사(KORAIL)

　한국철도공사의 면접은 의왕에서 이뤄지며 지역권별 모집은 대전 본사나 각 지역 본부별로 이루어지기도 한다. 면접은 한 번이며 [1분 자기소개—상황면접—직무/인성면접]의 순으로 진행된다.

　1분 자기소개가 필수적이므로 이를 잘 준비해야 하며 각 직무별 발생할 수 있는 상황이 합격의 관건이므로 해당 직무의 상황을 시뮬레이션하며 준비해야 한다. 상황면접은 발표면접처럼 진행되기 때문에 이에 대한 대비가 필요하다.

면접 전형 **상황면접, 직무면접**

면접 방식	· 코레일 신입사원으로서 자세, 열정, 직무능력 종합평가 　(면접시험에는 경험면접 및 직무 상황면접 포함) · 면접관 4인 이상 vs 응시생 1인 · 상황면접은 문제 확인 후 7~10분 가량의 준비시간이 주어지고 약 1분 내외의 답변을 하게 됨. 답변에 대한 질의응답으로 이어짐 · 인성역량시험ㅣ면접 당일 시행 · 블라인드 면접 방식으로 심사 　(응시자의 성명, 학교명, 출생지 등 신상을 파악할 수 있는 정보는 제거)
기출변형	① 1분 자기소개(공통) ② (상황면접) 비상연락망의 연락을 받고 업무 출동 하려는데, 업무 시간이 지났으므로 타 동기들이 잔업은 하지 말자고 한다. 당신은 어떻게 동료들을 설득하여 출동할 것인가?

③ (상황면접) 안전모, 안전화 및 기타 안전장비를 철저히 착용 후 업무를 하게 된다. 이때에 차량 하부 및 좁은 통로에서 작업을 하다 보면 다른 작업자와 부딪히거나 사고가 발생할 확률이 있다. 이런 상황을 어떻게 대처할 것인가?

④ (상황면접) 선배 기관사가 운전에 방해된다며 지적 확인, 환호 응답을 생략하라고 한다면 어떻게 하겠는가?

⑤ (상황면접) 안전수칙을 지키지 않는 협력업체 직원이 지원자보다 나이와 경험이 많아 지원자의 지시를 따르지 않는 상황이라면 이를 어떻게 해결하겠는가?

⑥ (상황면접) 당신은 작업 용어, 공기구 명칭이 숙지되지 않는 상황에서 작업 중이다. 작업 용어 등을 잘 알아듣지 못하는 당신에게 화를 내며 예민하게 대응하는 선배와 업무 시 어떻게 대처하겠는가?

⑦ (상황면접) 역 개찰구에서 표를 끊지 못해 긴급호출 버튼을 누르고 기다리는 고객이 있다. 역내 민원응대는 당신의 업무가 아닌 동료의 업무이고 동료는 현재 다른 업무를 하느라 이를 인지하지 못하고 있다. 본인 역시 선배가 지시한 중요한 업무를 하고 있다면 현 상황에서 어떻게 업무처리에 대처하겠는가?

기출변형

⑧ 상사와의 갈등이 발생한다면 이를 어떻게 해결하겠는가?

⑨ 본인이 코레일에 입사하기 위해 무엇을 준비해 왔는가?

⑩ 한국철도공사는 공익성과 수익성 중 무엇이 더욱 중요하다고 생각하는가?

⑪ 이루기 어려운 목표를 설정하고 열정적으로 이를 달성해 본 경험은?

⑫ 지속 가능한 방법으로 업무나 자신의 목표 등을 이뤄 본 경험이 있는가?

⑬ 본인과 상관없는 사람을 도와준 경험이 있는가? 구체적으로 어떻게 도와주고 상대방은 이를 어떻게 받아들였는가?

⑭ 팀 단위로 어떤 일을 했을 때에 갈등을 경험한 것이 있는지, 이를 어떻게 해결하였는지?

⑮ 본인의 단점은 무엇이라 생각하는가?

⑯ 전공 이외에 관심 있는 분야는 무엇이 있는가?

⑰ 본인이 지원한 직무에서 역량을 강화하기 위해 하고 있는 공부는 무엇인가?

⑱ 살면서 가장 복잡한 구조의 조직에 소속된 경험이 있는지, 있다면 이때에 어떻게 빠르게 적응했는지?

⑲ 융통성 없는 사람과 일해 본 경험이 있는지?

⑳ 스트레스를 푸는 방법은 무엇이 있는가?

KORAIL 최종면접 합격 TIP

- 1분 자기소개에 자신의 직무역량을 잘 담아 준비하는 것이 중요하다.
- 직무별 상황면접이 다르고 이는 직무에 대한 이해도가 얼마나 높은지를 평기하고자 함이다. 유튜느 한국철도 TV에 코레일이 운영하는 자체 채널이 있고 그 속에 [코레일 직무 세계]에 각 직무별 소개 영상이 있다. 이를 보는 것도 도움이 된다.
- 상황면접만큼 개별 인성, 경험면접도 철저히 준비해야 한다.
  상황면접에만 몰두한 나머지 자신의 경험이나 생각을 묻는 질문에 답변을 하지 못하면 고득점을 받기 어렵다.
- 원리/원칙을 준수하는 것, 안전한 운행을 최우선시 한다는 기준을 갖고 면접에 임하자.

03 대한무역투자진흥공사 (KOTRA)

KOTRA는 1차 실무진 면접과 2차 임원면접으로 나뉜다. 주로 서울 코엑스에서 치러지며 1차 면접과 2차 면접 사이의 기간은 약 1주일에서 보름을 넘기지 않는다.

1차는 KOTRA의 사업영역 및 최근 국제 이슈와 관련한 문제들이 주로 출제되며 2차 면접 시 자기소개서 기반의 문제가 많이 출제된다.

1차 전형 발표면접, GD(Group Debate)토론면접, 상황면접, 영어면접

면접 방식	· 모집분야별 직무수행능력 등을 평가할 수 있도록 구조화된 심사 · 각 조당 5~6명으로 구성되면 조별로 면접의 순서는 다를 수 있음 · 발표면접/GD(토론)면접의 경우 약 30분 동안 준비할 수 있고 20~30분 동안 진행하며 자신이 준비시간 동안 작성한 면접 답변지는 일괄적으로 제출해야 함 · 블라인드 면접 방식으로 심사(응시자의 성명, 학교명, 출지 등 신상을 파악할 수 있는 정보는 제거) · 2명 기준 20분(인당 10분)내외 실시
기출변형	① 아시아 주요국가(조별 설정하기)의 지역 담당자라고 가정하고 우리나라 청년들의 양질의 일자리를 창출하기 위해 지역 사무소 담당자로서 어떠한 노력을 할 수 있는지 각 국가별로 발표하고 토론하시오. ② 지역 중소기업의 무역활성화를 위해 매출을 올릴 수 있는 아이템을 지원하는 것이 좋은지, 기술을 확보할 수 있는 투자로 지원하는 것이 좋은지 택 1하여 발표하고 이에 대해 토론하시오. ③ (지역 관련한 기사, 자료를 배포한 뒤) 해당 지역에 적합한 우리 기업의 품목은 무엇이며 이를 선택한 이유와 장기적인 관점에서 우리나라 경제 활성화에 어떻게 도움이 될 수 있을지 토론하시오.

KOTRA 직무면접 합격 TIP

- 하루 동안 4개의 다른 유형의 면접을 치르게 되어 각 면접의 특징을 이해하고 이에 대한 전략을 정확히 구별지어 가져가야 한다.
- 수출, 무역에만 초점을 두기 보다는 공기업의 역할인 공공성을 KOTRA가 어떻게 실현해야 하는지를 정확하게 인지하고 준비해야 한다.
- 토론 시 주어진 시간 내에 각 조별로 반드시 합의점을 만들어 내는 것이 중요하다. 이를 염두하여 토론면접에 임하자.
- 조별로 움직이면서 지원자 본인이 해당 조 내의 다른 지원자에 비해 부족하다고 생각하며 위축될 수 있다. 면접을 진행하는 동안 자신감을 잃지 말고 자신이 할 수 있는 영역에 대해 확신을 갖고 차분하게 표현할 줄 알아야 한다.

2차 전형 | 임원 인성면접

면접 방식	· 면접관 총 6명(내부 직원 + 외부 면접위원)으로 구성됨 · 간결하고 핵심만 이야기하도록 안내를 받으며 답변이 길어질 경우 중간에 끊는 경우도 있음 · 블라인드 면접 방식으로 심사 (응시자의 성명, 학교명, 출생지 등 신상을 파악할 수 있는 정보는 제거)
기출변형	① KOTRA에 지원하겠다고 마음먹은 것은 언제부터이며, 왜 지원하게 되었는가? ② KOTRA에 입사하기 위해 본인이 특별히 노력한 것은 무엇입니까? ③ KOTRA의 발전 방향 및 개선점은 무엇이라고 생각하는가? 왜? ④ 사전에 다른 중요한 약속이 있는데 갑작스럽게 본인의 업무가 아닌 일이 주어졌다면 어떻게 하시겠습니까? ⑤ 입사 후 당신이 희망하는 업무는 무엇입니까? 이유는? ⑥ 상사와 의견이 다를 경우 당신은 어떻게 하시겠습니까?(경험) ⑦ 상사가 부당한 일을 지시할 경우 어떻게 대처하시겠습니까?(상황제시) ⑧ 자신의 장점과 단점 3가지 정도 말해 보세요. ⑨ 살아오면서 가장 힘들었던 경험과 가장 행복했던 경험은 무엇입니까? ⑩ 본인을 어떻게 생각하십니까? ⑪ 학창시절 동아리 활동을 한 경험은? 이름과 활동 내용에 대해 말씀해 보세요. ⑫ 최근 기사 중 가장 인상에 남는 것은 무엇입니까? ⑬ 가장 감명 깊게 읽은 책은? 왜? ⑭ 새로운 지식을 얻거나 정보를 수집하는 주요 방법 3가지 말해 보세요. ⑮ 자신을 변화시켰던 경험 또는 도전했던 경험은? 배운 점은? ⑯ 가족들과 모두 약속을 잡고 해외여행을 계획했습니다. 이미 비행기 티켓까지 구매하였는데, 휴가 일정이 상사와 겹쳤습니다. 한 사람만 갈 수 있다면 어떻게 하시겠습니까? ⑰ 왜 자신이 합격해야 한다고 생각하십니까? 다른 사람과 다른 차별성을 이야기 해 보세요. ⑱ 자신이 창의적인 방법을 사용했던 경험은? 자신의 역할과 성과는? 느낀 점은? ⑲ 미중 무역전쟁은 중소기업 투자와 무역에 어떠한 영향을 끼친다고 생각하는가? ⑳ KOTRA의 문제점은 무엇이라고 생각하는가?

KOTRA 임원/인성면접 합격 TIP

- 직무면접 후 약 1주일 이내에 임원면접이 치러진다. 이때 대개 횡설수설하며 시간을 흘려보내거나 긴장이 풀려 집중력을 잃게 된다. 직무면접을 잘 보았든 그렇지 않든 끝날 때까지 끝난 것이 아니라는 마음으로 집중하여 준비하자.
- KOTRA의 공공성, 공익성에 대한 정립이 중요하다.
- 자신의 경험, 자소서 기반 나올 수 있는 질문들을 반복적으로 연습하자.
- 영어나 지역어(언어직 지원자)도 중요하지만 글로벌 경제 동향, 경제 개념 등을 정확하게 숙지하고 복습하며 준비하자.
- 우리나라를 대표하는 경제무역 담당자로서 일을 맡길 수 있겠다는 신뢰를 줄 수 있도록 답변 내용은 당당하고 실질적으로 태도는 겸손하게 유지하자.

04 한국자산관리공사(KAMCO)

1차 전형 합숙면접(심층면접, 토론면접, AI면접, 팀워크평가, PT면접)

면접 방식

- NCS 직무역량면접으로 1박 2일 동안 합숙으로 진행됨
- 기본역량 검증(20점)
  NCS 직업기초능력평가(공사업무반영), 직업성격평가 및 단체 토론, 단체 활동, AI면접 등을 통해 개인 기본역량 검증
- 직무역량 기본검증(40점)
  공사 직무 관련 주제를 토대로 자료를 작성하고 PT(Presentation) + 질의응답을 통해 직무수행역량 검증
- 직무역량 심층검증(40점)
  스피치 자료(주제제시) 작성 및 발표, 지원자의 학습 및 경험 등에 대한 인터뷰를 통해 직무적격성, 조직적합성 등을 검증
- Kickoff Meeting(팀 내 역할 나누기 : 홍보팀장/재무팀장 등) 후 심층면접부터 순차적으로 진행, 그 순서는 조마다 다르게 진행됨
- 블라인드 면접 방식으로 심사
  (응시자의 성명, 학교명, 출생지 등 신상을 파악할 수 있는 정보는 제거)

기출변형

① 디지털 트랜스포메이션 시대에 맞추어 한국자산관리공사의 데이터관리는 어떻게 이루어져야 하며 각 직무에 따른 활용은 무엇이 있을 것이라고 생각하는가?
② (특정 도시의 상황을 자료로 제시) 이 지역의 개발을 위해 어떠한 기관과 협력하여 사업을 기획하고 전략을 세울지 발표하고 그 이유를 제시하시오.
③ 드론을 활용하여 건축현장에서 어떻게 활용 될 수 있을지 방안을 제시하시오.
④ KAMCO를 알게 된 계기는 무엇인가?
⑤ 입사를 위해 무엇을 준비했는가?
⑥ 업무 경험이 있는데, 전 회사를 퇴사한 이유는 무엇인가?
⑦ 공사의 업무 중 가장 해 보고 싶은 업무는 무엇인가?
⑧ 원하지 않는 지역에서 업무를 해야 한다면 어떻게 하겠는가?

KAMCO 1차 면접 합격 TIP

- 금융공기업이 주로 채택하고 있는 방식인 합숙면접을 위해 장시간 긴장도를 유지하도록 준비하자.
- 자기소개서 위주의 질문에 개별 심층면접에서 많이 나오므로 이를 대비해야 한다.
- 면접의 유형이 매우 다양하므로 이에 대한 차별화된 전략이 중요하다.
- 현재 진행 중인 사업을 정확히 이해하고 있어야 하며 최근 금융의 트렌드, 자산(토지, 주택 등)에 대한 지식을 준비하자.
- 팀별로 움직일 시 조화로운 인재가 될 수 있도록 항상 조심하자.

2차 전형 **최종인성면접**

면접 방식	· 기본적인 인성면접 방식으로 진행 · 면접자 다수와 면접관 다수, 다대다로 약 5~6개의 질문이 오고 감 · 블라인드 면접 방식으로 심사 (응시자의 성명, 학교명, 출생지 등 신상을 파악할 수 있는 정보는 제거)
기출변형	① 1분 자기소개, 인재상을 담은 자기소개 ② 자신은 윤리적인 사람이라고 생각하는가? ③ 좌우명이 있는가? ④ 자산관리공사의 문제점은 무엇이라 생각하는가? ⑤ 사기업과 공기업의 차이는 무엇인가? ⑥ 존경하는 인물이나 롤모델이 있는가? ⑦ 최근 읽었던 책이나 본 영화를 소개해 보라 ⑧ 우리 공사에 입사하여 1년 후에 당신은 무슨 일을 하고 있을까? ⑨ 친구들이 당신을 어떻게 평가한다고 생각하는가? ⑩ 마지막 한마디

KAMCO 최종면접 합격 TIP

· 한국자산관리공사는 금융공기업의 성격이 있음을 잊지 말자.
· 기출문제를 보며 많은 답변에 대비하는 것보다는 직무적합도와 조직이해도를 드러낼 수 있는 기본답변을 철저하게 준비하자.
· 비교적 짧은 시간 동안 진행되는 인성면접은 차분하고 당당한 모습으로 임해야 한다.

05 IBK기업은행

1차 전형 발표면접, 알고리즘면접, 협상면접, 마인드맵면접, 개별면접

면접 방식	· 아이스브레이킹(조 이름/조 구호/조 노래-조가 만들기)과 체육활동(볼 옮기기, 제기차기 등)으로 팀 단위 면접 시작 · 발표면접 ① 팀PT 형식으로 진행됨. 1시간 동안 팀원끼리 토의할 수 있는 시간이 주어짐 5분 발표하게 됨 · 알고리즘면접 15명씩 3개조로 나누어 상이한 주제를 배포 일반적인 순서도의 예시를 제시해 주고 순서도로 특정 문제의 알고리즘을 세우는 것을 평가함. 이는 논리적 사고를 평가하기 위함 · 협상면접 토론면접에서 진화한 형태로 최근 증가되고 있는 추세 2개의 조로 나누어 각 회사의 입장을 공통적으로 알려 줌 단, 각 조의 목표는 다르고 이를 실현하기 위한 방안을 세워 협상 시 유리한 입지에 서는 것이 포인트 · 발표면접 ② 개인PT 형식으로 이루어짐 일정 준비시간이 주어지고 이에 대해 짧게 자신의 아이디어맵, 생각 트리를 만들어 발표하는 방식 · 개별면접 면접자와 면접관이 2 대 2로 구성되어 보는 면접. 타 면접과 동일하게 개별 지원자의 역량을 묻는 질문이 출제됨 · 블라인드 면접 방식으로 심사 (응시자의 성명, 학교명, 출생지 등 신상을 파악할 수 있는 정보는 제거) · 아침 일찍 집합하여 연수원에서 전일 진행되는 면접
기출변형	① '오픈뱅킹' 시대! 하나의 어플로 A은행 계좌에서 B은행 계좌로 옮길 수 있는 서비스가 출현했다. 이를 통해 은행의 수익성을 높이고 사회적 가치를 실현할 수 있는 방안을 제시하시오.

기출변형

② 세액공제와 노후연금에 관심이 많은 40대 직장인을 타깃으로 기업은행의 특정상품(문제 시 자료가 배포됨)을 통해 개인고객 유치를 확대할 수 있는 방안을 도출하시오.

③ 소상공인과 중소기업을 타깃으로 기업은행의 상품(문제 시 자료가 배포됨)을 통해 사회적 가치를 실현할 수 있는 방안을 제시하시오.

④ 노인, 소외지역 주거민, 이주노동자 등 금융정보 취약계층에게 필요한 서비스는 무엇이며 이러한 고객을 활발히 유치하기 위한 방안을 제시하시오.

⑤ 중소기업 대출 심사 시 재무제표와 신용평가 이외에 기업의 신용을 평가할 수 있는 방안에 대해 발표하시오.

⑥ 기업은행이 후원하는 여자배구단이 있다. 본 후원의 효과를 분석하고 후원할 수 있는 타 스포츠는 무엇이 있을 수 있으며 이러한 스포츠 마케팅을 통해 IBK기업은행의 대내외적 이미지를 강화하는 방안을 제시하시오.

⑦ 세액공제 연금저축보험을 활용해 비이자 수익을 증대하는 방안을 생애주기별 마케팅 전략을 수립하시오.

⑧ 기업은행에 입사하고 싶은 이유

⑨ 타 지원자와 차별화 되는 강점

⑩ 기업은행이 타 시중은행과 비교하여 지닌 강점과 약점은 무엇인가?

⑪ 오늘 진행한 팀원 중 함께 하고 싶은 동료와 그렇지 않은 동료를 선택하고 그 이유를 간략하게 답변하시오.

⑫ 다른 팀원은 자신을 어떤 사람이라고 생각할 것 같은가

⑬ 스트레스 관리하는 자신만의 방법은?

⑭ 업무시 효율성과 공정성 중 무엇이 더 중요하다고 생각하는가?

⑮ 마지막 한마디

IBK기업은행 1차 면접 합격 TIP

- 기업은행면접은 매년 새로운 면접 형식을 도입하여 준비생들을 어렵게 한다. 단, 이는 모든 준비생에게 동일하게 적용되는 것이므로 기본적인 직무분석에 기업분석의 많은 노력을 기울이자.
- 하루에 여러 가지 면접을 보기 때문에 각 면접별 전략을 세우는 것이 중요하며 새로운 면접 형태가 나올 수 있으므로 집중력을 유지하는 것이 매우 관건이다.
- 각 팀에는 루키(입사 5년차 이하의 사원)가 함께하며 편안하게 분위기를 주도한다. 이에 자연스럽게 행동하는 것이 필요하지만 그렇다고 분위기에 휩쓸려 너무 편안하게 행동해서는 안 된다.
- 공기업 준비 취업준비생과 금융권 준비 취업준비생이 동시에 지원하게 되는 기업은행의 지원자 특성상 금융공기업의 사회적 역할과 수익성확보에 대한 양측 관점의 준비를 해야 경쟁력을 가질 수 있다.
- 금융 산업은 어느 산업보다 4차 산업혁명, 디지털 트랜스포메이션의 영향을 직접적으로 받는 분야이다. 이에 빠르게 변화하는 이슈를 알고 있어야 제출되는 문제들에 대해 방향성이 옳은 답변을 할 수 있다.

2차 전형 | 최종임원면접

면접 방식	· 최종임원면접은 다 대 다 면접으로 치러짐 · 자기소개서와 제출한 서류를 바탕으로 한 질문이 빈출됨 · 블라인드 면접 방식으로 심사 (응시자의 성명, 학교명, 출생지 등 신상을 파악할 수 있는 정보는 제거)
기출변형	① 기업은행에 방문한 적 있는가? 인상에 남는 것은 무엇인가? ② 기업은행이 타 은행에 비해 부족한 점이 무엇이라 생각하는가? ③ 기업은행 앱의 문제점은 무엇인가? ④ (자소서 기반) 국문학을 전공했는데 금융 서비스를 제공할 수 있는 충분한 수준의 준비가 되어 있는가? ⑤ (자소서 기반) 타 은행에서 인턴을 했는데, 왜 기업은행에 지원했는가? ⑥ (자소서 기반) 공모전 수상을 했는데, 이 때 자신의 역할은 팀 내 몇 퍼센트를 차지했다고 생각하는가? ⑦ 부모님과 자주 대화하는가? ⑧ 우리 IBK가 제공하고 있는 금융서비스의 강점 1가지와 약점 1가지를 말해 보라. ⑨ 공직자로서의 태도는 무엇이라고 생각하며 자신은 이것을 갖추었는가? ⑩ 앞으로 은행은 어떻게 변화할 것이라고 생각하는가?

IBK기업은행 최종면접 합격 TIP

· 타 시중은행과의 공통점과 차이점을 명확히 구분하고 가자.
· 금융업의 변화에 대한 관심을 갖고 자신의 생각을 정리해 두어야 한다.
· 기본적인 자기소개와 지원동기는 침착하게 말할 수 있는 수준으로 준비하자.
· IBK기업은행의 대면 서비스와 비대면 서비스를 모두 경험해 보고 개선이 필요한 부분을 최대한 완곡한 표현으로 정리해 두자.

06 aT한국농수산식품유통공사

1차 전형 역량면접(개별질의응답 + 발표면접), 회화면접

면접 방식

- 역량면접
  직무능력에 대한 개인별 질의응답(행정일반분야의 경우 직무상황 면접과 병행하여 진행)
- 직무상황면접
  실제 업무에서 일어나는 상황에 대해 업무처리 방안을 정리하여 약 5분간 발표한 후 질의응답 진행
- 회화면접
  지원서에 선택한 외국어로 질의응답
- 블라인드 면접 방식으로 심사
  (응시자의 성명, 학교명, 출생지 등 신상을 파악할 수 있는 정보는 제거)
- 모집분야별 직무수행능력 등을 종합적으로 평가할 수 있도록 구조화된 심사

기출변형

① aT한국농수산물식품유통공사가 사회적 가치를 창출할 수 있는 방안에 대해 발표하시오.
② 한국 농업의 문제점을 분석하고 세계 무역환경과 연관성을 지어 해결 방안을 제시하시오.
③ 농수산식품 중 한 가지를 선택하고 이를 수출할 수 있는 방안을 구체적으로 발표하시오.
④ 국내 농수산식품유통관리의 현황을 분석하고 농수산식품 유통 경쟁력을 강화하기 위한 방안을 제시하시오.
⑤ 왜 국내 시장에 진출하지 않고, 굳이 해외 수출을 해야 하는지?
⑥ 자신의 강점을 KSA로 정리하여 답변하시오.
⑦ 인생에서 좌절했던 경험과 가장 행복했던 경험을 말하시오.
⑧ 수출진흥업무에 관심이 많다고 했는데 만약에 다른 부서로 가게 된다면 무슨 업무를 하고 싶은지?
⑨ 입사 후 1년 동안 농촌이나 어촌에서 살아야 한다면 어떻게 할 것인가?

기출변형	⑩ 봉사활동을 하며 느낀 점은? ⑪ 나주에 와 본 적이 있는가? ⑫ aT공사에 지원한 이유는? ⑬ aT공사 지원을 위해 무엇을 준비했고 다른 지원자보다 차별화되는 능력은 무엇이라고 생각하는가? ⑭ 세계 농업 시장의 문제는 무엇이라고 생각하는가? ⑮ 최근 비건이 많아지고 있는 시장의 흐름에 맞추어 농업경쟁력을 강화하려면 어떻게 해야 한다고 생각하는가?

aT공사 1차 면접 합격 TIP

- 발표 주제는 aT공사의 사업, 최근 이슈와 관련한 것이 출제된다. 사업의 특성을 '무역'에만 치우치지 말고 내수 경제를 활성화시킬 수 있는 방안을 생각하며 준비하자.
- 발표 후 질의응답이 고득점을 받는 데에 영향을 끼친다. 단순한 발표보다는 면접관과 이야기를 나누는 것에 대한 연습이 필요하다.
- 직무에 대한 이해가 중요하다.
- 농수산물 외에도 농수산식품(가공식품)에 대한 이해가 필요하다.
- '수급안정'이 무엇이며 이를 위해 기본적으로 알아야 하는 지식은 무엇이 있는지 생각해 보고 가야 한다.
- 회화면접은 기본적인 회화 능력을 보는 것으로 면접관의 질문을 잘 듣고 당황하지 않고 핵심만 간결하게 답변할 수 있도록 준비하면 된다.

2차 전형 경영진면접

면접 방식	· 면접자(4~5명)대 면접위원(4명)의 다대다 면접 · 직무, 인성 면접의 혼합형 · 블라인드 면접 방식으로 심사 　(응시자의 성명, 학교명, 출생지 등 신상을 파악할 수 있는 정보는 제거)
기출변형	① 한국 농업의 비전을 개인적 포부와 함께 답변하시오. ② 1분 자기소개 ③ 자신이 가진 장점과 단점을 1분 이내로 답변하시오. ④ 한국 농업의 문제점은 무엇인가? ⑤ 다른 수출기업이 많음에도 굳이 aT공사를 선택한 이유는 무엇인가? ⑥ 농수산품 수출수입의 과정을 알고 있는가? ⑦ 자신이 희망하는 업무는 무엇인가? (답변 후, 그곳에 발령 나지 않는다면 어떻게 할 것인가?) ⑧ (자소서 기반) 봉사활동을 굉장히 많이 했는데, 코이카 같은 곳에 가야 하는 것 아닌가? ⑨ (자소서 기반) 중화권 시장에 우리나라 농수산식품을 수출하려면 어떤 품목이 적절하다고 생각하는가? ⑩ 마지막 한마디

aT공사 최종면접 합격 TIP

· 타 기업에 비해 비교적 부드러운 면접 분위기로 알려져 있다. 단, 면접자는 이 분위기에 휩쓸려 친구와 대화하듯 얘기하고 와서는 안 된다.
· 인턴제한 경쟁의 경우 인턴생활을 하며 본 aT공사의 내부 분위기를 말하는 것은 좋지만 그것이 전부인 것처럼 언급하는 것은 안 된다.
· 농수산식품의 영역을 정확히 인지하고 준비하자.
· 기본적인 자기소개, 지원동기, 장단점 등을 반드시 준비하자.

07 LH한국토지주택공사

1차 전형 융합면접(발표면접+토론면접), 발표면접

면접 방식	· 4~5인 1조로 구성, 면접 당일 주어진 주제에 대해 약 1분간 발표 후 이에 대한 내용을 조원끼리 토론하는 방식 · 블라인드 면접 방식으로 심사 (응시자의 성명, 학교명, 출생지 등 신상을 파악할 수 있는 정보는 제거)
기출변형	① 도시재생뉴딜 사업을 진행하기 위한 다음의 조건(입지, 기술, 협력업체 등)을 바탕으로 어떠한 건축물을 기획하는 것이 좋은지 발표 후 토의하시오. ② 좋은 조직문화를 가진 조직은 무엇이며 이를 위해 어떤 교육을 진행해야 하는지 발표 후 조별 토의하시오. ③ 4차 산업혁명의 주요기술(AI, 빅데이터, AR/VR 등)을 건설현장에 어떻게 적용할 수 있는지 발표 후 조별 토의하시오. ④ 최근 환경변화와 지속 가능한 발전이 중요시 되는 가운데 식재의 변화도 일어나고 있다. 이에 대한 영향을 설명하고 적절한 식재는 무엇인지 발표 후 조별 토의하시오. ⑤ LH공사 주도로 국토균형발전을 위해 공공기관 이전 사업을 추진하고 있다. 건설현장에서 LH공사의 안전 수칙을 지키지 않는 민간 건설사 및 현장 직원들을 설득할 수 있는 방안에 대해 발표 후 조별 토의하시오. ⑥ 스마트시티는 무엇이며 LH공사의 공익성을 추구하고 지역경제를 활성화하기 위해 어떠한 방향으로 더욱 발전해야 하는지 발표 후 조별 토의하시오. ⑦ (개별질문) 고객 중심의 건축 설계가 무엇인가? ⑧ (개별질문) 본인이 언급한 자재는 단가가 비교적 높은데, 이에 대한 해결책이 있는가? ⑨ (개별질문) 이론에서 배운 것과 현장에서 시행되는 것이 다를 때에 어떻게 대처하겠는가? ⑩ (개별질문) 해당 조에서 도출된 해결책은 현재 LH공사가 운영 중인 사업과 대척점에 있는데 이에 대해 어떻게 생각하는가?

LH공사 1차 면접 합격 TIP

- 지원 직무가 하는 업무가 무엇인지, 해당 직무의 최근 트렌드는 무엇인지에 대해 정보를 취합하자.
- LH공사가 진행하는 사업에 대해 전방위적으로 알고 있어야 한다.
- 발표면접에서 잘하지 못했다고 하여 토론면접에서 위축되서는 안 된다.
- 토론면접에서는 의견을 표출하는 것보다 의견을 모아 결론을 내려고 하는 것이 중요하다.
- 융합면접 후 개별적으로 받는 질문에 대한 답변이 매우 중요하다.

2차 전형 인성면접

면접 방식	· 블라인드 면접 방식으로 심사 　(응시자의 성명, 학교명, 출생지 등 신상을 파악할 수 있는 정보는 제거) · 모집분야별 직무수행능력 등을 종합적으로 평가할 수 있도록 구조화된 심사 · N명 기준 N분(인당 N분) 내외 실시 · 다 대 다 면접. 면접위원 5명과 면접대상자 4명 정도로 구성됨 · 인성면접을 중심으로 진행됨
기출변형	① 다른 시공사나 공공기관이 아닌 LH공사에 지원하게 된 이유는? ② 자신의 부족한 자질은 무엇이며 이를 보완하기 위해 이제까지 해 온 노력은 무엇인가? ③ 자신을 한 단어로 얘기한다면? ④ LH공사가 운영하는 사업은 다양한데, 지원자 본인은 어느 부서에서 일하고 싶은가? ⑤ 계획을 하고 실천하는 도중 그만 둔 경험이 있는가? 왜 그만 두었는가? ⑥ 민원을 다뤄 본 경험이 있다고 했는데 구체적으로 어떠한 상황이었는가? ⑦ LH공사의 협력업체는 어디라고 생각하는가?

기출변형	⑧ 자신이 생각하는 좋은 직장은 무엇인가? ⑨ 앞으로 10년 후 자신의 모습은? ⑩ 마지막으로 내가 LH에 꼭 들어와야 하는 이유?

LH공사 최종면접 합격 TIP

- 1차 면접과는 달리 기본적인 답변(자기소개/지원동기 등)을 준비하자.
- 자소서 기반의 문제들이 빈출되므로 자신이 제출한 서류를 꼼꼼히 읽고 복기하여 예상되는 질문을 반복적으로 연습하자.
- 선착순으로 손을 들어 답변을 하라고 하는 경우가 종종 있다. 무조건 빠르게 드는 것이 좋은 것은 아니지만 망설이다가 한 개의 질문도 제대로 못 받을 수 있으니 기회를 잘 포착해야 한다.
- 1차에서 체크할 수 없었던 상황면접, 직무면접 형태의 질문도 준비해야 한다.

08 SH서울주택도시공사

1차 전형 **인성면접, 토의면접**

면접 방식	· 인성면접과 토론면접은 각각 다른 장소에서 치러짐 · 인성면접은 면접자(약 5명)대 면접관(5명)의 다 대 다 면접 방식 · 블라인드 면접 방식으로 심사 (응시자의 성명, 학교명, 출생지 등 신상을 파악할 수 있는 정보는 제거) · 모집분야별 직무수행능력 등을 종합적으로 평가할 수 있도록 구조화된 심사
기출변형	① 자신을 한 문장으로 표현해 보아라. ② 포기하지 않고 끝까지 도전하여 좋은 결과를 얻어 본 경험이 있는가? ③ SH공사에 입사하기 위해 이렇게까지 노력했다는 것을 답변하시오. ④ 손해 볼 수 있음에도 규정을 지킨 경험이 있는 사람은 손을 들고 답변하시오. ⑤ 의견이 다른 사람을 설득하는 방법은 무엇이 있는지 답변하시오. ⑥ 자신이 SH공사를 알게 된 계기는 무엇인가? ⑦ 무리한 요구를 하는 고객을 어떻게 설득시킬 수 있을까? ⑧ 학교생활에서 가장 흥미롭게 들었던 과목과 그 이유는? ⑨ 서울시 주거의 문제점은 무엇이라고 생각하는가? ⑩ 서울시의 도시재생을 담당하게 된다면 무엇을 해 보고 싶은가? ⑪ SH공사에 입사 후 어떤 업무를 해 보고 싶은가? ⑫ 서울시가 경쟁력을 갖기 위해 할 수 있는 도시사업은 무엇이 있을까? ⑬ 데이터를 활용해 주거복지 사업을 할 수 있는 방안은 무엇이 있다고 생각하는가? ⑭ 원하지 않는 업무를 맡게 된다면 어떻게 할 것인가? ⑮ 마지막으로 자신의 뽑혀야 하는 이유

기출변형

⑯ (토론) 서울 내 도시재생 사업을 추진한다고 가정하고 어느 지역으로 선정할 것인지 어떻게 재생사업을 실행할 것인지에 대해 토의하시오.

⑰ (토론) 생활 SOC 확충과 관련한 자신의 의견을 제시하고 이를 조원들과 토의하여 확충방안을 제시하시오.

SH공사 면접 합격 TIP

- 서울도시공사는 '서울시'에 대한 관심을 갖고 답변을 준비하는 것이 포인트, 서울 전체를 언급하는 것보다 구체적인 구역을 중심으로 전략을 세운다는 관점에서 준비하자.
- 주거복지와 도시재생의 큰 축으로 사업을 하는 SH공사에 대한 사업 이해를 철저히 해야 한다.
- 인성면접을 위해 자신을 표현하는 기본적인 답변을 준비하자.
- 토론면접은 직무별로 나뉘어져 있으므로 사업에 대한 이해와 주어진 시간 동안 활발하게 토론을 할 수 있는 자신 있는 태도가 중요하다.

09 서울대학교

1차 전형 인성면접, 영어면접

면접 방식	· 면접자(4명)와 면접관(5명)의 다 대 다 면접 · 블라인드 면접 방식으로 심사 (응시자의 성명, 학교명, 출생지 등 신상을 파악할 수 있는 정보는 제거) · 일반소양, 가치관, 전문지식, 응용능력, 의사발표의 정확성과 논리성, 예의, 품성, 성실성, 창의성, 의지력, 발전가능성을 매우 높음 ~ 매우 낮음의 5구간 평가. 과반수 이상 같은 분야에서 매우 낮음이 나오면 과락 · 각 면접당 15분 소요
기출변형	① 1분 자기소개 ② 서울대학교 교직원으로 지원한 이유와 앞으로 어떻게 기여할 수 있다고 생각하는가? ③ 분산된 캠퍼스의 유기적 융합 방법에 대해 이야기하라. ④ 지원동기/이직사유 ⑤ 좋은 직장이란 무엇이라고 생각하는가? ⑥ 입사 후 해 보고 싶은 업무는 무엇인가? ⑦ 남들이 시도하지 않은 것을 도전하여 혁신한 사례가 있는가? ⑧ 반복적이고 단순한 업무가 맡겨진다면 어떻게 하겠는가? ⑨ 자신보다 나이가 많은 사람과 이야기하며 설득해 본 경험이 있는가? ⑩ 최근 교육 트렌드는 어떻게 변화하고 있다고 생각하는가? ⑪ 교원과 교직원의 차이는 무엇이라고 생각하는가? ⑫ 현 입시제도의 문제점은 무엇이라고 생각하는가? ⑬ 서울대학교의 사회적 책임은 무엇인가?

서울대학교 1차 면접 합격 TIP

- 최고의 대학에 대한 자부심을 존중해 드릴 수 있는 답변 태도와 내용 구성이 필수적이다.
- 교직원으로서 최근 변화하는 인구통계학적 변화를 알고 있어야 한다.
- 다른 공기업에 비해 경력자가 많이 지원하는 곳, 경력이 있다면 자신 있게 이야기하되 이직 사유를 정확하고 타당하게 제시할 수 있어야 한다.

2차 전형 심층면접 2회

면접 방식	· 심층면접은 교직원과 교원의 2개 그룹으로 나누어 2번 치러짐 · 면접자(1명)와 면접관(3명)의 일 대 다 면접 · 개별면접인 만큼 대화하듯 자연스럽게 답변하고 진정성 있는 모습을 보여 주어야 함 · 블라인드 면접 방식으로 심사 (응시자의 성명, 학교명, 출생지 등 신상을 파악할 수 있는 정보는 제거)
기출변형	① 현재 자신이 하고 있는 일, 하고 있는 공부를 표현하는 하나의 단어 ② 왜 이직하려고 하는가? ③ 자신은 기획력이 있는 사람이라고 생각하는가, 그 경험은? ④ 성실하다는 증거는 어떻게 말할 수 있는가? ⑤ 자신은 책임감이 있는 사람인가, 그것을 증명할 수 있는 경험은 무엇인가? ⑥ 남들보다 진취적이고 적극적으로 무엇인가를 도전하여 좋은 평가를 받은 경험은? ⑦ 서울대학교가 글로벌 대학으로 성장하기 위해 자신은 어떠한 역할을 할 수 있는가? ⑧ 서울대학교와 관련하여 최근에 본 뉴스는 무엇이 있는가? ⑨ 교직원으로서의 덕목은 무엇이라 생각하는가? ⑩ 자신이 왜 서울대학교 교직원이 되어야 하는지 짧게 답변하시오. ⑪ 자신은 청렴한 사람인가? ⑫ 윤리적으로 행동하여 손해를 본 경험이 있는가?

서울대학교 최종면접 합격 TIP

· 두 번의 심층면접이라는 심적 부담을 잘 극복할 수 있도록 준비하자.
· 서울대학교가 갖고 있는 사회적 상징성을 알고 이에 대한 교직원의 역할을 이해하자.

10 한전KPS

면접 전형 직무(전공)면접

면접 방식	· 면접자와 면접관 다 대 다 방식으로 이루어짐 · 기본적인 직무 지식에 대한 질문이 있음 · 블라인드 면접 방식으로 심사 (응시자의 성명, 학교명, 출생지 등 신상을 파악할 수 있는 정보는 제거)
기출변형	① 조직에서 부당한 대우를 받은 적이 있는가? 그것 때문에 힘들었던 부분은? ② 목표달성을 위해 계획을 세우고 이를 실행한 경험은? ③ 자신이 책임져야 하는 일과 책임 지지 않아도 되는 일이 있다면 이를 어떻게 처리할 것인지, 그런 경험이 있는가? ④ 자신이 주도적으로 진행한 프로젝트가 있는지, 팀원들의 피드백은 어떠했는지 ⑤ 다른 사람들이 모르는 곳에서 헌신하여 팀에 좋은 결과를 만들어낸 경험이 있는가? ⑥ 자신은 체력이 좋은 편이라고 생각하는가? ⑦ 지원한 직무를 자신이 잘 할 수 있다고 생각하는 이유는 무엇인가? ⑧ 당직에 대해 어떻게 생각하는가? ⑨ 도전정신을 갖고 시도하여 좋은 결과를 낸 경험이 있는가? ⑩ 책임감을 갖고 문제를 해결해 본 경험이 있는가?

한전KPS 면접 합격 TIP

- 한국전력공사/한전KDN과 한전KPS가 무엇이 다른지 정확히 알고 가자.
- 한전KPS의 사업과 고객을 이해하자.
- 전공 중심의 개념, 지식, 최근 변화 트렌드를 준비하자.
- 자소서 관련 질문에 대비하자.
- 고졸채용의 경우 자신의 경험을 당당하게 말할 수 있도록 준비하자.
- 직무적합도를 드러낼 수 있는 자기소개, 장점, 프로젝트 경험을 정확하게 준비하자.

11 도로교통공단

1차 전형 개별발표면접

면접 방식	면접 당일 주어진 주제(다수 중 선택)에 대한 발표능력평가
	· 블라인드 면접 방식으로 심사
	  (응시자의 성명, 학교명, 출생지 등 신상을 파악할 수 있는 정보는 제거)
	· 주제에 따라 논리 전개별, 전문지식, 응용력, 표현력 등을 종합적으로 심사 (주제는 3개 내외 제시 후 응시자가 1개 선택 및 발표)
	· 개별발표 5분 이내, 질의응답 5분 내외로 응시자별 10분 이내 실시
	  (교통교육, 심리상담, 아나운서 분야는 개별발표 5분과 실기테스트 5분의 추가 소요시간을 포함)

기출변형	① 개인형 이동수단, 자율주행차의 도입 등 미래교통수단을 대비하여 어떠한 교육프로그램을 설계해야 하는지 방안을 발표하시오. ② 난폭 및 보복운전자의 계도 및 예방을 위한 홍보방안을 발표하시오. ③ 고령운전자의 이동권을 보장함과 동시에 일반 시민들의 안전권을 지키기 위해 만 65세 이상의 운전면허 회수 조치에 대한 자신의 생각을 정리하고 이에 대한 도로교통공단의 역할을 발표하시오.

도로교통공단 1차 면접 합격 TIP

- **주제는 한정적이다. 관련 주제에 대한 생각을 정리하자**

  도로교통공단의 경우 교통사고, 고령화 사회, 사회적 약자(어린이, 노약자, 장애인 등)보호 등에 대한 주제가 기본적으로 나올 수 있다.
  자동차산업의 경우 4차 산업혁명 시대에 자율주행차로 인해 변화가 가장 많이 발생할 수 있는 분야이다. 이 두 가지 맥락으로 자료를 취합하고 자신의 생각을 정리해 두어야 한다.

- **짧은 준비시간과 발표시간을 대비하라**

  준비시간 동안 5분의 발표를 어떻게 구성할지 철저히 대비해야 한다. 5분의 발표시간은 길 수도 있고 짧을 수도 있다. 대부분 3분 30초 정도, 주어진 시간의 80%를 사용하면 좋다. 너무 빨리 끝나거나 서론이 길어 중요한 내용을 빠뜨리는 실수를 해서는 안 된다.
  5분 동안 [현황-방안-기대효과]의 논리를 어떻게 이어갈지, 말의 템포는 적당한지 등을 모의면접을 통해 반복적으로 모니터링 해야 한다.

- **한국도로공사, 한국교통안전공단과의 차이를 명확히 알아두어야 한다**

  한국도로공사는 고속도로 및 전국의 도로를 관리하는 업무를 하고, 도로교통공단은 교통안전 및 안전교육을 중심으로 사업을 한다. 사명이 비슷하지만 한국교통안전공단은 자격시험, 자동차검사 등의 부분으로 안전사업을 진행한다. 이처럼 동일한 분야라도 하는 일이 엄연히 다르므로 국민의 세금을 나누어 집행하는 것이다. 직무면접에서 이에 대한 구분을 짓지 못하면 아무리 똑똑하고 말을 잘하더라도 기본적인 조직이해도 점수에서 낮은 점수로 탈락하게 된다.

2차 전형 **그룹경험/상황면접**

면접 방식	· 블라인드 면접 방식으로 심사(응시자의 성명, 학교명, 출생지 등 신상을 파악할 수 있는 정보는 제거) · 모집분야별 직무수행능력 등을 종합적으로 평가할 수 있도록 구조화된 심사
기출변형	① 공공 캠페인과 기업 홍보의 차이점은 무엇인가? ② 대학 때 배운 과목 중 가장 흥미로웠던 과목은? ③ 직무에 대해 어떠한 준비를 해 왔는가? ④ 한국교통안전공단과 우리 공단의 차이점은 무엇이라고 생각하는가? ⑤ 원주가 본사이고 상황에 따라 전국 지사에서 일해야 하는데 할 수 있는가? ⑥ 고령화 사회에 자율주행차가 도움이 될 것이라 생각하는가? ⑦ 보험사기를 예방하기 위해 어떠한 교육이 필요할까? ⑧ 교통방송이 교통사고 예방에 얼마나 도움을 준다고 생각하는가? ⑨ 경영학과에서 경영기획을 수립할 때에 어떤 이론을 활용했는가? ⑩ 민원처리 시 폭력적인 민원인을 어떻게 대처할 수 있겠는가?

도로교통공단 최종면접 합격 TIP

· 전공 관련 질문이 상대적으로 많이 나오므로 철저하고 면밀히 공부해야 한다.
· 자소서 기반 문제가 많으므로 자신이 제출한 자소서를 기반으로 예상되는 질문과 답변을 준비하자.
· 교통과 기술트렌드에 대한 질문도 빈도가 높으므로 특히 기술직에 해당하는 준비생은 인성만큼 이 부분에 대한 준비도 간과해서는 안 된다.

12 서울시설공단

면접 전형 **인성면접, 토론면접**

면접 방식	· 인성면접 30분, 토론면접 30분으로 구성. 약 5명씩 이동함 · 토론면접 약 10분의 준비시간이 주어지고 사회자 유무는 각 조별로 자유롭게 선택. 약 20~30분 동안 원탁 테이블에서 이루어짐 · 인성면접 · 블라인드 면접 방식으로 심사 (응시자의 성명, 학교명, 출생지 등 신상을 파악할 수 있는 정보는 제거)
기출변형	① 장애인의 이동권을 확보하기 위해 공단은 어떠한 사업을 기획해야 하는가? ② 사회적 약자를 배려하기 위한 시설은 무엇이며 이를 시민들에게 더욱 친근하게 홍보하는 방안을 제시하시오. ③ 우리 공단에 지원한 이유를 답변하시오. ④ 소통을 위해 공감을 활용하는 방안은 무엇이 있는지, 자신은 그러한 경험이 있는지 답변하시오. ⑤ 어느 부서에서 일하고 싶은가? ⑥ 서울시설공단이 운영하는 시설에 가 본 경험이 있는가? 부족한 점은 무엇이라고 생각하는가? ⑦ 우리 공단은 마케팅 4P 중 무엇에 주안점을 두어야 하는가? ⑧ 시설 운영 중 사고가 발생한다면 현장 근무자로서 어떻게 행동할 것인가? ⑨ 설비 운영 중 협력사 직원과 갈등이 발생한다면 이를 어떻게 해결할 것인가? ⑩ 공공기관의 역할은 무엇이며 자신은 그 업무에 적합한 사람이라고 생각하는지?

서울시설공단 면접 합격 TIP

- 공공기관의 역할에 대해 정확히 인지하고 있어야 한다.
- 지역공공기관의 경우 시민에게 더욱 밀착된 서비스를 제공하고 있고 이에 자신이 발휘할 수 있는 역량이 무엇인지 정리해야 한다.
- 토론면접은 논리력보다는 융화력, 조화로운 의견 나눔의 태도를 보여 주어야 한다.

백프로 합격 보장
NCS 자소서&면접

펴낸날	개정 1쇄 2025년 11월 20일
지은이	백주아
펴낸이	강진수
편 집	김은숙, 우정인
디자인	stellalala_d
인 쇄	(주)사피엔스컬쳐
펴낸곳	(주)북스고 **출판등록** 제2024-000055호 2024년 7월 17일
주 소	서울시 서대문구 서소문로 27, 2층 214호
전 화	(02) 6403-0042 **팩 스** (02) 6499-1053

ⓒ 백주아, 2025

- 이 책은 저작권법에 따라 보호를 받는 저작물이므로 무단 전재와 무단 복제를 금지하며, 이 책 내용의 전부 또는 일부를 이용하려면 반드시 저작권자와 (주)북스고의 서면 동의를 받아야 합니다.
- 책값은 뒤표지에 있습니다. 잘못된 책은 바꾸어 드립니다.

ISBN 979-11-6760-117-9 13320

책 출간을 원하시는 분은 이메일 booksgo@naver.com으로 간단한 개요와 취지, 연락처 등을 보내주세요.
Booksgo는 건강하고 행복한 삶을 위한 가치 있는 콘텐츠를 만듭니다.